辽宁省社会科学规划基金项目（L22BGL013）资助

供应链金融资本配置研究

陈梅 著

企业管理出版社
ENTERPRISE MANAGEMENT PUBLISHING HOUSE

图书在版编目（CIP）数据

供应链金融资本配置研究 / 陈梅著 . —北京：企业管理出版社，2023.5
ISBN 978-7-5164-2839-9

Ⅰ. ①供…　Ⅱ. ①陈…　Ⅲ. ①供应链管理 – 金融管理 – 资本经营 – 研究
Ⅳ. ① F252.2

中国国家版本馆 CIP 数据核字（2023）第 088656 号

书　　名：供应链金融资本配置研究
书　　号：ISBN 978-7-5164-2839-9
作　　者：陈　梅
责任编辑：解智龙　宋可力
出版发行：企业管理出版社
经　　销：新华书店
地　　址：北京市海淀区紫竹院南路 17 号　　邮编：100048
网　　址：http://www.emph.cn　　电子信箱：emph001@163.com
电　　话：编辑部（010）68701638　　发行部（010）68701816
印　　刷：北京虎彩文化传播有限公司
版　　次：2023 年 5 月第 1 版
印　　次：2023 年 5 月第 1 次印刷
开　　本：710mm × 1000mm　1/16
印　　张：15.75
字　　数：209 千字
定　　价：88.00 元

目　录

第1章 导 论

1.1 选题背景与研究意义

党的十九大报告强调，要深化金融供给侧结构性改革，增强金融服务实体经济能力。经济循环的内在逻辑就是金融与实体经济的良性循环，金融更好地服务实体经济，维护供应链产业链的安全稳定，实现经济资源的有效配置和利用。为此，一方面，要保证产业链中的资金流稳定，解决实体企业融资可得性问题，尤其是缓解中小企业融资难、融资贵的困境（吕劲松，2015）；另一方面，实体经济要提高运营效率及资金利用效率，盘活内外部资金，致力于服务主业，避免企业“空心化”及投资“脱实向虚”（彭俞超、黄志刚，2018；李小林等，2021）。

为了解决上述关键问题，国家相继出台了一系列相关政策，其中大力推动供应链金融发展，是在产融结合、中小企业创业板上市、国有企业进一步深化改革等相关政策实施后的又一重大举措。我国供应链金融经过多年的发展，理论与实践都在不断地成熟与完善。根据国家统计局网站数据，2021年，全国规模以上工业企业应收账款为18.87万亿元，同比增长13.3%；产成品存货为5.40万亿元，同比增长17.1%。2020年9月，中国人民银行联合多部委发布了《关于规范发展供应链金融 支持供应链产业链稳定循环和优化升级的意见》（以下简称《意见》），规范供应链金融发展，明确供应链金融应以供应链和产业链整体完整稳定为出发点和宗旨，强调供应链金融“服务实体经济”的本源。供应链金融要致力于提升产业链各方价值，构建以核心企业为主导的多方共生共赢的产业生态系统，全面提升供应链运作效率，支持“双循环”新发展格局。该《意见》首次从稳定供应链发展的视角对供应链金融的内涵做了界定，并提出重点发展供应链票据这一典型的供应链金融工具。2019 年 1 月，上海票据交易所的“票付通”这一供应链票据正式上线投产；2020 年 4 月，上海票据交易所正式推出了“供应链票据平台”；2021 年 1 月，《上海票据交易所供应链票据平台接入规则（试行）》正式发布。这些都是对供应链金融方式的重大创新实践。根据《意见》，从供应链金融的资本配置作用效果和实施方式，以及如何实现供应链稳定性，成为当前亟须解决的理论难题。据此，本书以核心企业为切入点，对供应链金融如何促进供应链稳定发展的资本配置效果和资本配置方式做深入的研究。

作为一种金融方式，供应链金融本质上是对贸易信贷的延伸和深化（胡跃飞、黄少卿，2009），在真实的贸易背景下，将在供应链上流通的金融资源进行有效的规划整合，为供应链参与者提供完整、有效的资金流管理方案（王晓东、李文兴，2015），提高供应链资金流的可视性，为金融资本服务实体经济提供一种新的方式。供应链核心企业是指因拥有高质量生产要素而对产业链中相关企业产生积极影响的大型企业（Krugman，1991），具备关键资源和信息的核心企业具有主导地位，在供应链中扮演关键的协调和管理角色，促进供应链中战略关系的形成（马士华，2000）。在金融资本服务实体经济高质量发展的过程中，占有金融资源优势的核心企业能否有效配置资源及如何配置资源是关键环节。目前，关于供应链金融对供应链资金优化配置的研究多集中在通过营运资金管理，关注如何依托真实的贸易背景和核心企业的信用支撑，解决中小企业融资难、融资贵的难题，进而弥补供应链资金流的短板（宋华、卢强，2017；王立清、胡滢，2018）。但是从本质上来讲，供应链金融是立足产业场景，基于产业供应链的金融活动，通过核心企业的产业发展，以其主导作用带动整体供应链金融活动，保障供应链、产业链的安全稳定。但是，目前鲜有研究从核心企业视角，探讨供应链金融如何通过规划整合产业链资源来促进金融与实体的融合，这方面的理论研究成果对我国供应链金融政策如何落地至关重要，但存在研究空白。

本书通过对供应链金融本质及理论的进一步拓展与完善，从核心企业的视角出发构建供应链金融支持实体经济发展的资本配置框架，实证检验供应链金融对资本配置的有效性及资本配置方式，回归金融服务实体经济的本源，为供应链金融服务实体经济高质量发展提供坚实的理论依据，为我国进一步推进供应链金融实践提供政策建议。

1.2 研究内容与研究思路

本书主要从核心企业的视角出发，通过对理论和实证的深入研究，探讨供应链金融为核心企业带来的资本配置效应和资本配置方式。资本配置效应包括融资效应和投资效应，资本配置方式主要研究了供应链票据和供应链金融平台。同时也分析了供应链金融的理论和现实基础，即商业信用。

本书立足于我国金融服务实体经济的实践，通过对现有供应链金融领域相关文献的全面深入的总结、分析，将核心企业作为供应链稳定发展的支柱，首先从理论和实证上深入剖析支持供应链金融发展会给核心企业带来的融资效应和投资效应，从而为核心企业积极参与支持供应链发展提供动力支撑。其次，通过对供应链金融的实践和理论基础即商业信用和银行贷款融资效率的深入分析，解决阻碍供应链金融发展的根基问题。再次，深入分析了供应链票据作为一种特殊的基于供应链发展的商业信用金融工具，其当前的发展状况、金融本质、融资效率及进一步发展的对策建议。最后，深入研究了供应链金融平台，提出了核心企业与金融机构参与平台供应链金融合作的研究框架，基于演化博弈理论分析了平台供应链金融合作的演进过程、形成机制及合作稳定性问题，并运用仿真模拟对理论研究结果进行验证，为我国平台供应链金融的实践提供了一定的理论指导。

1.3 研究方法

（1）文献研究法

采用文献分析法，使用文献计量工具，梳理现有的供应链金融研究框架，并且绘制相关知识图谱，整理基于核心企业的供应链金融资源配置效应的理论依据，为研究假设的提出及实证检验提供理论基础。

（2）计量实证研究法

针对提出的有关供应链金融与运营效率、融资效应、投资效应的关系，以及商业信用与银行信用融资效率的相关研究假设，收集并处理样本数据，构建相关模型，进行多元回归分析，得出的实证结论为实践指导方案提供了理论基础。

（3）演化博弈与模拟仿真法

基于有限理性假设的演化博弈方法论，构建了核心企业与金融机构参与平台供应链金融合作的演化博弈模型，通过复制动态法求解均衡点，并对均衡点进行稳定性分析。进一步通过数值模拟仿真法对相关变量进行赋值，运用 Matlab 软件对核心企业与金融机构参与平台供应链金融合作进行了仿真分析。

1.4 研究创新

（1）供应链金融资本配置效果

首先，对供应链金融经济后果进行拓展与完善。对供应链金融本质的理解，不再局限于以往对供应链金融缓解中小企业融资困境的探讨，而是从发挥供应链金融功能的主体即核心企业角度出发，通过核心企业实现的运营效率、融资效应、投资效应，全面体现了供应链金融的内涵，构建了供应链金融支持实体经济的发展机制，实证检验了供应链金融对资源配置的有效性，回归金融服务实体经济的本源，为供应链金融服务实体经济高质量发展提供坚实的理论依据。

其次，对供应链金融与产融结合做了深入的理论与实证分析。在对供应链金融与产融结合基本内涵做清晰界定的基础上，将供应链金融放在产融结合的背景下进一步分析其运营效率及投融资效应，深入比较了产融结合对供应链金融产生的综合影响。供应链金融是一种广义的产融结合，而当前我国的产融结合政策是一种主要以股权为链接的狭义的产融结合。供应链金融与产融结合的有效配合，可以增强融资可得性，提高投资效率，抑制金融化投资。因此，二者的有效结合可以更加有效地促进金融更好地服务实体经济。

最后，为我国进一步推进供应链金融实践提供相关政策建议。本书的出发点是我国供应链金融的实践和相关政策，尤其是中央八部委的《意见》，本书理论研究的落脚点是为更好地推动我国供应链金融的实践提供切实可行的政策建议。供应链金融既可以通过库存优化将实体产业与金融相结合，也可以通过融资和投资功能，将金融与实体产业有效结合。通过核心企业有效发挥资源配置功能，为核心企业积极参与供应链金融提供理论支持，即供应链金融能够优化核心企业库存及投融资效率，提高其可持续竞争力，从而确保供应链、产业链安全稳定发展。

（2）供应链金融资本配置方式

现有文献主要通过专家访谈、案例研究、传统博弈论等方法总结和分析平台供应链金融的特征和优势。本书运用演化博弈方法研究了核心企业与金融机构参与平台供应链金融合作的演化路径，得出了双方选择平台供应链金融合作的均衡点及其前提条件，为促进平台供应链金融合作提供了理论依据，同时丰富了平台供应链金融理论的研究成果。此外，本书还运用 Matlab 软件分析了不同参数调整对系统演化结果的影响，寻找双方共同选择平台合作的最优路径，为核心企业与金融机构参与平台供应链金融合作提供了借鉴。

第2章
文献综述与理论基础

2.1 文献计量下的供应链金融发展

近几年，供应链金融实践与理论得到不断发展，本书试图用文献计量法梳理国内外供应链金融理论的研究状况，总结之前的研究成果，探索未来的研究方向。CiteSpace是由陈美超教授支持开发的一款信息可视化软件，主要基于共引分析理论和寻径网络算法等，对特定领域的现有研究成果进行计量，以探寻出学科领域演化的关键路径及其知识爆发点，通过绘制一系列可视化知识图谱清楚地表达一个学科或知识域在一定时期的发展新趋势和新动态，形成若干研究前沿领域的演进历程。本书以CiteSpace 5.8 R3为计量工具，绘制供应链金融相关知识图谱。

本章以中国知网（CNKI）和Web of Science（WOS）两个数据库，横向、纵向比较供应链金融的研究状况，检索时间为2022年2月26日，截止发表时间设置为2021年12月31日。在CNKI数据库中，以“供应链金融”为主题检索关键词，设定“期刊”来源为CSSCI；在WOS数据库中，以“Supply Chain Finance”“Financial Supply Chain”为主题检索关键词，选择核心合集数据库，设定检索结果为文章（Article）和综述（Review），经过初步筛选核查，最终得到427篇中文文献、303篇英文文献，总计730篇文献用于后续的计量分析。

2.1.1 研究基本情况

（1）发文量及变化趋势

经过检索，自2007年以来，关于供应链金融的研究成果逐渐增多，2020年出现了小规模的爆发式增长，如图2–1所示。中文文献发文量在2021年稍有回落，而2021年的英文文献发文量增长依旧突出，从2007年起，供应链金融在实务中不断探索发展的同时，理论研究推陈出新，奠定了供应链金融研究的理论基础，为供应链金融的实践发展提供了严谨、科学的指导。

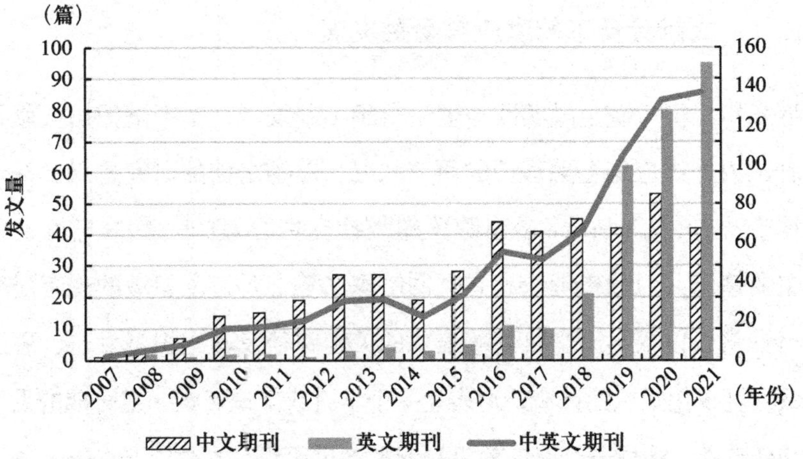

图2–1 中英文期刊发文量情况

（2）核心作者

在供应链金融理论研究中，涌现了一批优秀的国内外学者，不断从实践中来到实践中去，规范供应链金融的定义、创新供应链金融模式发展、拓展供应链金融的理论意义等，为供应链金融的发展提供了具有前瞻性的理论支撑。如表2–1所示，根据文献被引次数排序，CiteSpace计量分析后得出，中文文献核心作者有宋华、张克勇、张智超等，英文文献核心作者主要有 Wuttke DA、Hofmann E 等，为供应链金融的实践发展奠定了理论基础，如表 2-1 所示。

表 2-1　供应链金融核心作者汇总

核心作者（中）	核心作者（英）
宋　华	Wuttke DA
张克勇	Hofmann E
张智超	Gelsomino LM
徐海燕	Kouvelis P
杨雨东	Pfohl HC
李　科	Yan NN
杨红雄	Chen XF
卢　强	Caniato F
徐　鹏	Buzacott JA

（3）发文机构及期刊来源

通过 CiteSpace 计量分析，选中的 730 篇中英文核心文献均来源于高质量期刊，学者都依托顶尖科研机构，中文文献发文机构主要来自中国的财经类高校，包括中国人民大学、上海财经大学、中央财经大学等，还包括中国人民银行等金融机构；英文文献发文机构主要依托国内外高校，其中包括复旦大学、华南理工大学、米兰理工大学、亚洲大学等。中文文献主要刊登在《中国流通经济》《运筹与管理》《南开管理评论》等物流和运营管理类期刊上，英文文献主要刊登在 *International Journal of Production Economics*、*European Journal of Operational Research*、*Management Science* 等期刊上，这为供应链金融理论创新提供了交流的平台，如表 2-2 所示。

表 2-2　中英文期刊主要发文机构及期刊来源汇总

主要机构（中）	主要期刊（中）	主要机构（英）	主要期刊（英）
中国人民大学	《中国流通经济》	Cent Univ Finance & Econ	*International Journal of Production Economics*
上海财经大学	《运筹与管理》	Politecn Milan	*European Journal of Operational Research*
天津理工大学	《经济问题》	Fudan Univ	*Management Science*
南京航空航天大学	《统计与决策》	Hong Kong Polytech Univ	*International Journal of Physical Distribution & Logistics Management*
山西财经大学	《中国管理科学》	South China Univ Technol	*International Journal of Production Research*
浙大宁波理工学院	《财经理论与实践》	Univ Sci & Technol China	*Production and Operations Management*
中央财经大学	《管理评论》	Renmin Univ China	*Journal of Banking & Finance*
中国人民银行	《商业研究》	Hubei Univ Econ	*Omega-International Journal of Management Science*
华南理工大学	《上海金融》	Shenzhen Univ	*Manufacturing & Service Operations Management*
南开大学	《南开管理评论》	Asia Univ	*Journal of Business Logistics*

2.1.2　研究内容及研究热点

（1）关键词频次分析

关键词是从文献的题名、提要和正文中精选出来的，能够表述论文的核心内容，730 篇中英文文献共出现 538 个不同的关键词，表 2-3 是出现频次排名前十的关键词，能够突出表现供应链金融理论研究的关注点。从关键词出现的频次上可以看出中英文文献不同的研究重点，在中文文献中出现频次较高的关键词有区块链、中小企业、资金约束、企业融资、信用风险、供应链、共现网络等，体现出国内供应链金融的研究重点是解决中小企业融资难问题；关键词区块链体现了供应链金融科技的兴起；关键词供应链、共现网络体现出对供应链金融协调稳定整个产业链的研究。在英文文献中出现频次较高的关键词有 Management、Trade Credit、Model、Inventory、Adoption、Impact、Performance 等，说明英文文献对供应链金融模式的细分与创新进行研究，关键词 Management 说明英文文献中供应链金融更偏向于是一种企业管理方式，而 Impact、Performance 体现出对供应链金融经济结果的关注。

表 2-3　中英文期刊高频关键词汇总

关键词（中）	频次	关键词（英）	频次
区块链	70	Management	72
资金约束	70	Trade Credit	65
中小企业	56	Model	59
融资模式	48	Performance	50
供应链	45	Inventory	31
信用风险	40	Risk	29
企业融资	38	Adoption	28
共现网络	36	Impact	26
商业银行	34	Coordination	25
融资策略	32	Contract	22

（2）聚类分析

本书进一步对关键词进行聚类分析，运用 CiteSpace 对数似然率（LLR）算法对获取的关键词进行聚类，并使用关键词（K）对聚类进行命名，依据网络结构和聚类的清晰度，可以得到聚类模块值（Q）和平均轮廓值（S），以此判断聚类的有效性，通常 Q>0.3 表明聚类结果显著，S>0.7 表明聚类结果让人信服。对中国知网（CNKI）和 Web of Science（WOS）两个数据库获得的文献进行聚类，分别得到 Q=0.7393、S=0.9108 和 Q=0.4482、S=0.7888，说明聚类具有有效性。为了更加清晰地呈现聚类关键词之间的关联关系及演变趋势，绘制了时间线图，形成简单明了的知识图谱。由知识图谱可发现，近年来，供应链金融相关研究的关键词主要有金融科技、区块链、乡村振兴、双循环、信息共享、产融结合、Online Supply Chain Finance（互联网 + 供应链金融）、Supply Network Structure（供应链网络结构）、Performance Measurements（绩效衡量）、Stackelberg Game（博弈论）等，这预示着未来供应链金融的研究热点及趋势。

通过对文献的聚类分析可以看出，中英文文献中对供应链金融的研究热点有部分重合，比如对融资主题的研究保持一致，但是研究热点差异更大，这与国家的宏观政策、信用体系、法律法规、市场环境及社会文化息息相关，当信用体系不健全、市场化水平低时，商业银行成为供应链金融中最重要的金融支撑，其他金融机构的参与程度低，相应地会更加关注风险管理。而且在供应链金融发展初期，对供应链金融的理论多从参与主题进行研究，试图扩大各个参与主体展开供应链金融业务带来的正向经济作用，以此激励更多参与主体加入以扩大供应链金融应用群体。随着供应链金融实践的不断深入发展，理论研究也进一步深入，供应链金融不再是一个“黑箱”，而是可以细分为不同的模式应用于不同的场景，更加注重供应链金融的适用性。中国是农业大国，农业是立国之本，由于农业产业固有的特性，产业链中涉及众多个体参与者。在此背景下，为了实现乡村振兴，将供应链金融应用于农业生产是我国的一大重要尝试。随着国内外专家学者合作交流的进一步深入，供应链金融的理论研究不断得到整合与创新，对于供应链金融的定义、模式、风险管理及绩效影响等研究呈现融合的趋势，更加规范、合理。

2.2　基于供应链参与主体视角的研究

20 世纪末，影响供应链绩效的资金流转、资本结构、资本成本等财务问题凸显，制约着供应链企业的发展，供应链金融作为新型金融模式随之受到了人们的关注。1998 年，Hartley 率先提出了应付账款融资模式和供应链金融的系统设计。Timme 等（2000）从供应链金融协作共赢角度出发，首次提出了相对完整的供应链金融的概念。之后 Hofmann（2005）对供应链金融做了理论上的界定。他认为供应链金融是供应链中包括外部服务者在内的两个以上参与者的组织，通过管理金融资源在组织间的流动，共同创造价值的一种途径。而供应链金融的主要参与者包括银行等金融机构、核心企业、中小企业及第三方物流公司，多方合作对跨组织的金融资源进行管理和控制，以此提高供应链各个参与者的价值（Pfohl、Gomm，2009）。

从金融机构的角度来看，供应链金融是商业银行基于供应链开展的新型业务模式，即一种创新的信贷模式（王晓东、李文兴，2015）。具体而言，银行等金融机构根据供应链中的真实贸易背景和核心企业的信用评级，以交易行为产生的未来现金流量作为直接还款来源，配合金融产品和封闭贷款操作进行单笔或额度授信（胡跃飞、黄少卿，2009），这就将更多有融资需求的中小企业纳入了银行的服务系统，而且银行可以从供应链中获取真实的交易信息，增进与客户的关系，提高对获得银行信贷的中小企业的认知，在供应链金融模式下金融机构更加关注供应链企业间的交易信息和运作情况，银行由被动的风险控制转向主动的风险管理，进而提高银行信贷配给效率和营销效率，开发新利润增长点（熊熊等，2009）。

从核心企业的角度出发，供应链金融始于核心企业的供应链信贷和自身营运资本管理的双重需要（Dyckman 等，2010），是基于核心企业的经营战略和价值增长目标，对资金融通和成本进行系统优化的过程（Lamourexu，2007；林喜鹏等，2015）。与商业银行和第三方物流企业主导的供应链金融不同，核心企业担任的主导角色在于提高供应链整体效益及增强竞争力，借助供应链金融业务，核心企业可以结合自身信誉和信息优势降低融资成本（刘颖，2012），从而降低投资成本、提高投资效率（Hofmann，2005）。核心企业开展的供应链金融业务能够显著提高核心企业的运营效率，降低企业风险（宋华等，2021）。以市场机制为基础、以产业链上的核心企业为主导带动产业结构调整是产业结构优化的主要方式，供应链金融能支持核心企业对产业链的重组，从而推进产业结构由价值链低端向价值链高端发展（沈凝，2014）。

从中小企业的角度来看，供应链金融是为解决中小企业融资困境而提供的一种融资方案。大量实证研究都验证了供应链金融对中小企业融资可得性的缓解效应（宋华、卢强，2017；张伟斌、刘可，2012；姚磊、姚王信，2017），这增加了中小企业的融资方式，降低了融资风险，进而降低融资成本，提升融资绩效（Ali Zulqurnain 等，2019）。中小企业凭借产业链网络关系，可获得额外的客户资源，建立并维持互惠合作关系，进而降低交易成本，提高财务绩效，有效提升中小企业的营运能力与管理水平，增强了供应链的整体融资弹性。

从第三方物流的角度来看，供应链金融是从以质押动产为核心的物流金融逐渐发展而来的，是由物资银行、融通仓及仓单质押等演变而成的一种新型的产业组织模式，它是供应链管理内涵的发展和深化，即从关注物流到注重物流、信息流和资金流的高效整合，优化了供应链上的融资结构和资金流动过程，提高了物流的运行效率。Lamoureux 和 Evans（2012）提出供应链金融通过防止成本转嫁来提高供应链的可视性和可靠性。物流企业提供供应链金融服务能促进供应链货物和资金周转，拓展新的利润增长点，将物流与资金流高效融合，也为物流企业自身可持续发展奠定了基础。

2.3 基于供应链金融功能视角的研究

Gelsomino 等（2016）将供应链金融划分成金融导向和供应链导向，宋华等（2021）据此以核心企业为主体，对供应链金融从金融导向和供应链导向视角进行了实证指标确定，并检验了不同导向的供应链金融对核心企业绩效的影响。

从金融导向视角来看，侧重于财务金融方面，并将供应链金融视为解决中小企业融资难题的方案，通常由金融机构提供（Camerinelli，2009）。

一方面，核心企业依托自身信誉链建立银行等金融机构与中小企业的授信链条，解决中小企业由于信息不对称而产生的融资难题，已有研究证实供应链金融服务能够大大提高中小企业融资可得性，融通供应链资金（宋华、卢强，2017；张伟斌、刘可，2012；姚王信等，2017）。另一方面，供应链金融以更低的资本推动现金流流动（Lamoureux，2007），将财务理念融进运营管理，通过超强的信息系统，优化供应链中参与企业的财务结构，加快资本结构的调整速度，降低资本结构的调整成本，进而优化资本结构（潘爱玲等，2021）。

从供应链产业链导向视角来看，供应链中所有参与企业作为一个整体，开展的供应链金融活动将致力于通过管理、计划和控制链条中利益攸关者与现金流有关的流程提高资本运营效率，从而提高所有参与者的价值（Hofmann、Belin，2011）。一方面，供应链金融整合金融资源（胡跃飞、黄少卿，2009），对供应链上的现金资本流动进行综合管理、综合授信，为供应链提供配套的金融产品和服务（弯红地，2008）。另一方面，供应链金融构建了基于虚拟产业集群的产业和金融生态圈（宋华、卢强，2017），为保障供应链的稳定性，通过实体经济和金融资本的协调合作，对其价值链、产业链进行整合管理，构建可持续发展的产业生态。

从供应链金融的现有研究来看，供应链金融是多方参与主体共同合作、共生共赢的一种供应链管理与金融相结合的产业金融模式。由于我国市场机制和金融体制的发展还不够健全，我国中小企业融资难、融资贵影响了企业可持续经营，进而影响供应链产业链的安全和稳定，因而解决中小企业融资难题成为我国供应链金融工作的突破口，也是我国在此领域的研究热点。但是，供应链金融是一个多主体的融资体系，核心企业对于优化供应链的资金配置起主导作用，如何发挥核心企业的主导作用，供应链金融对于资源优化配置的效果如何，是否导致核心企业运营效率低下、无效率投资及过度金融化，从而造成资源浪费？这些问题存在研究空白。本书将以实证的方式探究供应链金融如何作用于核心企业的运营效率、融资及投资决策，进而丰富供应链金融服务实体经济的研究成果。

2.4 基于核心企业的供应链金融资源配置效应

实体经济是金融的根基，金融是实体经济的血脉，两者共生共荣。李扬（2017）基于金融的基本功能指出，金融要服务实体经济，根本要求就是有效发挥金融的资源配置功能。而周小川（2021）提出，我国是世界各国中最突出强调金融要服务实体经济的国家，2020 年 9 月中国人民银行等八部委联合发布的《关于规范发展供应链金融 支持供应链产业链稳定循环和优化升级的意见》首次从国家政策层面明确了供应链金融应将服务实体经济作为本源，促进供应链产业链安全稳定。

典型的供应链是由核心企业、供应商、分销商等组成的多级系统。现有研究从不同的角度区分核心企业，如基于资源投入产出的观点（肖玉明，2015）或者从利润分配的角度（周忠宝等，2017）确定供应链核心企业。总的来说，核心企业是具有高质量生产要素资源，在产业链中占有主导地位的大型企业（马士华，2000），其具有不可忽视的市场影响力，对市场整体进行掌控，进而促成供应链上下游企业的战略合作。在核心企业主导的供应链融资模式中，核心企业更是掌握核心资源及供应链运行的节奏，对供应链中的资源进行整合分配，致力于提高供应链整体的竞争力。在这个过程中，核心企业扮演了管理者的角色，为整个供应链生态系统注入活力，引领整个产业集群不断开拓新的发展领域，促进供应链中物流、商流、资金流及信息流的高效运转。其中，整合核心企业的闲置金融资源，盘活整个供应链的资金流，会将供应链金融服务实体经济推向新的发展方向。

通过供应链金融整合核心企业各种闲置的生产要素资源，主要以两大理论作为依托：一是融资优势理论，由于信息不对称及交易成本不同等，企业间获取资金的难易程度及融资成本各有不同，融资约束较低的企业可以选择通过应收账款等形式向融资约束较大的企业周转现金流，构建战略合作伙伴关系，实现双赢。二是金融中介理论，金融中介能够促进资金流的双向流通，汇集闲置的金融资源，实现规模效应。贸易信贷已被卖方广泛使用，当买方陷入融资困境时，卖方会扮演流动性提供者的角色，相当于金融中介，接受延期支付让渡流动性，为陷入困境的供应链合作伙伴提供了另一种融资方式，即通过金融中介将金融资源在资金需求者和资金供给者之间进行配置，在不同的风险承受主体之间进行配置。

随着数字经济时代的到来，科技赋能的供应链金融平台似乎不再需要核心企业，以区块链为代表的金融科技就可以保障供应链资金的交易安全，数字技术辅助构建供应链金融网络信任关系。但是，金融科技能够解决资金安全问题，却忽视了资金源头，我国供应链金融产生的初衷是通过供应链整体交易，依托供应链核心企业的资本和信用解决中小企业的融资难题，无论是商业银行主导模式还是互联网平台模式，供应链及核心企业都是供应链金融存在的前提，没有核心企业主导的供应链，上下游中小企业就没有融资基础。特别是在我国制造业中存在很多中小企业，更需要发挥核心企业对供应链金融的主导作用。中国银行保险监督管理委员会要求加大对产业链核心企业的金融支持力度，进一步强化产业链核心企业金融服务，加大流动资金贷款等经营周转类信贷支持，鼓励核心企业通过信贷、债券等方式融资后，以适当方式减少对上下游企业的资金占用，帮助产业链中的上下游中小企业解决资金流紧张等问题。

当今世界，任何企业都不能脱离外部环境和合作伙伴而独立发展。企业一旦存在就必然涉及它所在的供应链，因此企业要想在激烈的市场竞争中立于不败之地就必须重视自身的供应链。供应链是否安全稳定是所有企业都一直致力于解决的最基本、最核心的问题。进一步探究会发现，供应链的竞争力与核心企业紧密相关。核心企业是优质信用的源头、信息沟通的媒介、资金调度的枢纽，也是产业发展的“核心”，在供应链中担任设计者、管理者和探索者角色。供应链的整体绩效在很大程度上取决于核心企业的绩效。没有核心企业的主导作用，供应链会失去支撑力。因此，供应链金融服务实体经济，稳定供应链产业链一定不能忽略核心企业的重大影响。本书从核心企业的视角研究供应链金融服务实体经济，探索如何提高资源配置效率。

2.5 金融与实体经济的关系

（1）金融的本质

亚当·斯密、约翰·穆勒等古典经济学家提出的信用媒介论认为，金融是货币流通得以实现的中介。杨小凯（1999）认为，货币的出现和演进内生于交易的分工演进和私人信息，为货币产生后金融成为一种独立的产业提供了分工角度的解释。金融的本质与货币的本质既有联系又有区别，联系就是没有货币就没有金融，其本质都是信用，都是预期、承诺和承诺的兑现；区别是金融产生于货币，但其内涵范畴远远超越于货币。Goetzmann（2017）深化了金融的本质内涵，将金融与人类文明进步联系起来，认为金融发展的动力来源于人类对文明社会的需求及经济活动的复杂性，金融的发展也推动了人类文明的进步。

自金融产生以来，对金融本质的理解在不断地深化，从传统微观视角的资金融通发展到现代宏观视角的资源配置，具体有金融中介观、金融风险观、金融合约观、金融资源配置观四个层次。一是金融中介观。传统上只将金融理解为金融中介，金融中介是指便利市场参与者及整个经济资金流动的机构或个人，或者说是专门进行金融合作和证券交易活动的经济机构（Gurley 和 Shaw，1956，1960；Benston 和 Smith，1976；Fama，1980；Freixas 和 Rochet，1999），金融中介主要是减少资金供需双方之间的信息不对称，降低资金交易成本（Benston 和 Smith，1976）。二是金融风险观。

实质上金融交易本身就伴随着金融风险，对金融产品的定价和金融交易的有效管理就是对金融风险的管理，经典的金融风险管理理论如资产组合理论（Markowitz，1952）、资本资产定价模型（William 和 Sharp，1962）、期权定价模型（Black 和 Schole，1973）等。三是金融合约观。金融合约观是将公司理解为不同资源来源方之间的合约，探讨公司不同的融资方式所含有的不同权利之间的关系，如代理权关系、控制权关系、剩余收益权关系等（Jensen 和 Meckling，1976；Myers，1977；Hart 等，1986，1990）等。Goetzmann（2017）将公司看作一种金融合约，实质上是将金融的资本功能与实体经济功能融为一体。四是金融资源配置观。金融的信用功能本质上体现了资源跨期配置功能（陈志武，2007，2017）。Goetzmann（2017）明确提出的金融的4个关键要素本质上也体现了金融的资源配置功能：在时间上重新配置了经济价值、配置风险、配置资本，扩展了资源重新配置的渠道和复杂程度。金融的资源配置功能主要体现为时间维度上、空间维度上、资源种类维度上及不同渠道方式维度上的配置。时间维度上的配置主要体现货币的时间价值；空间维度上的配置主要通过金融中介将金融资源在资金需求者和资金供给者之间进行配置、在不同的风险承受主体之间进行配置，进一步体现为金融合约的不同权利配置；资源种类维度上的配置主要是指金融资源与实体资源之间的关系，金融资源主要是留在实体经济中，去支持实体经济发展，还是留在金融机构内部进行空转；不同渠道方式维度上的配置指金融资源是通过资本市场、银行、保险等正规金融机构进行配置，还是通过非正规金融机构如商业信用、影子银行、民间借贷等进行配置。总之，金融的资源配置观是金融中介观、金融风险观、金融合约观等的综合体现。李扬（2017）基于金融的基本功能指出，金融要服务实体经济，根本要求就是有效发挥金融媒介资源配置的功能。

（2）我国金融与实体经济之间的关系

2017年中央金融工作会议提出了“服务实体经济、防控金融风险、深化金融改革”三项任务，从内在逻辑上看，服务实体经济是由金融本质所决定的重要功能。实体经济是金融的根基，金融是实体经济的血脉，为实体经济服务是金融立业之本。金融和实体经济从来都是共生共荣的关系，实体经济根深蒂固，金融才能枝繁叶茂；金融与实体经济循环通畅，实体经济才会活力四射。

周小川（2021）提出，我国是世界各国中最突出强调金融要服务实体经济的国家，尤其自2008年国际金融危机以来，我国政府自始至终都在为金融服务实体经济而努力。在2008年前后，针对当时国际金融危机对我国经济的影响，解决就业问题成为当时的一大重任，中国人民银行进一步实施和优化了一系列以小额担保贷款为核心的金融政策支持解决全国的就业难题。2014年，为贯彻落实党的十八大精神及习近平总书记关于扶贫开发的重要指示，中国人民银行等七部门联合印发了《关于全面做好扶贫开发金融服务工作的指导意见》，从健全金融组织体系、创新金融产品和服务、夯实金融基础设施、优化金融生态环境等方面确定了扶贫开发金融服务的十项重点工作。

2015年，国务院发布了《国务院关于大力推进大众创业万众创新若干政策措施的意见》，统筹安排各类支持小微企业和创业创新的资金，加大对创业创新支持力度，强化资金预算执行和监管，加强资金使用绩效评价。支持有条件的地方政府设立创业基金，扶持创业创新发展。支持符合条件的创业企业上市或发行票据融资，并鼓励创业企业通过债券市场筹集资金。同年，国务院印发了《推进普惠金融发展规划（2016—2020年）》，规划任务主要有健全多元化广覆盖的机构体系、创新金融产品和服务手段、加快推进金融基础设施建设、建立健全普惠金融信用信息体系、完善普惠金融法律法规体系等。

2016年，工业和信息化部、中国人民银行、中国银行业监督管理委员会三部委印发了《加强信息共享促进产融合作行动方案》，标志着我国多年的产融结合实践进入新的发展阶段，表明了中央政府旨在将货币引回实体经济的政策决心。2017年，国家进一步明确制造业是实体经济的主体，是科技创新的主战场，是供给侧结构性改革的主攻领域，为了深化金融对实体经济的支持力度，中国人民银行等五部门联合发布了《关于金融支持制造强国建设的指导意见》，金融部门要改进和完善金融服务水平，探索为制造业创新中心等公共服务平台提供创新型、多元化融资服务，切实加强对企业技术改造中长期贷款支持，合理安排授信期限和还款方式，支持制造业两化融合发展和智能化升级。大力发展绿色金融业务，促进制造业绿色发展。积极运用信贷、租赁、保险等多种金融手段，支持高端装备领域突破发展和扩大应用。加强对工业互联网重点项目的金融支持力度，支持制造业个性化定制和服务型制造。

2019年，中国银行保险监督管理委员会发布了《关于推动供应链金融服务实体经济的指导意见》，明确提出鼓励银行业等金融机构运用互联网、物联网、区块链、生物识别、人工智能等技术搭建服务上下游链条企业的供应链金融服务平台，完善风控技术和模型，创新发展在线金融产品和服务，实施在线审批及放款，更好地满足企业融资需求。2020年，中国人民银行等八部委发布了《关于规范发展供应链金融 支持供应链产业链稳定循环和优化升级的意见》（以下简称《意见》），从准确把握供应链金融的内涵和发展方向，稳步推进供应链金融规范、发展和创新，加强供应链金融配套基础设施建设，完善供应链金融政策支持体系，防范供应链金融风险，严格对供应链金融的监管约束六个方面提出了具体政策要求和措施。

总之，我国政府始终坚持金融服务实体经济的立场，加强金融优化资源配置的相关工作。

（3）供应链金融与实体经济的关系

2020年9月，中国人民银行等八部委发布的《意见》首次从国家政策层面明确定义了供应链金融的内涵：供应链金融是指从供应链产业链整体出发，运用金融科技手段，整合物流、资金流、信息流等信息，在真实交易背景下，构建供应链中占主导地位的核心企业与上下游企业一体化的金融供给体系和风险评估体系，提供系统性的金融解决方案，以快速响应产业链上企业的结算、融资、财务管理等综合需求，降低企业成本，提升产业链各方价值。

该定义有三层含义：第一，突出金融要立足于具体的、真实的产业场景，从供应链产业链整体出发，金融所主导的资金流要与具体实体产业所主导的物流、信息流紧密整合在一起，金融发展不能脱离实体经济；第二，强调供应链核心企业在供应链中占主导地位，应发挥对产业的整体资源协调配置功能，要支持中下游企业的协调发展，提升产业链各方价值；第三，明确了金融服务实体经济的方式，要运用金融科技，构建供应链一体化的金融供给体系和风险评估体系，提供系统性的金融解决方案，实现供应链企业的高效结算、融资和财务管理等综合需求，降低企业的资金成本和运营成本。可以说，这一供应链金融的定义是将金融与实体经济紧密结合最集中突出的体现，同时也是金融中介观、金融风险观、金融合约观、金融资源配置观的综合体现。金融中介观体现为，金融机构要从整体产业发展出发，通过现代化的金融科技手段，为产业链上的企业提供结算、融资、财务管理等相关系统化的金融解决方案。金融风险观体现为，金融与实体经济紧密结合，构建系统的风险评估体系，并做好整体产业发展的风险控制，确保供应链产业链稳定发展。金融合约观体现为，供应链产业链整体协调发展实质上是供应链上核心企业、上下游中小企业、第三方物流及金融机构等各方主体之间的权利关系的协调配置。金融资源配置观体现为，在时间维度上的配置，核心企业让渡其资金的时间价值，核心企业在平衡供应链整体稳定发展的基础上，加强对上游供应商的应付账款管理，延长对下游客户的应收账款的账期；在空间维度上的配置，相比于传统直接在金融机构作为资金供给者与资金需求者之间的双主体直接配置，供应链金融配置资金的主体变为多主体间接配置，如应收账款质押融资、预付账款质押融资、存货仓单质押融资等，是供应链核心企业、供应链上下游中小企业、第三方物流与金融机构等多个主体之间的资金、信用与风险的配置流转；在资源种类维度上的配置，供应链金融将资金配置与实体产业交易过程紧密结合起来，将资金严格配置到实物投资中去，提高投资效率，防止单纯地过度金融化投资；在渠道方式维度上的配置，供应链金融既可以通过银行、担保机构、保险公司等专业、正规的金融机构配置资金，也可通过核心企业、上下游企业直接通过商业信用等衍生金融方式配置资金。总之，供应链金融基于供应链上核心企业与上下游中小企业之间的合作关系，以核心企业为主导，将金融资源与产业链实体经济紧密结合在一起，解决资金配置的信息不对称问题，降低交易成本，进一步降低企业成本，提升产业链各方价值。

综上所述，基于金融的本质，供应链金融是有效服务实体经济，进行资本优化配置的金融方式。但其资本配置效果如何，作为其新型资本配置方式的供应链票据和供应链金融平台如何才能有效发挥其资本配置的功能，从作为供应链产业链的主导作用的核心企业出发，还有待深入研究，本书将对此做深入的理论和实证分析。

第3章
供应链金融资本配置效应

3.1 理论分析与研究假设

3.1.1 供应链金融与运营效率

供应链管理的研究主要集中在库存成本、运输成本及与商品采购相关的成本上，这些因素都对供应链中的资金流产生了影响，因此，Badell 等（2005）、Guillen-Gosalbez 等（2007）强调供应链金融应与供应链管理决策相结合。Luo（2007）首次将延期支付作为激励机制来优化供应链，Sarmah 等（2008）将商业信用应用于更复杂的供应链系统，目前，商业信用被引用到不同情形下的经济订货批量模型（EOQ）和经济生产批量模型（EPQ）中进行研究（Wu、Zhao，2015；秦娟娟，2016）。其实，以供应链为导向的供应链金融更多地侧重于供应链运营管理（Gelsomino 等，2016），扩大了营运资本优化的框架，试图通过库存优化降低运营成本、提高运营效率，强调供应链参与者之间的协同合作。Mateut 等（2011）通过实证研究发现，商业信用具有存货管理功能，为客户提供商业信用能够减少企业的存货投资水平。供应链中核心企业向其客户提供贸易信贷、商业信用或其他扩展贸易条款，给予客户充足的资金周转空间，订单随之增加，加速存货出库，而且企业提供商业信用可以树立高质量产品的形象，更容易与客户建立长期稳定的商业关系（江伟、曾业勤，2013；Lee 和 Stowe，1993），王杰、吴昊旻（2018）进一步研究发现，处于成长期的企业能够强化商业信用“去库存”效应，这将进一步提高核心企业物流、商流的运转效率，而减少对上游供应商所提供的商业信用的使用可以使供应商加速资金回笼，作为一个优质的客户，自然会加速其存货流转，进而提高整个供应链的运营效率。因此，供应链金融通过资金流优化以使供应链参与者之间的存货流转加快。因此，提出假设1。

假设1：在其他条件不变的情况下，供应链金融能够优化库存，提高核心企业的运营效率。

3.1.2 供应链金融与融资效应

供应链融资是供应链和金融最初的结合点，是供应链金融的基本功能。供应链金融对企业融资来源和财务成本进行合理优化（Lamoureux，2007），为供应链各方提供多赢的融资解决方案（胡跃飞、黄少卿，2009）。供应链金融是指从供应链产业链整体出发，提供系统性的金融解决方案，以快速响应产业链上企业的结算、融资、财务管理等综合需求。供应链金融可以通过产业链整体切入，将核心企业的信用渗透到产业链上下端，为中小企业提供担保，增加中小企业融资可获得性及降低贷后的违约风险，打通中小企业融资的堵点。为了满足实体经济的金融供给，根据“木桶原理”，解决中小企业融资问题一度是社会关注的焦点，供应链金融作为缓解中小企业融资可得性的利器成为研究重点（姚王信等，2017；韩民、高戌煦，2016；Ali 等，2019；卢强、杨晓叶，2020）。

但是，根据“新木桶原理”的长板效应，核心企业的金融资源获取在金融服务实体经济高质量发展的过程中至关重要。一方面，通过核心企业提高供应链上下游企业融资可得性，具有战略供应链扩散效应，即通过供应链金融，核心企业为上游供应商提供担保贷款，解决了供应商的融资可得性和产能增长，进而加强了供应商与核心企业的合作，促进了整个供应链的扩张和稳定发展，扩大了核心企业的规模，提高了整体竞争力与企业价值，增强了融资的可得性。核心企业在为下游客户提供商业信用的同时，也减少了客户的资金约束，有利于客户的可持续发展，这反过来稳定了核心企业的市场，促进了核心企业的长远发展和资金可能性。另一方面，中小企业融资可得性的缓解具有溢出效应，提高了核心企业的信用融资能力（潘爱玲等，2021），核心企业在为中小企业信用增级提供担保时，降低了第三方金融机构的信用风险，供应链金融成为核心企业与外部金融机构保持良好关系的"增强剂"（程小可等，2013），进一步扩大了核心企业外部的融资渠道，核心企业结合自身资金和信息优势可降低融资成本（刘颖，2012）。总之，供应链金融为核心企业的营运资金管理"锦上添花"（王贞洁、王竹泉，2017），在一定程度上提高了核心企业的融资可得性。因此，提出假设 2。

假设 2：在其他条件不变的情况下，供应链金融提高了核心企业的融资可得性。

3.1.3 供应链金融与投资效应

（1）供应链金融与投资效率

微观层面的投资效率主要衡量管理者是否按照股东价值最大化标准选择投资项目，当存在充足资源但放弃净现值为正的投资项目时表现为投资不足，当资源投入净现值为负的项目时会表现为投资过度。因而，非效率投资表现为投资过度和投资不足两类情形（Jensen，1986）。股权代理问题、管理者过度自信等加剧了企业过度投资（Williamson，1964；Jensen，1986；唐宗明、蒋位，2002；郝颖、刘星，2009；Bebchuk 和 Stole，1993）。信息不对称和交易成本等不完美市场因素及债务治理功能会造成企业投资不足（Aggarwal、Samwock，2006；Williamson，1988）。为了提高企业投资效率，需要企业内外部环境共同作用抑制非效率投资。内部环境主要是公司治理机制，公司的激励政策能够提高管理者和股东利益的一致性，降低委托代理成本，进而降低非效率投资的可能性（Broussard 和 Pilotte，2004；Bliiett、Garfinkel，2004）。外部环境主要是信息披露机制，信息披露质量的提高可降低信息不对称性程度，信息透明度上升使企业及时根据资金状况进行投资调整，能够抑制非效率投资（张纯、吕伟，2009）。

供应链金融业务的开展属于公司应对复杂多变的市场环境而采取的应对策略，因此，具有产业和金融双属性的供应链金融在治理企业非效率投资的过程中发挥了一定的作用。核心企业通过供应链金融进行授信额度的控制，可以有效控制整个供应链，提高供应链效率。首先，核心企业的供应链金融业务活跃会产生大量的应付账款等短期债务。一方面，债务具有融资属性，可缓解核心企业由于自由现金流不足导致的投资不足问题。同时，供应链金融带来的应付款项融资与银行信用存在替代效应（Meltzer，1960），因此供应链金融不会直接带来额外的现金流，抑制了大量自由现金流涌入而产生的过度投资问题（王彦超、林斌，2008）。另一方面，债务是一种治理手段（Williamson，1988），企业需要按期归还利息，当资不抵债时，破产将影响经理人的职业生涯，监督和约束企业管理者，保留举债能力能够减少企业非效率投资（Abede Jong 等，2012）。同理，商业信用具有积极作用（陈艳等，2016；李竹薇等，2020）。陆正飞和杨德明（2011）研究发现，超额商业信用的使用提升了企业的投资效率，能够抑制现金流充足导致的过度投资和代理问题导致的投资不足。其次，如果核心企业供应链金融参与程度较高，为下游客户提供的大量应收账款等商业信用是短期资产而不是现金流，这显然减少了核心企业可用于投资的资金流，从而明显降低了核心企业的投资力度。再次，建立在核心企业与中小企业双方信任基础上的供应链金融，强化了核心企业的供应商关系，而且核心企业与金融机构间也从单纯的借贷关系发展成新型合作模式，推动双方的共生发展。供应链金融业务使核心企业实现产业数据的底层渗透，了解产业链的交易状况，有效把握供应链资金的走向，降低可持续经营的不确定性，因此供应链金融在一定程度上可解决核心企业面临的信息孤岛问题，有效抑制信息不畅通导致的投资不足和投资过度，优化资本运作成本，提高企业的投资效率。最后，供应链金融降低了核心企业的多元化程度。刘婧钰（2020）发现，企业多元化程度的降低可以缓解信息迟滞、资源错配等问题，进而提高企业的投资效率。因此，提出假设 3a。

假设 3a：在其他条件不变的情况下，供应链金融能够改善核心企业非效率投资，抑制投资过度，缓解投资不足（投资效率）问题。

（2）供应链金融与投资导向

贯彻落实金融体制改革的一项重要举措是促进金融资本与产业资本深度融合，避免“脱实向虚”，即金融机构融资过度，实体企业过度金融化（张成思等，2020）。因此，实体企业需要优化资金配置，避免因过度金融化而忽视实物投资，尤其是把握关键资源的核心企业需要合理分配金融资源，避免实体“空心化”。金融化投资和实物投资是企业资金的主要流动方向，目前关于两者的关系主要有“蓄水池功能”和“挤出效应”两种相对的观点。“蓄水池功能”是指实体企业为了储备流动性资金而持有金融资产（Smith 和 Stulz，1985；Tornell，1990；Stulz，1996；胡奕明等，2017），当企业资金周转困难时，金融资产便于出售。而且，产业资本金融化拓宽了企业融资渠道，也为企业资本性投资提供流动性，金融资本流动回归主营业务投资（Kliman 和 Williams，2015），有利于资金在空间上进行优化配置（Theurillat 等，2010），企业金融化不会显著降低主营业务投资率。“挤出效应”认为，企业金融化投资会排挤实物投资（杜勇等，2017；王红建等，2017；彭俞超等，2018；戚聿东、张任之，2018）。目前，国内外需求低迷、产能过剩，实体经济利润率下降，金融部门的高收益率吸引着实体经济体不断压缩实业投资而进军金融业，企业金融化通过套利追求利润最大化（Orhangazi，2008；Demir，2009）、过度金融化挤占了企业主营业务资源，主营业务的经营状况恶化（Aghion等，2005），显著抑制了企业经营利润率（谢富胜、匡晓璐，2020），阻碍了实业发展和企业效率的提高（Aalbers，2008；胡奕鸣等，2017），加剧了“去工业化”和资产泡沫化的矛盾，呈现“脱实向虚”的趋势。

高水平的内部资本市场运营有利于发挥资本配置功能（王秀丽等，2017），供应链金融业务随着采购渠道、营销渠道及应收账款、应付账款管理绩效的改变，带动营运资金管理绩效的提高（孙莹等；2020），可以有效减弱“蓄水池功能”对企业金融化的激励作用及抑制“挤出效应”对实业投资的负面效用，即减缓企业金融化进程，加快金融资本补给生产运营，以产业资本的形态支持产业链运作（韩民、高戌煦，2016），促进企业金融资本服务主业。具体而言，一方面，“蓄水池功能”起源于抵御现金流波动风险，供应链金融作为一种新型的融资方式，通过营运资本管理平滑现金流波动，提高流动性管理效率（Wuttke等，2013）。商业信用可增强企业财务柔性，提高企业应对不确定性的能力（Kahl等，2008），这有效弱化了金融化的“蓄水池功能”，消减了企业进行金融化投资的积极性。另一方面，供应链金融立足于产业场景，核心企业与各个产业链参与者成立长期战略联盟，降低了信息的不对称性和交易成本，利用自身的主导地位，把握产业发展前景，动态调整供应链金融体系结构，提高抗风险的能力（姜卫，2014），增强投资专用资产的信心，抵抗金融化带来的“挤出效应”，顺应产业组织形态的变化，推动产业链重构和优化升级。因此，提出假设3b。

假设3b：在其他条件不变的情况下，供应链金融能够优化核心企业的投资导向，抑制金融化投资，缓解金融化投资对实物投资的“挤出效应”（投资导向）。

3.2 研究设计

3.2.1 研究样本与数据来源

考虑到2007年我国的《企业会计准则》进行了较大的调整，为避免会计准则调整前后上市企业的财务数据发生较大变化，同时保证样本数据的可比性和完整性，本书选择2008—2019年制造业A股上市公司作为初始样本，并按照以下原则进行筛选：①剔除连续被ST和ST*的公司样本；②剔除重要指标数据缺失及异常的样本观察值。最终的回归样本包括2092家上市公司、共18079个公司—年度观测值，为消除极端值影响，对连续变量进行两端1%的Winsorize处理。本书所使用的数据主要来源于CSMAR数据库。使用统计软件为Stata15.0。

3.2.2 变量选取

（1）解释变量的选取

本书聚焦于供应链金融业务对核心企业资金配置的作用机理，企业供应链金融业务的活跃程度是研究的唯一自变量。目前，对于供应链金融的研究大部分集中在案例分析类的定性研究，或者关注供应链金融系统的相关子系统，如保理融资、存货质押融资等。将供应链金融作为一个“黑箱”进行大样本经验证据的实证分析近几年才开始兴起，相关供应链金融的代理变量选取呈多元化。起初，我国学者从宏观层面定义供应链金融的发展指标，如张伟斌和刘可（2012）等利用全国短期贷款、全国商业汇票、全国贴现标准化后的发生额作为供应链金融代理变量。在微观层面，顾群（2016）借鉴刘凤委等（2009）的相关研究，将是否接受关联企业的担保作为中小企业供应链金融发展的代理变量；张俊瑞等（2014）和宋迪等（2019）用上市公司对外担保总额的自然对数来衡量；姚王信等（2017）用企业标准化后的短期借款与应付票据之和衡量供应链金融业务的活跃程度；Zhang等（2019）采用现金周转周期（Cash Conversion Cycle，

CCC）衡量核心企业的供应链金融业务发展情况。宋华等（2021）将供应链金融分为金融导向和供应链导向，金融导向供应链金融采用核心企业的应收账款、营业收入作为测量指标，供应链导向供应链金融采用应收账款周转期限减应付账款周转期限作为代理变量，来反映对供应链上下游整体的资金协作。由此可见，供应链金融的研究维度、研究主体及研究方向等决定不同代理变量的选择。

在以核心企业为主导的供应链金融模式中，拥有竞争力资源的核心企业扮演着协调和管理的角色（Levin 和 Iansiti，2004），将自身的信用外化至供应链上下游，有效克服信息不对称对上下游中小企业的融资劣势（罗正英，2003）。本书主要检验核心企业供应链金融业务的经济后果，考虑到协调供应链上下游的资金运作，借鉴宋华等（2021）的研究成果，使用应收账款周转期限减应付账款周转期限作为供应链金融的代理变量。

（2）被解释变量的选取

一是运营效率。企业运营效率是指对决策单元的资源配置、资源使用等方面的综合测量与评价，通常使用资金周转情况衡量企业的运营效率，包括固定资产周转率及周转周期，应收账款周转率及周转周期，存货周转率及周转周期等。本书主要从供应链管理的角度出发，研究供应链金融对企业运营效率的影响，验证供应链金融对核心企业库存优化的正向作用。本书借鉴王秀华等（2013）的现有研究，选取存货周转率衡量企业的存货周转状况。

二是融资可得性。考虑到核心企业为已完成上市融资的大型企业，企业的融资可得性普遍较低，而且通过市场进行融资的能力相差不大，本书采取企业的短期借款比例来衡量企业通过银行的融资能力。

对企业融资可得性程度的测量有两类方法：一种是用模型构建衡量融资可得性程度，如 Fazzari 等（1988）构建的投资—现金流敏感性模型，

Almeida 等（2004）构建的现金—现金流敏感度模型；另一种是直接测量融资可得性，比较权威的测度方法包括 Bank 指数（Kaplan 和 Zingales，1997）、WW 指数（Whited 和 Wu，2006）及 SA 指数（Hadlock 和 Pierce，2010）。本书参考魏志华等（2014）以中国上市公司为样本构建的 Bank 指数，更加符合我国国情，进一步切合我国企业的融资状况，Bank 指数越大，企业融资可得性程度越高。

三是非投资效率。Richardson（2006）运用投资期望模型拟合企业最优投资水平，模型残差代表企业偏离最优投资水平的程度，李竹薇等（2020）、李维安和马超（2014）均借鉴了该模型。本书使用残差绝对值表示企业的非效率投资程度，用正向残差表示企业投资过度，用负向残差表示企业投资不足。

四是金融化投资。本书借鉴张成思和张步昙（2016）、翟光宇等（2021）的相关研究，企业金融化投资 Fin1=（交易性金融资产 + 衍生金融资产 + 发放贷款及垫款净额 + 可供出售金融资产净额 + 持有至到期投资净额 + 投资性房地产净额）÷ 期末总资产。

五是实物投资。本书借鉴雷新途和李世辉（2012）、周煜皓和张盛勇（2014）的相关研究，企业实物投资 Fin2=（固定资产净额 + 无形资产净额 + 长期投资净额 + 在建工程净额）÷ 期末总资产。

（3）控制变量选取

为了保证实证结果真实可靠，参考已有文献成果（谭小芬、张文婧，2017；刘贯春等，2018），本书添加了相关控制变量，包括企业个体特征，即企业规模（Size）、企业年龄（Age）、企业性质（Nature）、管理能力（Dual）、股权结构（Ihold）；企业财务绩效表现，如盈利能力（ROA）、成长能力（Growth）、偿债能力（Level）、投资机会（TobinQ）等。另外，本书主要通过控制年度效应和行业效应控制相关随时间变化和受相关宏观政策环境影响的因素。相关变量具体含义如表 3-1 所示。

表 3-1　相关变量具体含义

	变量指标	变量符号	相关变量定义与计算
解释变量	供应链金融	SCF	应收账款周转期限 – 应付账款周转期限（年）
被解释变量	运营效率	YIO	存货周转期限（年）
	融资可得性	Bank	（短期借款 + 一年内到期的非流动负债 + 长期借款）÷ 期末总资产
	非效率投资	Effici	采用 Richardson 回归模型中的残差项表示，取绝对值代表非效率投资程度
	投资过度	Overinv	采用 Richardson 回归模型中的残差项中正数表示，与投资过度正相关
	投资不足	Underinv	采用 Richardson 回归模型中的残差项中负数表示，与投资不足负相关
	金融化投资	Fin1	持有金融资产占总资产比例
	实物投资	Fin2	（固定资产净额 + 无形资产净额 + 长期投资净额 + 在建工程净额）÷ 期末总资产
控制变量	企业规模	Size	总资产自然对数
	企业年龄	Age	以企业成立年限取自然对数衡量
	企业性质盈利能力	ROA	总资产报酬率 = 息税前利润 ÷ 期末总资产
	成长能力	Growth	主营业务收入增长率
	管理能力	Dual	董事长与总经理是否为同一人。0：否；1：是
	偿债能力	Level	资产负债率
	投资机会	TobinQ	市场价值 ÷ 资产重置成本
	股权结构	Ihold	第一大股东持股总数 ÷ 总股数
	年度效应	Year	年度虚拟变量
	行业效应	Industry	行业虚拟变量

3.2.3　模型设计

为了研究企业中供应链金融如何促进金融资本服务实体经济，参考现有的研究成果（魏志华等，2014；张新民等，2017；彭俞超等，2018），构建了 OLS 多元回归实证模型，检验供应链金融对核心企业运营效率、融资效果、投资效果的作用机制。

为了验证假设 1，构建了模型（3-1），以考察供应链金融对核心企业运营效率的影响。若假设 1 成立，预计 SCF 的回归系数（π_1）显著小于 0，即表明供应链金融能够缩短核心企业的存货周转周期，提高核心企业的运营效率。为了控制年度和行业层面的差异，模型中以 Year 代表年度效应，Industry 代表行业效应，用来控制不同时期及行业特征对企业的冲击，根据中国证监会公布的《上市公司行业分类指引》（2012 年修订版）的划分标准，制造业按照二级行业代码分类。$\omega_{i,t}$ 为随机误差项。

$$YIO_{i,t}=\pi_0+\pi_1 SCF_{i,t}+\sum\pi_j Control_{i,t}+\sum\pi_k Year+\sum\pi_n Industry+\omega_{i,t} \quad (3\text{-}1)$$

为了验证假设 2，构建了模型（3-2），以考察供应链金融对核心企业融资可得性的影响。若假设 2 成立，预计 SCF 的回归系数（α_1）显著小于 0，即表明供应链金融能够缓解核心企业的融资可得性，提高核心企业的融资可得性。同上，控制了年度效应和行业效应，$\varepsilon_{i,t}$ 为随机误差项。

$$Bank_{i,t}=\alpha_0+\alpha_1 SCF_{i,t}+\sum\alpha_j Control_{i,t}+\sum\alpha_k Year+\sum\alpha_n Industry+\varepsilon_{i,t} \quad (3\text{-}2)$$

为了验证假设 3a，首先需要衡量非效率投资。目前，关于非效率投资的度量主要采用 Richardson（2006）提出的模型，通过相关变量回归得出的残差衡量非效率投资水平及非效率投资类型。本书采用 Richardson 模型回归得出的残差序列（$\sigma_{(i,t)}$）衡量企业非效率投资水平，详见式（3-3）。

$$Inv_{i,t}=\rho_0+\rho_1 Cash_{i,t-1}+\rho_2 Level_{i,t-1}+\rho_3 QVal_{i,t-1}+\rho_4 Age_{i,t-1}+\rho_5 Size_{i,t-1}+\rho_6 Inv_{i,t-1}+\sum\rho_k Year+\sum\rho_n Industry+\sigma_{(i,t)} \quad (3\text{-}3)$$

其中，$Inv_{i,t}$ 代表本年投资总额，自变量依次是上一年现金持有量、资产负债率、托宾 Q 值、企业年龄、企业规模及投资总额，并控制了年度效应和行业效应。$\sigma_{(i,t)}$ 的正值代表过度投资（Overinv），负值代表投资不足（Underinv），绝对值代表企业非效率投资。

在此基础上构建了模型（3–4），以考察供应链金融对核心企业非效率投资的影响。若假设 3a 成立，预计当因变量为过度投资时，SCF 的回归系数（β_1）显著小于 0；预计当因变量为投资不足时，SCF 的回归系数（β_1）显著大于 0，即表明供应链金融抑制核心企业非效率投资，抑制投资过度，缓解投资不足。同上，控制了年度效应和行业效应，$\delta_{i,t}$ 为随机误差项。

$$Effici/Overinv/Underinv_{i,t}=\beta_0+\beta_1 SCF_{i,t}+\sum\beta_j Control_{i,t}+\sum\beta_k Year+\sum\beta_n Industry+\delta_{i,t} \quad (3\text{–}4)$$

构建模型（3–5），以考察供应链金融对核心企业金融化投资的影响。若假设 3b 成立，预计 SCF 的回归系数（γ_1）显著小于 0，即表明供应链金融抑制了企业金融化投资。同上，控制了年度效应和行业效应，$\tau_{i,t}$ 为随机误差项。

$$Fin1_{i,t}=\gamma_0+\gamma_1 SCF_{i,t}+\sum\gamma_j Control_{i,t}+\sum\gamma_k Year+\sum\gamma_n Industry+\tau_{i,t} \quad (3\text{–}5)$$

构建模型（3–6），以考察供应链金融对企业实物投资的影响。若假设 3b 成立，预计 SCF 的回归系数（μ_2）显著小于 0，回归系数（μ_3）显著大于 0，即表明供应链金融在核心企业金融化投资对实物投资的“挤出效应”中起到反向调节作用，即供应链金融能够缓解金融化投资对实物投资的“挤出效应”。同上，控制了年度效应和行业效应，$\varphi_{i,t}$ 为随机误差项。

$$Fin2_{i,t}=\mu_0+\mu_1 SCF_{i,t}+\mu_2 Fin1_{i,t}+\mu_3 SCF_{i,t}\times Fin1_{i,t}+\sum\mu_j Control_{i,t}+\sum\mu_k Year+\sum\mu_n Industry+\varphi_{i,t} \quad (3\text{–}6)$$

3.3 实证结果与分析

3.3.1 基础统计分析

（1）描述性统计

表 3–2 展示了主要变量描述性统计结果，可以看出：①供应链金融

（SCF）中位数为 -0.008，均值为 0.007，说明制造业核心企业的供应链金融业务有待进一步开发。②运营效率（YIO）均值为 0.424，说明制造业核心企业平均存货周转周期为半年左右，与其他行业相比，运营效率较低。标准差为 0.420，说明样本核心企业之间存在较大的差距。③融资可得性（Bank）均值为 0.161，核心企业融资可得性较好，但是标准差（0.144）较高，企业间融资难度差异较大。④非效率投资（Effici）的中位数为 0.029，说明一半以上的企业存在一定程度的非效率投资，投资不足的企业明显多于投资过度的企业。⑤对于企业金融化程度，金融化投资（Fin1）最大值为 0.429，均值为 0.050，中位数为 0.017，说明一半以上的制造业核心企业会或多或少地配置金融资产，个别企业配置了大量的金融资产；实物投资（Fin2）最大值为 0.762，均值为 0.323，体现了制造业实业资产占比较大的行业特征。

表 3-2　主要变量描述性统计结果

变量	样本量	均值	中位数	标准差	最小值	最大值
SCF	18079	0.007	-0.008	0.190	-0.635	0.644
YIO	18068	0.424	0.297	0.420	0.039	2.705
Bank	15928	0.161	0.131	0.144	0	0.583
Effici	13474	0.044	0.029	0.049	0.001	0.303
Overinv	5334	0.052	0.029	0.069	0	0.433
Underinv	8140	-0.039	-0.029	0.037	-0.209	-0.001
Fin1	18079	0.050	0.017	0.080	0	0.429
Fin2	18079	0.323	0.298	0.167	0.035	0.762

（2）相关性分析

为了检验各有关变量之间是否存在多重共线性，本书对样本数据进行了相关性检验，主要变量相关性检验如表 3-3 所示，下半部分显示 Pearson 系数，上半部分显示 Spearman 系数，其中自变量供应链金融（SCF）与各个因变量之间存在显著的相关性，初步表明本书的模型设定具有合理性。主要相关变量之间相关系数绝对值最大为 0.3888，表明变量之间不存在严重的多重共线性。

表 3-3　主要变量相关性检验

	SCF	YIO	Bank	Effici	Fin1	Fin2
SCF	1.0000	0.0655***	-0.0249***	0.0017	-0.0720***	-0.2290***
YIO	-0.0696***	1.0000	-0.0866***	-0.0056	-0.0494***	-0.2435***
Bank	-0.0543***	-0.0401***	1.0000	0.0219**	0.0896***	0.3698***
Effici	-0.0244***	-0.0096	0.0296***	1.0000	-0.0833***	0.1288***
Fin1	-0.0596***	-0.0027	-0.0077	-0.0623***	1.0000	-0.1352***
Fin2	-0.2464***	-0.2159***	0.3888***	0.0901***	-0.2147***	1.0000

注：p-values in brackets，* 表示 p< 0.1，** 表示 p<0.05，*** 表示 p<0.01。

3.3.2　主效应回归结果分析

针对上文提出的研究假设，使用 Stata15.0 对样本数据进行假设检验，表 3-4 展示了全样本基准回归的估计结果。

（1）运营效率结果分析

第（1）列显示，对于运营效率（YIO），供应链金融业务（SCF）的回归系数在 1% 水平上显著为负，说明供应链金融能降低核心企业的存货周转周期，优化库存，提高运营效率，实现供应链中关键一环的资源优化，进而加速上下游企业的商品流通，提高整个供应链的运营效率，验证了假设 1。

（2）融资效应结果分析

第（2）列显示，对于融资可得性（Bank），供应链金融业务（SCF）的回归系数在 1% 水平上显著为正，这意味着企业供应链金融业务的发展提高了核心企业的融资可得性，随着供应链金融业务的推进，核心企业将

表 3-4 全样本基准回归的估计结果

	(1) YIO	(2) Bank	(3) Effici	(4) Overinv	(5) Underinv	(6) Fin1	(7) Fin2
SCF	-0.1657^{***}	0.1170^{***}	-0.0162^{***}	-0.0317^{***}	0.0060^{**}	-0.0153^{***}	-0.1509^{***}
	(−5.9356)	(24.8761)	(−5.3323)	(−4.2952)	(2.2920)	(−4.4050)	(−21.9685)
Size	0.0051	−0.0008	-0.0010^{*}	0.0027^{**}	0.0030^{***}	0.0027^{***}	-0.0027^{*}
	(1.3595)	(−0.7592)	(−1.8381)	(2.2024)	(5.9681)	(3.5661)	(−1.9263)
Age	-0.0023^{***}	-0.0013^{***}	-0.0011^{***}	-0.0022^{***}	0.0007^{***}	0.0033^{***}	0.0001
	(−3.9198)	(−9.3008)	(−13.7639)	(−12.1764)	(8.2990)	(24.8922)	(0.4593)
ROA	-0.8345^{***}	-0.1153^{***}	0.0070	−0.0109	0.0011	−0.0133	-0.2930^{***}
	(−13.9027)	(−7.7809)	(0.8317)	(−0.5589)	(0.1416)	(−1.1954)	(−13.8568)
Level	-0.0455^{**}	0.5351^{***}	0.0179^{***}	0.0229^{***}	-0.0101^{***}	-0.0570^{***}	0.0566^{***}
	(−2.2577)	(96.5204)	(5.6673)	(3.1597)	(−3.4458)	(−13.8124)	(7.5615)
Growth	0.1075^{***}	-0.0101^{***}	0.0028^{***}	0.0103^{***}	0.0002	−0.0008	-0.0309^{***}
	(13.7298)	(−8.1805)	(2.8293)	(4.0733)	(0.2619)	(−0.8219)	(−14.5693)
TobinQ	0.0267^{***}	-0.0085^{***}	0.0057^{***}	0.0023^{*}	-0.0064^{***}	0.0021^{***}	-0.0054^{***}
	(7.0428)	(−9.2040)	(10.2705)	(1.7551)	(−12.6487)	(3.0954)	(−4.3881)
Dual	0.0308^{***}	0.0040^{**}	0.0018^{*}	0.0041^{*}	0.0000	−0.0004	-0.0071^{***}
	(4.6443)	(2.5493)	(1.7934)	(1.8064)	(0.0437)	(−0.2971)	(−2.9662)

续表

	(1) YIO	(2) Bank	(3) Effici	(4) Overinv	(5) Underinv	(6) Fin1	(7) Fin2
Lhold	–0.0010***	–0.0002***	–0.0001**	–0.0001**	0.0000	–0.0002***	–0.0002**
	(–4.4737)	(–4.4656)	(–2.1410)	(–2.0640)	(0.1712)	(–4.1312)	(–2.0987)
Fin1							–0.4735***
							(–38.8312)
Fin1_SCF							0.3054***
							(4.8139)
_cons	0.3396***	–0.0001	0.0606***	0.0034	–0.0944***	–0.0136	0.4308***
	(4.1664)	(–0.0063)	(5.2455)	(0.1296)	(–9.0462)	(–0.8505)	(14.6152)
Industry	YES	YES	YES	YES	YES	YES	YES
Year	YES	YES	YES	YES	YES	YES	YES
R^2_a	0.2130	0.6331	0.0745	0.0609	0.1529	0.1097	0.3606
F	51.86***	1825.12***	47.60***	20.27***	50.51***	116.80***	261.02***
N	18068	15928	13474	5334	8140	18079	15725

注：p–values in brackets，* 表示 $p< 0.1$，** 表示 $p<0.05$，*** 表示 $p<0.01$。括号内为 T 统计量。

信用拓展到节点企业，为产业链中小企业担保，同时也和供应链中的银行等金融机构建立起密切的合作关系，增强核心企业的融资可得性，验证了假设 2。

（3）投资效应结果分析

第（3）~第（5）列显示，供应链金融业务（SCF）的回归系数至少在 5% 水平上显著，其中对于非效率投资显著为负，对于投资过度显著为负，对于投资不足显著为正，说明发展供应链金融业务可以有效抑制企业的非效率投资问题，具有缓解投资不足、抑制投资过度的作用，有力验证了假设 3a。

第（6）列显示，对于金融化投资（Fin1），供应链金融业务（SCF）的回归系数在 1% 水平上显著为负，说明企业发展供应链金融可以有效抑制企业的金融化程度。

第（7）列显示，对于实物投资（Fin2），供应链业务（SCF）的回归系数在 1% 水平上显著为负、回归系数显著为负，挤出效应明显，SCF 和 Fin1 交乘项的回归系数显著为正，说明供应链金融起到了反向调节作用，有效缓解了金融化投资对实物投资的“挤出效应”，验证了假设 3b。

3.3.3 稳健性检验

（1）子样本回归

2012 年，为了加强对上市公司募集资金的监管，提高募集资金使用效益，中国证券监督管理委员会发布了《上市公司监管指引第 2 号——上市公司募集资金管理和使用的监管要求》，就上市公司募集资金管理和使用进行了规范，允许上市公司使用闲置募集资金购买安全性高、流动性好的投资产品，这大大提高了企业投资积极性，企业的金融化程度也明显加深。在 2008 年国际金融危机爆发后，经济一度低迷，数据异常值较多；而且供应链金融业务是从 2010 年之后逐渐发展成熟起来的，所以缩小样本范围，对 2012—2019 年的个体—年度观测值进行回归，结果显示（见表 3-5）和全样

表 3–5　稳健性检验：子样本回归结果（2012—2019 年）

	(1) YIO	(2) Bank	(3) Effici	(4) Overinv	(5) Underinv	(6) Fin1	(7) Fin2
SCF	−0.1623***	0.1108***	−0.0114***	−0.0236***	0.0040	−0.0175***	−0.1519***
	(−5.4029)	(22.5902)	(−3.5442)	(−2.9743)	(1.4327)	(−4.6609)	(−21.0643)
Size	0.0072	−0.0004	−0.0019***	0.0019	0.0037***	0.0044***	−0.0016
	(1.6182)	(−0.3645)	(−3.0123)	(1.4081)	(6.3005)	(5.0400)	(−1.0278)
Age	−0.0031***	−0.0010***	−0.0011***	−0.0022***	0.0006***	0.0028***	−0.0002
	(−4.7789)	(−6.7690)	(−12.5732)	(−11.9188)	(7.1559)	(19.2289)	(−0.7017)
ROA	−0.9222***	−0.1312***	0.0079	−0.0158	0.0005	−0.0241*	−0.3048***
	(−13.1840)	(−8.2020)	(0.8252)	(−0.7455)	(0.0499)	(−1.9519)	(−13.2577)
Level	−0.0698***	0.5254***	0.0218***	0.0307***	−0.0127***	−0.0670***	0.0405***
	(−2.8337)	(80.7352)	(6.0815)	(3.7874)	(−3.8007)	(−14.3293)	(4.8420)
Growth	0.1008***	−0.0097***	0.0031***	0.0110***	−0.0003	−0.0010	−0.0282***
	(11.8175)	(−6.9812)	(2.9035)	(3.8471)	(−0.4183)	(−0.8634)	(−12.2650)
TobinQ	0.0274***	−0.0076***	0.0066***	0.0032**	−0.0072***	0.0022***	−0.0064***
	(6.3789)	(−7.8753)	(10.5915)	(2.0378)	(−12.6573)	(2.7183)	(−4.7366)
Dual	0.0267***	0.0047***	0.0012	0.0031	0.0005	0.0015	−0.0059**
	(3.6056)	(2.7560)	(1.1317)	(1.2831)	(0.5583)	(1.0380)	(−2.2994)

续表

	(1) YIO	(2) Bank	(3) Effici	(4) Overinv	(5) Underinv	(6) Fin1	(7) Fin2
Lhold	−0.0012***	−0.0002***	−0.0001**	−0.0001*	0.0000	−0.0002***	−0.0001
	(−4.9372)	(−4.3084)	(−2.2950)	(−1.9440)	(0.6036)	(−3.3651)	(−1.2453)
Fin1							−0.4678***
							(−34.8039)
Fin1_SCF							0.2949***
							(4.2787)
_cons	0.3306***	−0.0129	0.0764***	0.0178	−0.1077***	−0.0442**	0.4107***
	(3.4513)	(−0.5552)	(5.9166)	(0.6347)	(−8.8300)	(−2.3725)	(12.6748)
Industry	YES	YES	YES	YES	YES	YES	YES
Year	YES	YES	YES	YES	YES	YES	YES
r2_a	0.2215	0.6259	0.0892	0.0664	0.1789	0.1026	0.3521
F	44.64***	1420.46***	44.89***	19.41***	47.49***	81.09***	206.04***
N	14029	12160	10932	4345	6587	14038	12972

注：p−values in brackets，* 表示 $p< 0.1$， ** 表示 $p<0.05$， *** 表示 $p<0.01$。括号内为 T 统计量。

本基准回归结果基本保持一致，只有对投资不足（Underinv）的检验结果由原本的正向显著转变为正向相关，接下来进一步进行稳健性检验。

（2）替换解释变量

在相关调查中发现，“核心企业不愿意配合”是金融机构扶持中小企业最主要的障碍因素，而且核心企业可以凭借主导地位随意延长账期，肆意压榨上游中小企业的现金流，严重破坏了产业链信用机制，违背了供应链金融宗旨。因此，为了最大化反映核心企业供应链金融的参与程度，以及核心企业通过供应链金融业务对供应链整体资源的配置状况，需要在原有供应链金融指标的基础上加入核心企业为上下游关联企业提供的担保情况进行稳健性检验，担保（Guaran）指标的选取，参考刘凤委等（2009）采用关联交易数量衡量企业间信任程度的方法，借鉴顾群（2016）的相关研究，用核心企业为关联企业提供的担保金额来衡量，具体是当核心企业为关联企业提供的担保金额（用营业收入标准化后）超过样本企业为关联企业提供的担保金额中位数时，Guaran 取值为 1，否则为 0。采用这一合成指标有以下几个优势：第一，体现了紧紧围绕供应链金融的内涵，充分发挥核心企业的信用抵押担保作用，协调金融机构与核心企业及中小企业之间的协作关系；第二，体现供应链导向的金融功能，充分发挥核心企业对供应链上下游的整体资源配置功能，充分体现了本书的理论内核。

实证结果如表 3–6 所示，将企业担保（Guaran）情况加入解释变量后，检验结果和主效应回归结果保持一致，且除了融资可得性（Bank）外，回归系数均有所变大，原结论具有稳健性。

（3）添加控制变量

出于对利润最大化的追求，投资收益率是企业投融资决策的关键影响变量。借鉴张成思等（2020）的相关研究，在供应链金融（SCF）对运营效率及投融资的回归模型中，添加金融与实体经济相对收益率（RG）作为

表 3-6 稳健性检验：替换解释变量

	(1) YIO	(2) Bank	(3) Effici	(4) Overinv	(5) Underinv	(6) Fin1	(7) Fin2
Guaran _SCF	−0.2693***	0.0553***	−0.0185***	−0.0326**	0.0094**	−0.0186***	−0.1688***
	(−5.5489)	(6.3420)	(−3.5617)	(−2.3592)	(2.3788)	(−3.1330)	(−13.9670)
Size	0.0063*	−0.0019*	−0.0008	0.0032***	0.0030***	0.0028***	−0.0015
	(1.6884)	(−1.8382)	(−1.4983)	(2.6198)	(5.8855)	(3.7221)	(−1.0835)
Age	−0.0020***	−0.0016***	−0.0011***	−0.0021***	0.0006***	0.0033***	0.0005**
	(−3.3126)	(−11.5103)	(−13.4108)	(−11.9318)	(8.1758)	(25.2033)	(2.3041)
ROA	−0.7988***	−0.1426***	0.0100	−0.0055	0.0001	−0.0097	−0.2605***
	(−13.4242)	(−9.4308)	(1.1993)	(−0.2855)	(0.0079)	(−0.8696)	(−12.1211)
Level	−0.0279	0.5163***	0.0197***	0.0249***	−0.0109***	−0.0551***	0.0763***
	(−1.3744)	(90.8687)	(6.2201)	(3.3963)	(−3.7222)	(−13.3984)	(10.0461)
Growth	0.1063***	−0.0094***	0.0026***	0.0098***	0.0002	−0.0010	−0.0328***
	(13.5948)	(−7.3777)	(2.6432)	(3.8953)	(0.3206)	(−0.9384)	(−15.3066)
TobinQ	0.0270***	−0.0088***	0.0057***	0.0025*	−0.0064***	0.0022***	−0.0048***
	(7.1542)	(−9.3306)	(10.3198)	(1.8481)	(−12.6613)	(3.1401)	(−3.8442)
Dual	0.0318***	0.0040**	0.0019*	0.0041*	0.0000	−0.0003	−0.0066***
	(4.8047)	(2.4942)	(1.8230)	(1.8020)	(0.0016)	(−0.2394)	(−2.7250)

续表

	(1) YIO	(2) Bank	(3) Effici	(4) Overinv	(5) Underinv	(6) Fin1	(7) Fin2
Lhold	-0.0009^{***}	-0.0003^{***}	-0.0001^{*}	-0.0001^{*}	0.0000	-0.0002^{***}	-0.0001
	(-4.2083)	(-5.5581)	(-1.9251)	(-1.9426)	(0.0765)	(-3.9696)	(-1.2665)
Fin1							-0.4681^{***}
							(-38.2799)
Fin1_ Guaran _SCF							0.6570^{***}
							(4.8466)
_cons	0.2984^{***}	0.0405^{*}	0.0546^{***}	-0.0099	-0.0926^{***}	-0.0177	0.3874^{***}
	(3.7539)	(1.8856)	(4.7605)	(-0.3848)	(-8.9314)	(-1.1157)	(13.0082)
Industry	YES	YES	YES	YES	YES	YES	YES
Year	YES	YES	YES	YES	YES	YES	YES
r2_a	0.2124	0.6154	0.0730	0.0576	0.1528	0.1092	0.3470
F	53.00^{***}	1656.18^{***}	46.35^{***}	19.34^{***}	50.35^{***}	115.01^{***}	229.99^{***}
N	18068	15928	13474	5334	8140	18079	15725

注：p–values in brackets，* 表示 $p< 0.1$，** 表示 $p<0.05$，*** 表示 $p<0.01$。括号内为 T 统计量。

补充的重要控制变量。

金融收益率（rf）=（投资收益 + 公允价值变动损益 + 净汇兑收益 – 对联营和合营企业的投资收益）/ 期末金融资产

实体收益率（rk）=（营业收益 – 营业成本 – 营业税金及附加 – 期间费用 – 资产减值损失）/{经营资产 ×（运营资本 + 固定资产 + 无形资产等长期资产的净值）}

相对收益率（RG）= 金融收益率（rf）/ 实体收益率（rk）

表 3–7 展示了添加控制变量后的回归结果，显示与全样本基准回归结果保持一致，结论基本具有稳健性。

3.3.4 内生性问题

为了进一步检验结论的有效性，避免由于样本选择、反向因果、遗漏变量、测量误差等造成的内生性问题，分别采用倾向得分匹配法（PSM）、双重差分法（DiD）、工具变量法对本书的研究结论进行相应的内生性检验。

（1）倾向得分匹配法

针对核心企业是否开展供应链金融业务及供应链金融业务发展程度的非随机性问题，本书选取对企业开展供应链金融业务的活跃程度可能造成影响的各项因素，并考虑行业和年度的影响，根据样本供应链金融变量（SCF）三分位数，将样本分成实验组（SCF 前 1/3 的样本）和控制组（SCF 后 2/3 的样本），运用 Logit 回归模型估算出各家企业每年的倾向得分；然后据此将实验组和控制组样本进行匹配，匹配过程使用 1∶1 近邻匹配，表 3–8 为内生性检验。通过考察匹配后的实验组和控制组倾向得分，实证结果显示，相关特征变量的标准化偏差在匹配之后没有显著的差异，这表明在进行 PSM 之后，企业的供应链金融业务发展程度的主要特征变量差异较小。因此，基本可以排除是相关特征变量导致企业供应链金融业务开展后企业投融资效率产生差异的可能性。

表 3-7　稳健性检验：添加重要控制变量

	(1) YIO	(2) Bank	(3) Effici	(4) Overinv	(5) Underinv	(6) Fin1	(7) Fin2
SCF	−0.1615***	0.1158***	−0.0174***	−0.0343***	0.0065**	−0.0154***	−0.1569***
	(−5.7744)	(24.2141)	(−5.5248)	(−4.4678)	(2.3589)	(−4.2778)	(−22.6230)
RG	−0.0000	0.0000	−0.0000*	−0.0000	0.0000	0.0000	0.0001
	(−0.2355)	(0.5616)	(−1.7651)	(−1.4600)	(0.2309)	(1.0801)	(1.4688)
Size	0.0056	−0.0005	−0.0009	0.0029**	0.0030***	0.0030***	−0.0029**
	(1.5090)	(−0.4572)	(−1.6089)	(2.2917)	(5.8773)	(3.9055)	(−2.0349)
Age	−0.0028***	−0.0013***	−0.0012***	−0.0022***	0.0007***	0.0033***	0.0003
	(−4.8216)	(−9.6548)	(−13.8237)	(−12.1828)	(8.3062)	(24.1120)	(1.4331)
ROA	−0.7511***	−0.1114***	0.0017	−0.0166	0.0040	−0.0228*	−0.3154***
	(−12.8357)	(−7.6356)	(0.1973)	(−0.8207)	(0.4715)	(−1.9570)	(−15.0952)
Level	−0.0519***	0.5335***	0.0168***	0.0211***	−0.0101***	−0.0565***	0.0525***
	(−2.5801)	(96.1275)	(5.2869)	(2.8631)	(−3.4030)	(−13.2245)	(6.9571)
Growth	0.1055***	−0.0098***	0.0030***	0.0102***	−0.0000	−0.0018*	−0.0311***
	(13.2792)	(−7.6238)	(3.0063)	(4.0558)	(−0.0161)	(−1.7874)	(−14.2765)
TobinQ	0.0310***	−0.0076***	0.0055***	0.0021	−0.0063***	0.0025***	−0.0057***
	(8.0791)	(−8.5582)	(9.8675)	(1.5621)	(−12.3328)	(3.4903)	(−4.6930)

续表

	(1) YIO	(2) Bank	(3) Effici	(4) Overinv	(5) Underinv	(6) Fin1	(7) Fin2
Dual	0.0303***	0.0043***	0.0017	0.0041*	0.0001	0.0003	–0.0077***
	(4.6275)	(2.7392)	(1.6415)	(1.7593)	(0.1269)	(0.2253)	(–3.2132)
Lhold	–0.0008***	–0.0002***	–0.0001*	–0.0001*	0.0000	–0.0002***	–0.0002***
	(–3.8488)	(–4.6605)	(–1.8621)	(–1.8258)	(0.0115)	(–4.1115)	(–2.8304)
Fin1							–0.4823***
							(–39.4193)
Fin1_SCF							0.2980***
							(4.7359)
_cons	0.3116***	–0.0080	0.0590***	0.0010	–0.0942***	–0.0218	0.4403***
	(3.8636)	(–0.3822)	(5.0575)	(0.0381)	(–8.9453)	(–1.3361)	(14.7855)
Industry	YES	YES	YES	YES	YES	YES	YES
Year	YES	YES	YES	YES	YES	YES	YES
R^2_a	0.2136	0.6328	0.0741	0.0636	0.1504	0.1135	0.3685
F	46.33***	1532.98***	42.09***	18.43***	44.69***	107.93***	249.07***
N	17397	15319	13149	5207	7942	17406	15198

注：p–values in brackets，* 表示 $p< 0.1$，** 表示 $p<0.05$，*** 表示 $p<0.01$。括号内为 T 统计量。

表 3-8　内生性检验：配对企业的控制变量比较

	实验组	控制组	差异 T	T 检验	p 值
Size	21.531	21.52	1.0	0.61	0.542
Age	7.2985	7.4161	-1.8	-1.07	0.285
ROA	0.05311	0.05127	2.9	1.53	0.127
Level	0.3457	0.34808	-1.2	-0.68	0.498
Growth	0.37417	0.37628	-0.3	-0.17	0.866
TobinQ	2.1166	2.1295	-1.1	-0.59	0.557
Dual	0.34462	0.3486	-0.9	-0.46	0.646
Lhold	32.749	32.799	-0.3	-0.2	0.843

然后将匹配后的新样本重新进行检验。供应链金融与运营效率、融资效应及投资效应进行倾向得分匹配后的回归结果显示（见表 3-9），除对于运营效率（YIO）不显著，其余检验结果与主效应保持一致，为确保结论具有稳健性，接下来结合多重差分法进行进一步检验。

（2）*多重差分法*

为了进一步排除企业供应链金融与运营效率及融资投效率之间可能存在的反向因果问题，使用多重差分法（Difference in Differences，DiD）重新进行多元回归分析，基准回归模型如下：

$$Y_{i,\ t}=\alpha_0+\alpha_1 Treat_{i,\ t}+\alpha_2 Post_{i,\ t}+\alpha_1 Treat_{i,\ t}\times\alpha_2 Post_{i,\ t}+$$

$$\sum\alpha_j Control_{i,\ t}+\sum\alpha_k Year+\sum\alpha_n Industry+\varepsilon_{i,\ t}$$

其中，$Y_{i,\ t}$包括 YIO、Bank、Effici、Overinv、Underinv、Fin1、Fin2，$Treat_{i,\ t}$和$Post_{i,\ t}$为虚拟变量，当供应链金融业务水平高（实验组）时，$Treat_{i,\ t}$取值为 1，当供应链金融业务水平低（控制组）时，$Treat_{i,\ t}$取值为 0。2016 年 2 月，中国人民银行等八部委印发了《关于金融支持工业稳增长调结构增效益的若干意见》，明确支持供应链金融发展，大力发展应收账款融资，推动更多供应链加入应收账款质押融资服务平台，支持商业银行进一步扩

表 3-9 内生性检验：倾向得分匹配后的回归结果

	(1) YIO	(2) Bank	(3) Effici	(4) Overinv	(5) Underinv	(6) Fin1	(7) Fin2
SCF	0.0337	0.1031***	−0.0146***	−0.0297***	0.0056*	−0.0128***	−0.1539***
	(1.0071)	(18.5925)	(−3.7136)	(−2.9610)	(1.6793)	(−3.2104)	(−18.4886)
Size	0.0173***	−0.0019	−0.0017**	0.0017	0.0038***	0.0041***	−0.0067***
	(3.2735)	(−1.3511)	(−2.0092)	(0.9117)	(4.7955)	(3.9293)	(−3.2633)
Age	−0.0021**	−0.0010***	−0.0013***	−0.0023***	0.0008***	0.0035***	−0.0001
	(−2.4088)	(−4.8538)	(−10.0312)	(−8.5288)	(6.2699)	(16.9329)	(−0.2691)
ROA	−0.8495***	−0.0299	−0.0005	−0.0132	0.0105	−0.0230	−0.3025***
	(−11.1514)	(−1.6389)	(−0.0426)	(−0.4899)	(0.9927)	(−1.5948)	(−11.3651)
Level	−0.0785***	0.5516***	0.0202***	0.0393***	−0.0092**	−0.0597***	0.0657***
	(−3.0183)	(75.1866)	(4.6313)	(3.6524)	(−2.2719)	(−11.5593)	(6.5686)
Growth	0.0835***	−0.0149***	0.0028**	0.0091***	−0.0009	−0.0018	−0.0299***
	(8.7634)	(−10.7472)	(2.3057)	(2.6538)	(−0.8998)	(−1.5911)	(−11.6952)
TobinQ	0.0278***	−0.0069***	0.0045***	0.0005	−0.0057***	0.0023**	−0.0004
	(5.7846)	(−5.8417)	(6.5336)	(0.2926)	(−8.4782)	(2.4875)	(−0.2425)
Dual	0.0278***	0.0023	−0.0004	−0.0007	0.0004	0.0014	−0.0082***
	(3.3990)	(1.2110)	(−0.3488)	(−0.2324)	(0.3755)	(0.9320)	(−2.7944)

续表

	(1) YIO	(2) Bank	(3) Effici	(4) Overinv	(5) Underinv	(6) Fin1	(7) Fin2
Lhold	-0.0006**	-0.0001*	-0.0000	-0.0001	-0.0000	-0.0001**	-0.0001
	(-2.1943)	(-1.6628)	(-0.3307)	(-0.7384)	(-1.0040)	(-2.1541)	(-0.7244)
Fin1							-0.4530***
							(-25.8989)
c.c_Fin1#c.c_SCF_1							0.2708***
							(3.2673)
_cons	0.0759	0.0056	0.0772***	0.0242	-0.1119***	-0.0475**	0.4871***
	(0.6726)	(0.1918)	(4.4407)	(0.6109)	(-6.9141)	(-2.1569)	(11.3708)
Industry	YES	YES	YES	YES	YES	YES	YES
Year	YES	YES	YES	YES	YES	YES	YES
R^2_a	0.1848	0.6478	0.0691	0.0557	0.1478	0.1114	0.2939
F	23.89***	1061.33***	21.59***	9.17***	26.77***	63.30***	137.22***
N	9971	8700	7118	2712	4406	9977	8534

注：p–values in brackets，*p<0.1，**p<0.05，***p<0.01。

大应收账款质押融资规模，探索开展企业集团财务公司，延伸产业链金融服务试点，支持大型企业设立产业创投基金，为产业链上下游创业者提供资金支持。2016 年作为供应链金融发展的重要时间节点，2016 年及之后年度 $Post_{i,t}$ 取值为 1，之前年度 $Post_{i,t}$ 取值为 0。此外，在模型中还控制了年度（Year）和行业（Industry）效应。基于倾向得分匹配和双重差分法的回归检验结果（见表 3-10），借鉴伊志宏等（2021）的研究结果，$Treat_{i,t}$ 和 $Post_{i,t}$ 的效应已被模型吸收，实证结果仅仅列示 $Treat_{i,t}$ 和 $Post_{i,t}$ 的交乘项，回归结果与主效应回归结果基本保持一致，并未发生本质变化，接下来使用工具变量法进一步检验内生性。

（3）工具变量法

为了进一步检验结论的有效性，避免由于遗漏变量、双向因果、测量误差等造成的内生性问题，参考相关研究（杜勇等，2017；戚聿东、张任之，2018），引用 SCF 的滞后一期（SCF_1）和滞后两期（SCF_2）作为工具变量缓解供应链金融对核心企业运营效率、融资可得性及投资效率的内生性问题。本部分采用两阶段最小二乘法（2SLS）进行回归，两个工具变量的回归系数、第一阶段 F 值均在 1% 的水平上显著，表明选取的工具变量与内生解释变量高度相关。表 3-11 展示了 2SLS 两阶段的回归结果，除了过度投资的回归结果与主效应回归结果有所差异（主效应为负向显著），其余变量的回归结果与全样本基准回归结果保持一致。

综上所述，通过对样本数据进行子样本回归、替换核心解释变量、添加控制变量后，结论基本稳健。本书的研究结论基本通过了倾向得分匹配法、双重差分法、工具变量法的内生性检验，说明即便考虑内生性问题，结论基本稳健。

表 3-10　内生性检验：基于倾向得分匹配和双重差分法的回归检验

	(1) YIO	(2) Bank	(3) Effici	(4) Overinv	(5) Underinv	(6) Fin1	(7) Fin2
Treat_Post	0.0004	0.0108***	-0.0029*	-0.0052	0.0015	-0.0046*	-0.0490***
	(0.0468)	(5.6537)	(-1.6733)	(-1.2802)	(0.9291)	(-1.9037)	(-12.4775)
Size	0.0162***	-0.0052***	-0.0015*	0.0023	0.0037***	0.0041***	-0.0067***
	(3.2196)	(-3.7171)	(-1.8112)	(1.1947)	(4.7581)	(3.9521)	(-3.5352)
Age	-0.0020**	-0.0013***	-0.0012***	-0.0023***	0.0007***	0.0035***	0.0005
	(-2.2591)	(-6.3125)	(-9.8297)	(-8.4721)	(6.1237)	(17.0382)	(1.5578)
ROA	-0.8657***	-0.0381**	0.0019	-0.0077	0.0097	-0.0201	-0.2417***
	(-11.4110)	(-2.0764)	(0.1727)	(-0.2872)	(0.9205)	(-1.3968)	(-9.7871)
Level	-0.0845***	0.5471***	0.0214***	0.0410***	-0.0097**	-0.0583***	0.1129***
	(-3.3099)	(73.0100)	(4.8732)	(3.8043)	(-2.3823)	(-11.2631)	(11.9007)
Growth	0.0808***	-0.0146***	0.0024**	0.0083**	-0.0007	-0.0020*	-0.0345***
	(8.7731)	(-10.2533)	(2.0133)	(2.4234)	(-0.7752)	(-1.7295)	(-15.7916)
TobinQ	0.0247***	-0.0069***	0.0046***	0.0007	-0.0057***	0.0023**	0.0018
	(5.9239)	(-6.9096)	(6.5787)	(0.4233)	(-8.4742)	(2.4940)	(1.1971)

续表

	(1) YIO	(2) Bank	(3) Effici	(4) Overinv	(5) Underinv	(6) Fin1	(7) Fin2
Dual	0.0282^{***}	0.0002	−0.0005	−0.0006	0.0005	0.0014	-0.0105^{***}
	(3.4972)	(0.0897)	(−0.3743)	(−0.2050)	(0.4053)	(0.9108)	(−3.7757)
Lhold	-0.0006^{**}	−0.0001	−0.0000	−0.0001	−0.0000	-0.0001^{**}	0.0001
	(−2.1611)	(−1.0647)	(−0.2710)	(−0.7800)	(−1.0447)	(−2.1345)	(1.0206)
Fin1							-0.3994^{***}
							(−24.8198)
_cons	0.1109	0.0864^{***}	0.0723^{***}	0.0100	-0.1106^{***}	-0.0487^{**}	0.4523^{***}
	(1.0492)	(3.0221)	(4.1604)	(0.2515)	(−6.8831)	(−2.2046)	(11.3381)
Industry	YES	YES	YES	YES	YES	YES	YES
Year	YES	YES	YES	YES	YES	YES	YES
R^2_a	0.1833	0.6280	0.0668	0.0509	0.1473	0.1109	0.2791
F	25.34^{***}	1029.98^{***}	20.73^{***}	8.90^{***}	26.73^{***}	62.95^{***}	144.15^{***}
N	9971	8700	7118	2712	4406	9977	9977

注：p−values in brackets，$^{*}p<0.1$，$^{**}p<0.05$，$^{***}p<0.01$。

表 3-11　内生性检验：工具变量法检验

	(1) SCF	(2) YIO	(3) SCF	(4) Bank	(5) SCF	(6) Effici	(7) SCF
SCF_1	0.749***		0.752***		0.764***		0.749***
	-0.009		-0.009		-0.009		-0.015
SCF_2	0.078***		0.073***		0.075***		0.092***
	-0.009		-0.009		-0.009		-0.015
SCF		-0.122***		0.128***		-0.007**	
		-0.023		-0.006		-0.003	
Size	-0.003***	0.004	-0.004***	0	-0.003***	-0.001***	-0.005***
	-0.001	-0.004	-0.001	-0.001	-0.001	-0.001	-0.002
Age	0	-0.004***	0	-0.001***	0	-0.001***	0.001***
	0	-0.001	0	0	0	0	0
ROA	0.015	-0.854***	0.034**	-0.118***	0.001	0.007	0.024
	-0.015	-0.057	-0.016	-0.014	-0.016	-0.008	-0.031
Level	-0.050***	-0.043**	-0.051***	0.538***	-0.048***	0.020***	-0.043***
	-0.006	-0.021	-0.006	-0.005	-0.006	-0.003	-0.01
Growth	0.003*	0.121***	0.002	-0.010***	0.001	0.003***	-0.004
	-0.002	-0.006	-0.002	-0.001	-0.002	-0.001	-0.003

续表

	(1) SCF	(2) YIO	(3) SCF	(4) Bank	(5) SCF	(6) Effici	(7) SCF
TobinQ	−0.002**	0.024***	−0.002**	−0.009***	−0.003***	0.006***	−0.003*
	−0.001	−0.003	−0.001	−0.001	−0.001	0	−0.002
Dual	0.005***	0.038***	0.006***	0.006***	0.005**	0.002*	0.006*
	−0.002	−0.008	−0.002	−0.002	−0.002	−0.001	−0.003
Lhold	0	−0.001***	0	−0.000***	0	−0.000**	0
	0	0	0	0	0	0	0
Constant	0.072	0.153	0.074	−0.04	0.115***	0.055***	0.114**
	−0.063	−0.236	−0.076	−0.066	−0.03	−0.015	−0.047
Observations	13540	13540	12063	12063	12264	12264	4874
R^2	0.72	0.229	0.718	0.623	0.738	0.083	0.707
adj_R^2	0.72	0.226	0.717	0.621	0.737	0.0797	0.704
F	724.5		638.7		733.9		247.9

续表

	(8) Overinv	(9) SCF	(10) Underinv	(11) SCF	(12) Fin1	(13) SCF	(14) Fin2
SCF_1		0.771***		0.745***		0.745***	
		−0.011		−0.009		−0.009	
SCF_2		0.067***		0.080***		0.079***	
		−0.011		−0.009		−0.009	
SCF	−0.002		0.011***		−0.016***		−0.184***
	−0.007		−0.003		−0.005		−0.008
Size	0.003**	−0.002	0.004***	−0.003***	0.002**	−0.003***	−0.004***
	−0.001	−0.001	0	−0.001	−0.001	−0.001	−0.001
Age	−0.002***	−0.001***	0.001***	0	0.003***	0	−0.001***
	0	0	0	0	0	0	0
ROA	−0.009	0.003	0.003	0.015	−0.006	0.016	−0.288***
	−0.02	−0.019	−0.007	−0.016	−0.012	−0.016	−0.02
Level	0.029***	−0.048***	−0.010***	−0.050***	−0.069***	−0.052***	0.032***
	−0.007	−0.007	−0.003	−0.006	−0.004	−0.006	−0.007
Growth	0.010***	0.004**	0	0.003*	−0.002	0.003*	−0.031***
	−0.002	−0.002	−0.001	−0.002	−0.001	−0.002	−0.002

续表

	(8) Overinv	(9) SCF	(10) Underinv	(11) SCF	(12) Fin1	(13) SCF	(14) Fin2
TobinQ	0.003**	–0.003***	–0.007***	–0.002**	0	–0.002**	–0.007***
	–0.001	–0.001	0	–0.001	–0.001	–0.001	–0.001
Dual	0.004*	0.005**	0	0.005***	0.001	0.005***	–0.005**
	–0.002	–0.003	–0.001	–0.002	–0.002	–0.002	–0.003
Lhold	–0.000*	0	0	0	–0.000***	0	–0.000**
	0	0	0	0	0	0	0
Fin1						–0.027**	–0.488***
						–0.011	–0.014
Fin1_SCF						0.118**	0.299***
						–0.056	–0.072
Constant	–0.033	0.155***	–0.116***	0.074	0.08	0.077	0.494***
	–0.031	–0.042	–0.015	–0.064	–0.049	–0.064	–0.082
Observations	4874	7390	7390	13549	13549	13549	13549
R^2–squared	0.069	0.762	0.167	0.718	0.095	0.718	0.37
adj_R^2	0.0598	0.76	0.162	0.717	0.0923	0.717	0.367
F		499.6		714.4		686.5	

注：p–values in brackets，*p<0.1，**p<0.05，***p<0.01。

3.4　进一步分析

3.4.1　产融结合的综合调节效应

金融工具及方式的创新往往是制度环境的支持与推动的结果。受到其他相关制度及环境因素的影响，如产融结合是国家在重点推进供应链金融政策之前实施的一项通过产业资本与金融资本相结合，解决实体经济融资困境，促进金融服务实体经济的重要政策措施，这项政策的实施背景对供应链金融的实施效果会产生怎样的影响，需要做严格的实证检验。

首先需要厘清供应链金融与产融结合的关系。很多学者将供应链金融视作产融结合的一种方式，那么供应链金融与产融结合有何区别与联系？产融结合有广义和狭义之分（张鹏，杨珩昱，2020）。广义来讲，产融结合是经济社会发展的必然产物，是实体行业或产业资本与金融行业或金融资本相互融合，通过资本、产业、组织等方式相互链接、相互支持、融合发展的方式（曹凤岐，1989；李扬等，1997；谢杭生，2000；黄明，2000）。狭义来讲，产融结合是指将金融资本和产业资本结合，并以资本的相互链接促进双方的投资能力增强，从而形成规模经济效益。具体来说，是指产业投资金融行业或金融行业投资产业的一个商业模式和经营行为。产融结合的形成需要同时符合以下两个条件：第一，存在股份关系，而股份关系必须是相对重要的股份关系，如持股在5%以上；第二，存在人事关系。在我国，产融结合主要是指实体经济通过股权资本方式投资金融行业的实体经济与金融相结合的方式，是属于狭义层面的产融结合。

邢天添（2016）提出，中国以大型企业集团为主体推动的“由产而融”的产融结合实践形成了金融内部化、产业链金融及金融控股三种极具特色的发展模式。本书所指的产融结合特指第三种即金融控股或产业部门投资控股金融部门的结合方式。而供应链金融实质就是产业链金融，是以供应链产业链为依托，通过核心企业的信用传递及信息传递解决供应链上下游企业的投融资问题，确保供应链产业链稳定，促进金融服务实体经济的一种产融结合方式。因此，供应链金融属于广义上的产融结合。从具体的金融方式来看，供应链金融与产融结合是两种不同的政策措施，不存在共线性问题，从实证上可以探讨产融结合对供应链金融的调节效应关系，从政策实践上需确定二者之间的交互影响效果。所以，本书进一步分析了我国的产融结合政策对供应链金融投融资的调节效应。引入产融结合（Integ）作为调节变量，实证检验产融结合在供应链金融与运营效率、融资效应及投资效应之间的调节效应。借鉴相关研究（黎文靖、李茫茫，2017），若企业参股非上市金融机构，产融结合取值为1；否则，取值为0。

（1）产融结合对供应链金融与运营效率关系的调节效应

姚德权和王帅（2011）使用数据包络分析（DEA）方法评价产融结合型企业效率，将风险因素加入效率评价模型后发现，由于企业在参股金融之后会面临额外的金融风险，使产融结合型企业的运营效率较低。同年，姚德权等（2011）使用随机前沿分析方法评价产融结合型企业效率，得出了同样的结论，内外部的不确定性会降低产融结合型企业的运营效率，而且参股方式及参股不同类型的金融机构效率值的影响也会有所差异。谭小芳和范静（2014）测评了农业产融结合企业的运营效率，同样发现存在运营效率较低的问题。现有研究均表明，产融企业由于金融风险导致运营效率下降，那么，产融结合在供应链金融促进运营效率提高的过程中又起到什么样的作用？

将数据样本分成产融样本与非产融样本进行分组回归，并进行组间系数差异性检验，通过费舍尔组合检验（Fisher's Permutation Test）得到经验p值，进而判断分组后的SCF系数是否存在显著差异。表3-12中在第（1）~第（2）列报告了检验结果，产融结合型企业参与供应链金融后对运营效率并无影响（不显著），非产融结合型企业参与供应链金融后，反而有利于存货周转周期的缩短，提高运营效率。与上述研究结论保持一致，产融结合型企业由于面临额外的金融风险，企业的营运管理面临着极大的不确定性，平滑了供应链金融对企业运营效率的正向作用。

（2）产融结合对供应链金融与融资效应关系的调节效应

大量研究结果表明，产融结合有助于缓解企业融资可得性难题（李维安、马超，2014；黎文靖、李茫茫，2017；张新民等，2021），主要因为产融结合能够推动企业与金融机构建立长期稳定的信贷契约，降低外源融资成本，因此在解决实体企业融资难题中，需要落实“以融促产、产融结合”。在此，需要进一步考虑，核心企业的产融结合背景会对供应链金融的融资效应产生怎样的影响。核心企业的产融结合背景通过股权链接，加强了核心企业与银行等金融机构的合作，降低了核心企业与银行之间的信息不对称，会进一步增强供应链金融的战略供应效应，减弱供应链金融的金融风险效应，从而提高供应链金融的融资可得性。

将数据样本分成产融样本与非产融样本进行分组回归，表3–12在第（3）~第（4）列展现了检验结果，与非产融样本相比，产融样本中供应链金融对融资可得性的增强作用更强，表明产融结合进一步增强了供应链金融对企业融资可得性的强化影响，这得益于产融结合对融资可得性强有力的缓解作用。

（3）产融结合对供应链金融与投资效应关系的调节效应

第一，产融结合对供应链金融与投资效率关系的调节效应。

在研究企业投资效率时，产融结合同样是个重要议题，产融结合通过信息效应和决策效应，降低信息不对称性和交易费用，促进储蓄—投资的转化（胡彦鑫等，2019）。而且，产融结合能够优化资金期限结构，满足企业长短期限的资金需求，规避短贷长投、减少投资期限的错配（黄小琳等，2015；马红等，2018），提高资金使用效率。但是，也有研究发现，由于带来了额外的资金供给，产融结合在降低企业投资不足的同时增加了企业过度投资，总体上降低了企业的投资效率（李维安、马超；2014）。李竹薇等（2020）提出，产融结合会加剧债权人和股东之间的代理问题，干扰投资决策，大大弱化了商业信用和银行债权对非效率投资的治理效果。以上研究表明，产融结合不利于企业治理非效率投资，尤其是不利于限制企业投资过度，在一定程度上偏离了金融资本与实体经济高效率结合的最初目标。那么，在产融结合背景下，核心企业供应链金融业务是否会对非效率投资产生更强的治理效应？

表 3-12 第（5）~ 第（10）列展现了产融结合对供应链金融和投资效率的调节效应，检验结果显示，相比于非产融样本，产融结合型企业开展供应链金融业务对非效率投资的抑制作用更强，更能抑制投资过度，缓解投资不足，这与高戌煦（2017）的研究结论保持一致，说明供应链金融与产融结合在抑制非效率投资中起到了互补效应，供应链金融作用于产业场景的业务模式解决了产融结合带来的投资效率难题，产融结合带来的现金流进一步保障了供应链金融助力实体经济，实现双赢。供应链金融与产融结合的“双保险”助力提升企业投资效率，促进金融资本服务实体经济。

第二，产融结合对供应链金融与投资方向的调节效应。

实体产业进行金融化投资及金融化投资的进一步扩大造成经济脱实向虚，治理这一金融化问题成为我国当前经济工作的难点，需要找到问题产生的源头。蓄水池效应及投机挤出效应成为造成金融化的主流观点。产融结合的初衷是促进金融更好地服务实体经济，我国当前实施的产融结合政策鼓励了实体产业进行金融化投资，这一政策会促进实体经济的金融化吗？本书通过产融结合对供应链金融与金融化投资之间的调节效应的检验来考证产融结合与实体经济金融化之间的关系，以及产融结合对供应链金融投资治理效果的影响。

表 3-12　产融结合的调节效应

	（1） 产融样本 YIO	（2） 非产融样本 YIO	（3） 产融样本 Bank	（4） 非产融样本 Bank	（5） 产融样本 Effici	（6） 非产融样本 Effici	（7） 产融样本 Overinv
SCF	0.0713	-0.1867^{***}	0.1683^{***}	0.1122^{***}	-0.0283^{***}	-0.0150^{***}	-0.0464^{*}
	（0.6541）	（-6.4485）	（7.5604）	（23.4913）	（-2.9113）	（-4.6844）	（-1.8027）
Size	-0.0001	0.0078^{*}	-0.0123^{***}	0.0016	-0.0021^{**}	-0.0008	-0.0001
	（-0.0073）	（1.8487）	（-4.7646）	（1.4182）	（-2.0508）	（-1.2027）	（-0.0479）
Age	-0.0068^{***}	-0.0017^{**}	-0.0015^{***}	-0.0013^{***}	-0.0007^{***}	-0.0012^{***}	-0.0017^{***}
	（-4.0372）	（-2.5474）	（-3.2961）	（-9.0061）	（-3.1474）	（-12.9331）	（-3.2971）
ROA	-0.4749^{***}	-0.8613^{***}	-0.1239^{**}	-0.1180^{***}	0.0427^{*}	0.0035	0.0059
	（-2.5932）	（-13.5467）	（-2.1855）	（-7.6546）	（1.9485）	（0.3818）	（0.0986）
Level	0.2573^{***}	-0.0862^{***}	0.6142^{***}	0.5221^{***}	0.0188^{***}	0.0178^{***}	0.0317^{*}
	（4.6200）	（-4.0036）	（37.2372）	（88.3557）	（2.6594）	（5.0685）	（1.9487）
Growth	0.0980^{***}	0.1066^{***}	-0.0160^{***}	-0.0092^{***}	0.0053	0.0024^{**}	0.0127
	（4.1344）	（12.8152）	（-3.3097）	（-7.2208）	（1.5571）	（2.3862）	（1.4758）
TobinQ	0.0401^{***}	0.0256^{***}	-0.0157^{***}	-0.0072^{***}	0.0034^{**}	0.0059^{***}	0.0052
	（3.1105）	（6.4012）	（-4.2261）	（-7.5710）	（2.1628）	（9.9616）	（0.9468）

续表

	(1) 产融样本 YIO	(2) 非产融样本 YIO	(3) 产融样本 Bank	(4) 非产融样本 Bank	(5) 产融样本 Effici	(6) 非产融样本 Effici	(7) 产融样本 Overinv
Dual	0.1117***	0.0242***	0.0037	0.0038**	0.0055*	0.0013	0.0109
	(4.3157)	(3.5455)	(0.6133)	(2.3777)	(1.8297)	(1.1889)	(1.5543)
Lhold	-0.0023***	-0.0008***	-0.0001	-0.0002***	0.0000	-0.0001**	0.0001
	(-4.1854)	(-3.5474)	(-0.7372)	(-4.4961)	(0.2530)	(-2.0562)	(0.3342)
_cons	0.3559*	0.2947***	0.2476***	-0.0498**	0.0709***	0.0564***	0.0405
	(1.6675)	(3.2422)	(4.5504)	(-2.1646)	(3.2596)	(4.2137)	(0.7143)
Industry	YES	YES	YES	YES	YES	YES	YES
Year	YES	YES	YES	YES	YES	YES	YES
R^2_a	0.2548	0.2164	0.6340	0.6324	0.0538	0.0755	0.0625
F	10.57***	43.59***	249.72***	1565.09***	4.04***	40.37***	2.42**
N	2163	15905	2034	13894	1845	11627	727
经验 p 值	0.000	0.000	0.000	0.000	0.000	0.000	0.080

续表

	(8) Overinv 非产融样本	(9) Underinv 产融样本	(10) Underinv 非产融样本	(11) Fin1 产融样本	(12) Fin1 非产融样本	(13) Fin2 产融样本	(14) Fin2 非产融样本
SCF	-0.0306***	0.0187**	0.0047*	0.0210	-0.0182***	-0.2022***	-0.1455***
	(-3.9667)	(2.5674)	(1.6777)	(1.4093)	(-5.1221)	(-8.4174)	(-20.2571)
Size	0.0032**	0.0027***	0.0032***	0.0008	0.0021***	-0.0108***	-0.0021
	(2.3193)	(2.6949)	(5.3595)	(0.3388)	(2.6327)	(-3.2757)	(-1.3446)
Age	-0.0023***	0.0004**	0.0007***	0.0050***	0.0026***	0.0013**	-0.0000
	(-11.7006)	(2.1742)	(7.4098)	(11.6330)	(19.0728)	(2.1324)	(-0.0445)
ROA	-0.0118	-0.0277	0.0032	0.0258	-0.0213*	-0.4756***	-0.2729***
	(-0.5708)	(-1.4299)	(0.3610)	(0.5184)	(-1.9367)	(-7.5041)	(-12.2036)
Level	0.0214***	-0.0103	-0.0104***	-0.0982***	-0.0518***	-0.0225	0.0630***
	(2.6789)	(-1.4331)	(-3.2490)	(-6.5131)	(-12.4951)	(-1.1453)	(7.7974)
Growth	0.0098***	-0.0003	0.0003	-0.0008	-0.0004	-0.0295***	-0.0311***
	(3.7917)	(-0.1707)	(0.3383)	(-0.1974)	(-0.4344)	(-4.7939)	(-13.7213)
TobinQ	0.0018	-0.0036**	-0.0066***	-0.0016	0.0030***	-0.0262***	-0.0035***
	(1.3334)	(-2.5370)	(-12.2439)	(-0.5584)	(4.3364)	(-6.8650)	(-2.6968)
Dual	0.0032	-0.0021	0.0003	-0.0012	-0.0004	-0.0003	-0.0078***
	(1.3224)	(-0.8643)	(0.3443)	(-0.2166)	(-0.2969)	(-0.0342)	(-3.0805)

续表

	(8) Overinv 非产融样本	(9) Underinv 产融样本	(10) Underinv 非产融样本	(11) Fin1 产融样本	(12) Fin1 非产融样本	(13) Fin2 产融样本	(14) Fin2 非产融样本
Lhold	-0.0001^{*}	−0.0000	0.0000	-0.0008^{***}	-0.0001^{**}	0.0001	-0.0002^{*}
	(−1.8909)	(−0.6318)	(0.2660)	(−5.0901)	(−2.4840)	(0.3426)	(−1.8223)
Fin1						-0.5579^{***}	-0.4501^{***}
						(−20.6975)	(−31.6237)
Fin1_SCF						0.5012^{***}	0.2806^{***}
						(3.1622)	(4.0616)
_cons	−0.0032	-0.0810^{***}	-0.0982^{***}	0.0861^{*}	−0.0044	0.7049^{***}	0.4066^{***}
	(−0.1098)	(−3.8817)	(−8.0010)	(1.6897)	(−0.2643)	(9.8847)	(12.3121)
Industry	YES	YES	YES	YES	YES	YES	YES
Year	YES	YES	YES	YES	YES	YES	YES
R^2_a	0.0607	0.0577	0.1571	0.1671	0.1114	0.4926	0.3448
F	17.94^{***}	3.89^{***}	42.80^{***}	23.34^{***}	76.77^{***}	70.65^{***}	191.82^{***}
N	4605	1115	7022	2163	15916	1873	13852
经验 p 值	0.080	0.000	0.000	0.000	0.000	0.000	0.000

注：p–values in brackets，$^{*}p<0.1$，$^{**}p<0.05$，$^{***}p<0.01$。

需要说明，我国当前的产融结合政策虽然是通过金融化投资来实现的，但产融结合通常是指政策行为本身，如是参股投资还是没参股投资，采用 0/1 变量，而实体企业金融化是具体的金融化投资的连续变量，可以理解为产融结合实施的一种结果。因此，在此检验产融结合行为产生的结果效应。

表 3–12 第（11）~ 第（14）列展现了产融结合对于供应链金融和企业资金配置的调节作用，检验结果显示，非产融企业开展供应链金融业务对企业金融化进程的抑制作用更强，而产融企业开展供应链金融业务并不会抑制企业的金融化进程。但是，相对于非产融样本，产融企业开展供应链金融业务能更好地缓解金融化投资对实物投资的"挤出效应"。

3.4.2　企业性质的综合调节效应

企业的性质和市场化水平是影响供应链金融能否正常发挥资源配置效应的重要影响因素，需要考察这一特殊制度背景对供应链金融全面实施的综合影响效应，这样才能确定在我国如何有效地实施供应链金融，才能客观、深入地分析在制度变量的影响下供应链金融的资源配置效果。当是国有企业时，企业性质（Nature）取值为 1，否则取值为 0，将样本分为国有企业样本和非国有企业样本进行回归，并进行组间系数差异性检验，通过费舍尔组合检验（Fisher's Permutation Test）得到经验 p 值，进而判断分组后的 SCF 系数是否存在显著差异。

表 3–13 第（1）~ 第（2）列展现了企业性质在供应链金融和运营效率之间的调节效应，与非国有企业相比，国有企业开展供应链金融业务对于提高运营效率的作用效果更加明显，能够显著地降低企业的存货周转周期，提高运营效率。国有企业往往规模庞大，业务期相对较长，并且国有企业有更多的政治任务，相对于民营企业，国有企业提高经营能力的动力较小，而且运营周期一般较长，因此供应链金融与运营效率的关系在国有企业样本中表现得更加突出。

表 3–13 第（3）~ 第（4）列展现了企业性质在供应链金融和融资可得性之间的调节效应，相对于非国有企业，国有企业开展供应链金融业务对于融资可得性的增强作用更强，供应链金融业务的创新发展将进一步释放国有企业的活力，为国有企业注入更多的资金。

表 3–13 第（5）~ 第（10）列展现了企业性质在供应链金融和投资效率之间的调节效应，由于对非效率投资（Effici）和投资过度（Overinv）进行分组回归时，供应链金融（SCF）的组间系数差异性检验没有通过（经验 p 值大于 0.1），组间的系数大小不可比较。因此只能得出，相对于国有企业，非国有企业开展供应链金融业务更能有效地缓解投资不足的问题。非国有企业往往由于现金流短缺造成严重的投资不足，因此供应链金融与投资不足的关系在非国有企业样本中表现得更加突出。

表 3–13 第（11）~ 第（14）列展现了企业性质对供应链金融和资金配置的调节效应，相对于国有企业，非国有企业开展供应链金融业务对金融化的抑制作用更强，国有企业凭借独有的优势，较少遇到现金流短缺瓶颈，从而弱化了金融化的“蓄水池功能”。而且，国有企业高管的风险敏感性高（徐经长、曾雪云，2012），投资金融领域的积极性不如民营企业（雷新途等，2020），供应链金融对于企业金融化的平滑作用在非国有企业中更加突出。但是国有企业开展供应链金融业务对于金融化投资对实物投资的“挤出效应”缓解作用更强。相比于非国有企业，国有企业金融化对未来主业绩效的损害更大（杜勇等，2017）、“挤出效应”作用更明显，而且国有企业因其独特的背景，面对资本性投资时格外谨慎，造成了供应链金融对企业实物投资的反向影响。供应链金融为优化营运资本而提高供应链效率（Ali 等，2019），基于营运资本的财务调整策略可以减缓现金流对企业资本性投资的冲击。

表 3-13　企业性质的调节效应

	(1) YIO 国有企业	(2) YIO 非国有企业	(3) Bank 国有企业	(4) Bank 非国有企业	(5) Effici 国有企业	(6) Effici 非国有企业	(7) Overinv 国有企业
SCF	−0.3216***	−0.1103***	0.1476***	0.1110***	−0.0166***	−0.0187***	−0.0375***
	(−6.9677)	(−3.2052)	(14.9061)	(20.9603)	(−3.9208)	(−4.6497)	(−3.9174)
Size	0.0041	0.0020	0.0003	0.0011	0.0006	−0.0020**	0.0052***
	(0.7129)	(0.4039)	(0.1858)	(0.8908)	(0.7808)	(−2.3509)	(3.2604)
Age	−0.0067***	0.0014	−0.0013***	−0.0008***	−0.0008***	−0.0009***	−0.0014***
	(−6.9099)	(1.4561)	(−5.4932)	(−3.9098)	(−6.5435)	(−6.5150)	(−5.1420)
ROA	−0.2972***	−0.9924***	−0.1511***	−0.1129***	0.0040	0.0045	−0.0422
	(−2.9589)	(−13.2214)	(−5.4557)	(−6.3321)	(0.2897)	(0.4189)	(−1.5459)
Level	0.0080	−0.0524**	0.5441***	0.5304***	0.0007	0.0320***	−0.0199**
	(0.2666)	(−2.0164)	(54.9097)	(77.2477)	(0.1531)	(7.2646)	(−2.2207)
Growth	0.1057***	0.1063***	−0.0104***	−0.0083***	0.0011	0.0055***	0.0033
	(8.2702)	(10.9294)	(−4.5628)	(−5.8374)	(0.9852)	(3.6478)	(1.1704)
TobinQ	0.0500***	0.0143***	−0.0125***	−0.0061***	0.0050***	0.0057***	0.0008
	(7.4450)	(3.0921)	(−6.8522)	(−5.5524)	(5.3843)	(8.3835)	(0.4245)

续表

	（1） YIO 国有企业	（2） YIO 非国有企业	（3） Bank 国有企业	（4） Bank 非国有企业	（5） Effici 国有企业	（6） Effici 非国有企业	（7） Overinv 国有企业
Dual	0.0837***	0.0216***	−0.0064	0.0030*	−0.0019	0.0002	−0.0001
	（4.6506）	（2.9592）	（−1.4174）	（1.7866）	（−1.1445）	（0.1868）	（−0.0293）
Lhold	0.0002	−0.0007***	−0.0008***	0.0001	−0.0001*	0.0000	−0.0002**
	（0.4959）	（−2.9076）	（−8.0333）	（1.3782）	（−1.7274）	（0.4594）	（−2.3676）
_cons	0.2514*	0.4229***	0.0073	−0.0598**	0.0266*	0.0734***	−0.0394
	（1.9580）	（3.9180）	（0.2050）	（−2.2492）	（1.7284）	（4.2010）	（−1.1912）
Industry	YES	YES	YES	YES	YES	YES	YES
Year	YES	YES	YES	YES	YES	YES	YES
R^2_a	0.3271	0.1980	0.6400	0.6313	0.0838	0.0690	0.0970
F	31.20***	34.51***	652.69***	1180.56***	13.24***	20.89***	5.89***
N	5762	12306	5244	10684	4997	8477	1977
经验 p 值	0.000	0.000	0.000	0.000	0.250	0.250	0.480

续表

	(8) Overinv 非国有企业	(9) Underinv 国有企业	(10) Underinv 非国有企业	(11) Fin1 国有企业	(12) Fin1 非国有企业	(13) Fin2 国有企业	(14) Fin2 非国有企业
SCF	−0.0342***	0.0019	0.0093***	−0.0051	−0.0220***	−0.1836***	−0.1247***
	(−3.3382)	(0.5279)	(2.6686)	(−0.8990)	(−5.1253)	(−14.9296)	(−15.4116)
Size	0.0007	0.0016**	0.0044***	−0.0005	0.0059***	−0.0045**	−0.0020
	(0.3680)	(2.3482)	(5.6514)	(−0.4345)	(5.6739)	(−2.0782)	(−1.0481)
Age	−0.0019***	0.0006***	0.0004***	0.0035***	0.0036***	−0.0011***	0.0006**
	(−6.5856)	(5.5222)	(2.7493)	(16.5045)	(18.4952)	(−2.9739)	(2.0380)
ROA	−0.0136	−0.0118	0.0067	−0.0138	−0.0215	−0.3843***	−0.2391***
	(−0.5165)	(−0.8987)	(0.6558)	(−0.6852)	(−1.6087)	(−10.1854)	(−9.4777)
Level	0.0526***	−0.0038	−0.0165***	−0.0689***	−0.0566***	0.0016	0.0704***
	(5.0661)	(−0.8640)	(−4.1824)	(−9.4072)	(−11.0114)	(0.1299)	(7.3959)
Growth	0.0169***	−0.0002	−0.0007	−0.0019	0.0013	−0.0277***	−0.0310***
	(4.3971)	(−0.3018)	(−0.6417)	(−1.1393)	(1.0056)	(−8.1603)	(−11.9587)
TobinQ	0.0024	−0.0055***	−0.0065***	0.0004	0.0017**	−0.0183***	−0.0010
	(1.3750)	(−6.4595)	(−10.3574)	(0.2730)	(2.0764)	(−8.5723)	(−0.6885)

续表

	(8) Overinv 非国有企业	(9) Underinv 国有企业	(10) Underinv 非国有企业	(11) Fin1 国有企业	(12) Fin1 非国有企业	(13) Fin2 国有企业	(14) Fin2 非国有企业
Dual	0.0011 (0.4003)	0.0010 (0.6296)	0.0011 (1.0272)	0.0020 (0.5871)	−0.0010 (−0.7657)	−0.0061 (−1.0066)	−0.0084*** (−3.1669)
Lhold	0.0000 (0.0799)	−0.0000 (−0.5374)	−0.0000 (−0.7658)	0.0001 (0.9464)	−0.0002*** (−3.4259)	−0.0006*** (−4.2679)	0.0000 (0.4037)
Fin1						−0.4811*** (−22.1914)	−0.4482*** (−29.4737)
Fin1_SCF						0.4501*** (3.3774)	0.2469*** (3.4406)
_cons	0.0325 (0.8540)	−0.0632*** (−4.3969)	−0.1208*** (−7.4788)	0.0495** (2.0058)	−0.0803*** (−3.6708)	0.5812*** (12.2233)	0.3751*** (9.4956)
Industry	YES	YES	YES	YES	YES	YES	YES
Year	YES	YES	YES	YES	YES	YES	YES
R^2_a	0.0523	0.1372	0.1542	0.1303	0.1341	0.5133	0.2764
F	9.42***	15.64***	23.91***	39.72***	72.05***	122.67***	139.56***
N	3354	3016	5123	5763	12316	5196	10529
经验 p 值	0.480	0.040	0.040	0.000	0.000	0.000	0.000

注：p−values in brackets，*p<0.1，**p<0.05，***p<0.01。

3.4.3　市场化水平的综合调节效应

对于市场化水平，根据王小鲁等编写的《中国分省份市场化指数报告（2016）》，采用中值插补法补充缺失年份数据，如果企业市场化指数高于样本企业市场化指数中位数，市场化水平（Market）取值为 1，否则取值为 0，将样本企业分为高市场化水平样本和低市场化水平样本进行回归，并进行组间系数差异性检验，通过费舍尔组合检验（Fisher's Permutation Test）得到经验 p 值，进而判断分组后的 SCF 系数是否存在显著差异。

表 3-14 第（1）~ 第（2）列展现了市场化水平对供应链金融和运营效率的调节效应，相对于低市场化水平样本企业，高市场化样本企业开展供应链金融业务对于运营效率的正向作用更强，能显著地缩短存货周转周期，优化库存。

表 3-14 第（3）~ 第（4）列展现了市场化水平在供应链金融和融资可得性之间的调节效应，相对于高市场化水平样本企业，低市场化水平样本企业开展供应链金融业务对于融资可得性的增强作用更强。市场化程度不高会造成资金流运转不畅，进一步加剧了企业的融资困境，因此供应链金融与融资可得性的关系在低市场化水平企业样本企业中表现得更加突出。

表 3-14 第（5）~ 第（10）列展现了市场化水平在供应链金融和投资效率之间的调节效应，由于对投资过度（Overinv）进行分组回归时，供应链金融（SCF）的组间系数差异性检验没有通过（经验 p 值大于 0.1），因此组间的系数大小不可比较。相对于高市场化水平样本企业，低市场化水平样本企业开展供应链金融业务对非效率投资的抑制作用更强，可以高效率地缓解投资不足。市场化程度不高限制了企业的投资渠道及投资范围，更容易导致投资不足，因此供应链金融与非效率投资的关系在低市场化水平样本企业中表现得更加突出。

表 3-14 第（11）~ 第（14）列展现了市场化水平在供应链金融和资金配置之间的调节效应，相对于低市场化水平样本企业，高市场化水平样

表 3-14 市场化水平的调节效应

	(1) YIO 市场化水平高	(2) YIO 市场化水平低	(3) Bank 市场化水平高	(4) Bank 市场化水平低	(5) Effici 市场化水平高	(6) Effici 市场化水平低	(7) Overinv 市场化水平高
SCF	-0.2751***	-0.0815**	0.1102***	0.1242***	-0.0132***	-0.0192***	-0.0315***
	(-6.9013)	(-2.1046)	(18.3103)	(17.5597)	(-3.0448)	(-4.4458)	(-3.0647)
Size	-0.0032	0.0130**	-0.0058***	0.0036**	-0.0021**	-0.0006	0.0015
	(-0.5914)	(2.4482)	(-4.3603)	(2.3832)	(-2.5121)	(-0.7337)	(0.8217)
Age	-0.0020**	-0.0039***	-0.0008***	-0.0017***	-0.0012***	-0.0011***	-0.0025***
	(-2.2169)	(-4.8892)	(-4.3258)	(-8.5949)	(-9.1836)	(-9.4156)	(-10.3016)
ROA	-0.9370***	-0.7113***	-0.1375***	-0.0926***	-0.0084	0.0232**	-0.0533*
	(-11.0898)	(-8.3755)	(-7.1674)	(-4.1583)	(-0.6652)	(2.0841)	(-1.9198)
Level	-0.0444	-0.0328	0.5353***	0.5391***	0.0262***	0.0117***	0.0394***
	(-1.5920)	(-1.1504)	(69.2991)	(68.4378)	(5.4482)	(2.7467)	(3.7034)
Growth	0.1104***	0.1021***	-0.0113***	-0.0084***	0.0038***	0.0025*	0.0135***
	(10.3157)	(9.0451)	(-6.9125)	(-4.5528)	(2.6179)	(1.9309)	(3.5139)
TobinQ	0.0190***	0.0352***	-0.0050***	-0.0113***	0.0059***	0.0052***	0.0031*
	(3.8982)	(6.1182)	(-4.3269)	(-7.9179)	(7.6696)	(6.4687)	(1.6522)

续表

	(1) YIO 市场化水平高	(2) YIO 市场化水平低	(3) Bank 市场化水平高	(4) Bank 市场化水平低	(5) Effici 市场化水平高	(6) Effici 市场化水平低	(7) Overinv 市场化水平高
Dual	0.0147*	0.0642***	0.0043**	0.0035	0.0002	0.0031**	0.0010
	(1.8281)	(5.7345)	(2.1935)	(1.3442)	(0.1139)	(1.9717)	(0.3253)
Lhold	-0.0013***	-0.0006**	-0.0003***	-0.0001*	0.0000	-0.0002***	0.0000
	(-4.2007)	(-2.1068)	(-4.2810)	(-1.8961)	(0.5577)	(-3.7322)	(0.0311)
_cons	0.5409***	0.1552	0.0933***	-0.0829***	0.0798***	0.0533***	0.0268
	(4.7105)	(1.3418)	(3.4248)	(-2.6116)	(4.6944)	(3.3691)	(0.6848)
Industry	YES	YES	YES	YES	YES	YES	YES
Year	YES	YES	YES	YES	YES	YES	YES
R^2_a	0.1935	0.2518	0.6234	0.6381	0.0803	0.0699	0.0757
F	31.88***	28.52***	894.66***	945.88***	23.27***	22.43***	13.67***
N	9181	8886	7982	7945	6722	6752	2691
经验 p 值	0.000	0.000	0.000	0.000	0.010	0.010	0.430

续表

	(8) Overinv 市场化水平低	(9) Underinv 市场化水平高	(10) Underinv 市场化水平低	(11) Fin1 市场化水平高	(12) Fin1 市场化水平低	(13) Fin2 市场化水平高	(14) Fin2 市场化水平低
SCF	−0.0337***	0.0018	0.0097***	−0.0282***	−0.0036	−0.1375***	−0.1595***
	(−3.1256)	(0.4809)	(2.6094)	(−5.8388)	(−0.7166)	(−14.5806)	(−15.8963)
Fin1						−0.4567***	−0.4693***
						(−27.6101)	(−25.7922)
Fin1_SCF						0.3082***	0.2456**
						(4.0297)	(2.5482)
Size	0.0030*	0.0037***	0.0027***	0.0029***	0.0017*	−0.0014	−0.0029
	(1.7186)	(5.0000)	(3.8560)	(2.6878)	(1.6722)	(−0.7596)	(−1.4241)
Age	−0.0016***	0.0004***	0.0009***	0.0040***	0.0028***	−0.0002	0.0003
	(−6.0568)	(3.5165)	(8.2887)	(20.4585)	(15.2482)	(−0.8204)	(1.1237)
ROA	0.0306	0.0133	−0.0116	−0.0236	−0.0035	−0.3231***	−0.2543***
	(1.0878)	(1.0772)	(−1.1323)	(−1.4716)	(−0.2274)	(−11.2768)	(−8.1745)
Level	0.0091	−0.0138***	−0.0077**	−0.0578***	−0.0492***	0.0484***	0.0539***
	(0.9139)	(−3.0719)	(−1.9891)	(−10.2090)	(−8.1938)	(4.6364)	(4.9900)
Growth	0.0091***	−0.0004	0.0004	−0.0006	0.0001	−0.0323***	−0.0316***
	(2.7360)	(−0.3623)	(0.3671)	(−0.3646)	(0.1061)	(−10.7420)	(−10.5574)

续表

	(8) Overinv 市场化水平低	(9) Underinv 市场化水平高	(10) Underinv 市场化水平低	(11) Fin1 市场化水平高	(12) Fin1 市场化水平低	(13) Fin2 市场化水平高	(14) Fin2 市场化水平低
TobinQ	0.0016	-0.0070^{***}	-0.0056^{***}	0.0033^{***}	0.0005	-0.0032^{**}	-0.0069^{***}
	(0.8525)	(-9.8073)	(-7.7259)	(3.2215)	(0.5735)	(-2.0139)	(-3.6638)
Dual	0.0061	0.0008	-0.0014	0.0000	-0.0030	-0.0011	-0.0139^{***}
	(1.6307)	(0.6525)	(-0.9831)	(0.0301)	(-1.5753)	(-0.3456)	(-3.5325)
Lhold	-0.0003^{***}	-0.0000	0.0000	-0.0002^{***}	-0.0002^{***}	-0.0001	-0.0001
	(-3.6631)	(-0.9818)	(1.1349)	(-3.5547)	(-3.8244)	(-1.1680)	(-0.5139)
_cons	-0.0014	-0.1045^{***}	-0.0913^{***}	-0.0180	0.0078	0.3811^{***}	0.4563^{***}
	(-0.0384)	(-6.8999)	(-6.3391)	(-0.7806)	(0.3572)	(9.6019)	(10.3810)
Industry	YES	YES	YES	YES	YES	YES	YES
Year	YES	YES	YES	YES	YES	YES	YES
r2_a	0.0524	0.1602	0.1430	0.1504	0.0871	0.3012	0.3868
F	6.86^{***}	22.41^{***}	28.91^{***}	87.69^{***}	39.08^{***}	128.38^{***}	126.85^{***}
N	2642	4031	4109	9183	8895	8177	7547
经验 p 值	0.430	0.060	0.060	0.000	0.000	0.000	0.000

注：p–values in brackets，$^{*}p<0.1$，$^{**}p<0.05$，$^{***}p<0.01$。

本企业开展供应链金融业务对金融化的抑制作用更强，能更好地缓解金融化投资对实物投资的“挤出效应”。高市场化水平将资本运营纳入市场化操作，提高资本市场效率（刘维奇等，2010），抑制企业过度金融化（彭俞超、黄志刚，2018），更有利于实体企业专注于主营业务，纵向扩大实体产业规模，推进市场化优先的金融体制改革，以效率最优为目标、资源配置市场化等营造了良好的市场环境，不仅可以促进金融资源的合理配置，抑制过度金融化，而且供应链金融在高市场化的外部环境中对企业金融化的抑制作用越发突出，更好地缓解了金融化投资对实物投资的“挤出效应”。

3.5 研究结论及政策启示

3.5.1 研究结论

本书基于中国A股制造业上市公司2008—2019年供应链金融相关数据，深入研究了供应链金融对制造业企业的资源配置效应，研究结果如下。

第一，供应链金融缩短了核心企业的存货周转周期，能够提高核心企业的运营效率，而核心企业作为供应链的关键节点，将带动供应链整体流动性的提高，优化供应链库存。

第二，供应链金融提高核心企业的融资可得性，可以影响核心企业的非效率投资，有效抑制投资过度，缓解投资不足问题。优化核心企业的资本配置效应，限制核心企业金融化投资，并缓解金融化投资对实物投资的“挤出效应”。

第三，在产融结合的背景下，供应链金融对于核心企业融资可得性的强化作用更强，进一步强化了供应链金融对非效率投资的治理效果，能够更好地抑制投资过度问题，缓解投资不足，而且能更好地缓解金融化投资对实物投资的“挤出效应”。但是，非产融结合样本企业开展供应链金融业务能够表现出更高的运营效率，更有效地抑制企业过度金融化。

第四，在国有企业的背景下，供应链金融对核心企业的运营效率及融资可得性的强化作用更明显，有效地缓解了金融化投资对实物投资的“挤出效应”。而在非国有企业的背景下，供应链金融业务能够进一步缓解投资不足问题，更有效地抑制金融化投资。

第五，在市场化水平较高的环境中，供应链金融对核心企业运营效率的强化作用更加明显，能更有效地抑制企业金融化，能更好地缓解金融化投资对实物投资的“挤出效应”。但是，在市场化水平相对较低的环境中，样本企业开展供应链金融业务对融资可得性的增强作用更加明显，能够进一步强化供应链金融对非效率投资的治理效果，缓解投资不足。

3.5.2 政策启示

以上研究结论为供应链金融更好地服务实体经济提供了很好的政策启示。

首先，供应链金融能够缩短核心企业的存货周转周期，提高核心企业的运营效率，而且能够提高核心企业的融资可得性，为核心企业积极参与供应链金融业务提供强有力的证据。核心企业应该积极支持上下游企业的发展，加快对上游供应商的付款速度，不能任意拖欠账款，为下游中小客户提供更多的应收账款支持政策，减少客户的预付账款，延长客户的付款周期等。同时，金融机构应在风险可控的前提下，综合运用信贷、债券等工具，支持核心企业提高融资能力和流动性管理水平，发挥核心企业对产业链的资金支持作用。

其次，供应链金融可以提高投资效率、优化投资导向，抑制企业金融化，使金融资本更顺畅地过渡到实体产业，引导企业更高效地专注于对主业核心能力的投资。这正体现了我国当前加强治理资本回归实体，治理资本“脱实向虚”问题的政策导向。为了更好地发挥供应链金融对投资导向的优化作用，大力支持供应链金融的发展，国家需要给予相关政策支持，激励核心企业积极参与到供应链金融活动中，如建立健全企业信誉评价指标体系，将支持上下游中小企业发展作为提高核心企业信誉的一项重要评价指标。

再次，供应链金融作为新型的产融结合方式，通过协调“产”与“融”之间的关系，促进从“储蓄”向“投资”的高效率转变，优化全局性资金配置，促进核心企业扩大市场份额，增强市场竞争力，实现可持续经营。在产融结合的背景下发展供应链金融业务，不但可以提高核心企业的融资可得性，还可以联合治理非效率投资，在协同的基础上实现双赢，需要优化产融结合的监管机制，降低产融结合带来的代理风险。而核心企业需要结合自身的实际需求，扩展产融结合深度，发挥产融企业的优势，借助供应链金融平台充分发挥金融资本对主业的支持作用，促进产业资本与金融资本协同。

最后，在非国有企业和市场化水平较高的环境中，供应链金融对金融化投资的抑制作用更强，金融资本能更顺畅地过渡到实体产业。因此，为了更好地发挥供应链金融对投资导向的优化作用，国家需要给予相关政策支持，激励核心企业积极参与到供应链金融活动中；需要优化制度环境，理顺政府与市场的关系，促进政府与市场协调发展，深化金融体制改革，发挥市场机制在资源配置中的决定作用，加快建设高效规范、公平竞争、充分开放的全国统一大市场；加快国有企业改革，完善中国特色现代企业制度，推进国有经济布局优化和结构调整。

参考文献

[1] 曹凤岐. 走产融结合的新路 [J]. 农村金融研究，1989 (5)：48–50.

[2] 陈艳，郑雅，秦妍. 负债融资、资本成本与公司投资效率——基于债务异质性视角的实证分析 [J]. 经济与管理评论，2016 (4)：79–86.

[3] 程小可，杨程程，姚立杰. 内部控制、银企关联与融资约束——来自中国

上市公司的经验证据［J］. 审计研究，2013（5）：80-86.
［4］杜勇，张欢，陈建英 . 金融化对实体企业未来主业发展的影响：促进还是抑制［J］. 中国工业经济，2017（12）：113-131.
［5］高戌煦 . 供应链金融对产融企业融资约束及投资效率的影响研究［D］. 山东：中国石油大学（华东），2017.
［6］顾群 . 供应链金融缓解融资约束效应研究——来自科技型中小企业的经验证据［J］. 财经论丛，2016（5）：28-34.
［7］韩民，高戌煦 . 产融结合型银行供应链金融业务有效性研究——基于昆仑银行的实证分析［J］. 财经理论与实践，2016，37（5）：23-30.
［8］郝颖，刘星 . 资本投向、利益攫取与挤占效应［J］. 管理世界，2009（5）：128-144.
［9］胡彦鑫，刘娅茹，杨有振 . 产融结合能否提升企业投资效率——基于上市公司持股金融机构的经验证据［J］. 经济问题，2019（3）：39-46.
［10］胡奕明，王雪婷，张瑾 . 金融资产配置动机："蓄水池"或"替代"——来自中国上市公司的证据［J］. 经济研究，2017，52（1）：181-194.
［11］胡跃飞，黄少卿 . 供应链金融：背景、创新与概念界定［J］. 金融研究，2009（8）：194-206.
［12］黄明 . 现代产融结合新论：中国银企协调改革的模式选择［M］. 北京：中国经济出版社，2000.
［13］黄小琳，朱松，陈关亭 . 持股金融机构对企业负债融资与债务结构的影响——基于上市公司的实证研究［J］. 金融研究，2015（12）：130-145.
［14］江伟，曾业勤 . 金融发展、产权性质与商业信用的信号传递作用［J］. 金融研究，2013（6）：89-103.
［15］姜卫 . 核心企业主导的供应链融资模式优化研究［D］. 山东：中国海洋大学，2014.
［16］雷新途，李世辉 . 资产专用性、声誉与企业财务契约自我履行：一项实

验研究［J］. 会计研究，2012（9）：59–66+97.

［17］雷新途，朱容成，黄盈莹. 企业金融化程度、诱发因素与经济后果研究［J］. 华东经济管理，2020（1）：76–85.

［18］黎文靖，李茫茫. "实体 + 金融"：融资约束、政策迎合还是市场竞争——基于不同产权性质视角的经验研究［J］. 金融研究，2017（8）：100–116.

［19］李维安，马超. "实业 + 金融"的产融结合模式与企业投资效率——基于中国上市公司控股金融机构的研究［J］. 金融研究，2014（11）：109–126.

［20］李小林，常诗杰，司登奎. 货币政策、经济不确定性与企业投资效率［J］. 国际金融研究，2021（7）：86–96.

［21］李扬，王国刚，王军，等. 产融结合：发达国家的历史和对我国的启示［J］. 财贸经济，1997（9）：3–10.

［22］李扬. "金融服务实体经济"辨［J］. 经济研究，2017，52（6）：4–16.

［23］李竹薇，王晓姗，黄赛梅，等. 产融结合、债务融资类型与投资效率［J］. 投资研究，2020，39（9）：19–33.

［24］林喜鹏，林长青，王锡文. 供应链金融：盘活存量，推进产融结合［J］. 金融市场研究，2015（11）：57–66.

［25］刘凤委，李琳，薛云奎. 信任、交易成本与商业信用模式［J］. 经济研究，2009，44（8）：60–72.

［26］刘贯春，张军，刘媛媛. 金融资产配置、宏观经济环境与企业杠杆率［J］. 世界经济，2018，41（1）：148–173.

［27］刘婧钰. 供应链金融与核心企业多元化响应［D］. 山东：山东大学，2020.

［28］刘维奇，牛晋霞，张信东. 股权分置改革与资本市场效率——基于三因子模型的实证检验［J］. 会计研究，2010（3）：65–72+97.

［29］刘颖. 基于委托—代理理论的供应链金融运行模式的激励机制研究［D］. 辽宁：东北大学，2012.

［30］卢强，杨晓叶. 基于"结构—行为—绩效"逻辑的供应链融资效果研

究——双元学习的中介作用［J］. 研究与发展管理，2020，32（5）：3–15.
［31］陆正飞，杨德明 . 商业信用：替代性融资，还是买方市场［J］. 管理世界，2011（4）：6–14+45.
［32］吕劲松 . 关于中小企业融资难、融资贵问题的思考［J］. 金融研究，2015（11）：115–123.
［33］罗正英 . 信誉链假说：中小企业融资能力的放大［J］. 上海经济研究，2003（5）：33–39.
［34］马红，侯贵生，王元月 . 产融结合与我国企业投融资期限错配——基于上市公司经验数据的实证研究［J］. 南开管理评论，2018，21（3）：46–53.
［35］马士华 . 论核心企业对供应链战略伙伴关系形成的影响［J］. 工业工程与管理，2000（1）：24–27.
［36］潘爱玲，凌润泽，李彬 . 供应链金融如何服务实体经济——基于资本结构调整的微观证据［J］. 经济管理，2021，43（8）：41–55.
［37］彭俞超，黄志刚 . 经济"脱实向虚"的成因与治理：理解十九大金融体制改革［J］. 世界经济，2018，41（9）：3–25.
［38］彭俞超，倪骁然，沈吉 . 企业"脱实向虚"与金融市场稳定——基于股价崩盘风险的视角［J］. 经济研究，2018，53（10）：50–66.
［39］戚聿东，张任之 . 金融资产配置对企业价值影响的实证研究［J］. 财贸经济，2018，39（5）：38–52.
［40］秦娟娟 . 时变供需下基于商业信用的零售商最优订货策略［J］. 中国管理科学，2016（3）：89–98.
［41］沈凝 . 核心企业推动产业链重组与产业结构调整的内在机制［J］. 现代管理科学，2014（11）：48–50.
［42］宋迪，刘长翠，杨超 . 内部控制质量与公司对外担保行为的相关性研究——基于沪深两市 2008—2017 年的经验证据［J］. 审计研究，2019（1）：100–109.

[43] 宋华，黄千员，杨雨东. 金融导向和供应链导向的供应链金融对企业绩效的影响 [J]. 管理学报，2021，18（5）：760–768.

[44] 宋华，卢强. 什么样的中小企业能够从供应链金融中获益——基于网络和能力的视角 [J]. 管理世界，2017（6）：104–121.

[45] 孙莹，王苑琢，杜媛，等. 中国上市公司资本效率与财务风险调查：2019 [J]. 会计研究，2020（10）：127–135.

[46] 谭小芳，范静. 产融结合型农业上市公司运营效率研究 [J]. 农业技术经济，2014（10）：111–120.

[47] 谭小芬，张文婧. 经济政策不确定性影响企业投资的渠道分析 [J]. 世界经济，2017，40（12）：3–26.

[48] 唐宗明，蒋位. 中国上市公司大股东侵害度实证分析 [J]. 经济研究，2002（4）：44–50+94.

[49] 弯红地. 供应链金融的风险模型分析研究 [J]. 经济问题，2008（11）：109–112.

[50] 王红建，曹瑜强，杨庆，等. 实体企业金融化促进还是抑制了企业创新——基于中国制造业上市公司的经验研究 [J]. 南开管理评论，2017，20（1）：155–166.

[51] 王杰，吴昊旻. 商业信用有利于企业"去库存"吗 [J]. 中南财经政法大学学报，2018（5）：59–68.

[52] 王立清，胡滢. 供应链金融与企业融资约束改善——基于产融结合与战略承诺的调节作用分析 [J]. 中国流通经济，2018，32（6）：122–128.

[53] 王小鲁，樊纲，余静文. 中国分省份市场化指数报告（2016）[M]. 北京：社会科学院出版社，2017.

[54] 王晓东，李文兴. 供应链金融研究综述与展望——基于产业与金融互动机理 [J]. 技术经济与管理研究，2015（7）：100–103.

[55] 王秀华，王竹泉，秦书亚. 供应链核心企业营运资金管理绩效的情境研

究［J］. 财会月刊，2013（7）：3-7.

［56］王秀丽，贾吉明，李淑静. 产融结合、内部资本市场与融资约束——基于中国实体产业投资金融机构的视角研究［J］. 海南大学学报（人文社会科学版），2017，35（1）：23-29.

［57］王彦超，林斌. 金融中介、非正规金融与现金价值［J］. 金融研究，2008（3）：177-199.

［58］王贞洁，王竹泉. 基于供应商关系的营运资金管理——"锦上添花"抑或"雪中送炭"［J］. 南开管理评论，2017，20（2）：32-44.

［59］魏志华，曾爱民，李博. 金融生态环境与企业融资约束——基于中国上市公司的实证研究［J］. 会计研究，2014（5）：73-80+95.

［60］肖玉明. 基于资源观点的供应链核心企业识别分析［J］. 科技管理研究，2015，35（6）：202-205.

［61］谢富胜，匡晓璐. 制造业企业扩大金融活动能够提升利润率吗——以中国A股上市制造业企业为例［J］. 管理世界，2020，36（12）：13-28.

［62］谢杭生. 产融结合研究［M］. 北京：中国金融出版社，2000.

［63］邢天添. 中国产融结合：演进路径、宏观效应与产融政策［J］. 中央财经大学学报，2016（12）：91-100.

［64］熊熊，马佳，等. 供应链金融模式下的信用风险评价［J］. 南开管理评论，2009（4）：92-98.

［65］徐经长，曾雪云. 金融资产规模、公允价值会计与管理层过度自信［J］. 经济理论与经济管理，2012（7）：5-16.

［66］杨小凯. 分工与专业化——文献综述［M］// 汤敏，茅于轼. 现代经济学前沿（第三集），北京：商务印书馆，1999.

［67］姚德权，王帅，罗长青，等. 产融结合型上市公司运营效率评价的实证研究［J］. 中国软科学，2011（3）：140-148.

［68］姚德权，王帅. 产融结合型上市公司运营效率评价研究［J］. 财经问题

研究，2011（5）：81–86.

［69］姚王信，夏娟，孙婷婷．供应链金融视角下科技型中小企业融资约束及其缓解研究［J］．科技进步与对策，2017，34（4）：105–110.

［70］伊志宏，王皓，陈钦源．企业对外担保与股价崩盘风险——基于A股上市公司的经验证据［J］．会计研究，2021（4）：157–177.

［71］翟光宇，姜美君，段秋爽．实体企业金融化与实物资本投资——基于2009—2018年制造业上市公司的实证分析［J］．经济学动态，2021（1）：85–104.

［72］张成思，贾翔夫，唐火青．金融化学说研究新进展［J］．经济学动态，2020（12）：125–139.

［73］张成思，张步昙．中国实业投资率下降之谜：经济金融化视角［J］．经济研究，2016，51（12）：32–46.

［74］张纯，吕伟．信息披露、信息中介与企业过度投资［J］．会计研究，2009（1）：60–65+97.

［75］张俊瑞，刘彬，程子健，等．上市公司对外担保与持续经营不确定性审计意见关系研究——来自沪深主板市场A股的经验证据［J］．审计研究，2014（1）：62–70.

［76］张鹏，杨珩昱．产融结合的理论分歧、发展特征与实现基础［J］．产经评论，2020，11（5）：152–160.

［77］张伟斌，刘可．供应链金融发展能降低中小企业融资约束吗——基于中小上市公司的实证分析［J］．经济科学，2012（3）：108–118.

［78］张新民，叶志伟，胡聪慧．产融结合如何服务实体经济——基于商业信用的证据［J］．南开管理评论，2021，24（1）：4–16+19–20.

［79］张新民，张婷婷，陈德球．产业政策、融资约束与企业投资效率［J］．会计研究，2017（4）：12–18+95.

［80］周小川．监管的优化改革与市场的创新发展［J］．中国金融，2021（3）：9–10.

[81] 周煜皓，张盛勇.金融错配、资产专用性与资本结构[J].会计研究，2014（8）：75-80+97.

[82] 周忠宝，刘艳，刘文斌，等.基于利润分配的供应链核心企业确定方法研究[J].商学研究，2017，24（4）：59-66.

[83] Aalbers M B. The Financialization of Home and the Mortgage Market Crisis [J]. Competition & Change，2008，12（2）：148-166.

[84] Abe De Jong，Marno V，Patrick V. Does Financial Flexibility Reduce Investment Distortions [J].The Journal of Financial Research，2012，35（2）：243-259.

[85] Aggarval R K，Samwick A. A Empire Builders and Shitkers：Investment，Firm Performance，and Managerial Incentives [J]. Journal of Corporate Finance，2006，12（3）：489-515.

[86] Aghion P，Howitt P，Mayer-Foulkes D. The Effect of Financial Development on Convergence：Theory and Evidence [J]. Quarterly Journal of Economics，2005，120（1）：173-222.

[87] Ali Z，Bi G B，Mehreen A. Predicting Supply Chain Effectiveness Through Supply Chain Finance：Evidence from Small and Medium Enterprises [J].The International Journal of Logistics Management，2019，30（2）：488-505.

[88] Almeida H，Campello M，Weisbach M S. The Cash Flow Sensitivity of Cash [J]. The Journal of Finance，2004（4）：1777-1804.

[89] Badell M，Romero J L. Puigjaner Optimal Budget and Cash Flows During Retrofitting Periods in Batch Chemical Process Industries [J]. International Journal of Production Economics，2005，95（3）：359-372.

[90] Bebchuk L A，Stole L A. Do Short-Term Objectives Lead to Under-or Overinvestment in Long-Term Projects [J]. The Journal of Finance，1993，48（2）：719-730.

[91] Billett M T，Garfinkel J A. Financial Flexibility and the Cost of External Finance for US Bank Holding Companies [J] . Journal of Money，Credit，and Banking，2004，36(5)：827–852.

[92] Broussard J P，Pilotte E A. CEO Incentives，Cash Flow，and Investment (Digest Summary)[J] . Financial Management，2004，33 (2)：251–270.

[93] Camerinelli E. Supply Chain Finance [J] . Journal of Payments Strategy & Systems，2009，3 (2)：114–128.

[94] Demir F. Financial Liberalization，Private Investment and Portfolio Choice：Financialization of Real Sectors in Emerging Markets [J] . Journal of Development Economics，2009 (88)：314–324.

[95] Dyckman B. Supply Chain Finance：Risk Mitigation and Revenue Growth [J] . Journal of Corporate Treasury Management，2011 (14)：168–173.

[96] Fazzari S M，Hubbard R G，Peterson B C. Financing Constraints and Corporate Investment [J] .Brooking Papers on Economic Activity，1988 (1)：141–206.

[97] G Guillen–Gosalbez，M Badell. Puigjaner A holistic Framework for Short-term Supply Chain Management Integrating Production and Corporate Financial Planning [J] . International Journal of Production Economics，2007，106 (1)：288–306.

[98] Gelsomino L M，Mangiaracina R，Perego A, et al. Supply Chain Finance：A literature Review [J] . International Journal of Physical Distribution & Logistics Management，2016 (46)：348–366.

[99] Gomm M L. Supply Chain Finance：Applying Finance Theory to Supply Chain Management to Enhance Finance in Supply Chains [J] . International Journal of Logistics：Research & Applications，2010，13 (2)：133–142.

[100] Hadlock C，Pierce J. New Evidence on Measuring Financial Constraints：

Moving Beyond the KZ Index [J] . Review of Financial Studies, 2010, 23 (5): 1909–1940.

[101] Hofmann E, Belin O. Supply Chain Finance Solutions [M] . Springer: Springer Briefs in Business Berlin, 2011.

[102] Hofmann E. Supply Chain Finance: Some Conceptual Insights [J] .Beitrage Zu Beschaffung Und Logistik, 2005 (1): 203–214.

[103] Jensen M C. Agency Costs of Free Cash Flow, Corporate Finance, and Takeovers [J] . The American Economic Review, 1986, 76 (2): 323–329.

[104] Kahl M, Shivdasani A, Wang Y. Do Firms use Commercial Paper to Enhance Financial Flexibility [J] . Working Paper of University of North Carolina, 2008, 1(1): 1–50.

[105] Kaplan S N, L Zingales. Do Investment Cash Flow Sensitivities Provide Useful Measures of Financing Constraints [J] . Quarterly Journal of Economics, 1997, 112(1): 169–215.

[106] Kliman A, Williams S D. Why 'financialisation' Hasn't Depressed US Productive Investment [J] . Cambridge Journal of Economics, 2015, 39 (1): 67–92.

[107] Krugman P. Increasing Returns and Economic Geography [J] . Journal of Political Economy, 1991, 99 (3): 483–499.

[108] Lamoureux M. A Supply Chain Finance Prime [J] . Supply Chain Finance, 2007, 4 (5): 34–48.

[109] Lee Y W, Stowe J D. Product Risk. Asymmetric Information and Trade Credit [J] . Journal of Financial & Ouantitative Analveic, 1993, 28 (2): 285–300.

[110] Levin R, lansiti M. The Keystone Advantage: What the New Dynamics of Business Ecosystems Mean for Strategy [M] . New York: Mcgraw–Hill,

2004.

[111] Luo J.Buyer–Vendor Inventory Coordination with Credit Period Incentives [J] . International Journal of Production Economics, 2007, 108 (1–2): 143–152.

[112] Meltzer A H. Mercantile Credit, Monetary Policy, and Size of Firms [J] . The Review of Economic and Statistics, 1960 (42): 429– 437.

[113] Orhangazi O. Financialisation and Capital Accumulation in the Nonfinancial Corporate Sector: A Theoretical and Empirical Investigation on the US Economy: 1973—2003 [J] . Cambridge Journal of Economics, 2008, 32 (6): 863—886.

[114] Pfohl H C, Gomm M. Supply Chain Finance: Optimizing Financial Flows in Supply Chains [J] .Logistics Research, 2009, 1 (3): 149–161.

[115] Richardson S.Over–Investment of Free Cash Flow [J] .Review of Accounting Studies, 2006, 11 (2–3): 159–189.

[116] Sarmah S P, Acharya D, Goyal S K. Coordination of a Single Manufacturer/ Multibuyer Supply Chain with Credit Option [J] . International Journal of Production Economics, 2008, 111 (2): 676–685.

[117] Smith C W, Stulz R M. The Determinants of Firms' Hedging Policies [J] . Journal of Financial and Quantitative Analysis, 1985, 120 (4): 391–405.

[118] Stulz M R. Rethinking Risk Management [J] .Journal of Applied Corporate Finance, 1996, 9 (3): 8–25.

[119] Theurillat, Thierry, Corpataux J, et al. Property Sector Financialization: The Case of Swiss Pension Funds (1992–2005) [J] . European Planning Studies, 2010, 18 (2): 189–212.

[120] Timme S G, Williams–Timme C. Financial –SCM Connection [J] .Supply Chain Management Review, 2000, 4 (2): 33–40.

[121] Tornell A，Real VS. Financial Investment Can Tobin Taxes Eliminate the Irreversibility Distortion [J] . Journal of Development Economics，1990，32 (2)：419–444.

[122] Whited T，Wu G. Financial Constraints Risk [J] . Review of Financial Studies，2006，19 (2)：531–559.

[123] William N Goetzmann. Money Changes Everything [M] . Princeton：Princeton University Press，2017.

[124] William R Hartley. Supply Chain Financing System and Method [P] . Washington DC：WO2000033220 A1，2000–12–26.

[125] Williamson O E. Corporate Finance and Corporate Governance [J] . Journal of Finance (Wiley Blackwell)，1988，43 (3)：567–591.

[126] Williamson O E. The Economics of Discretionary Behavior：Managerial Objectives in A Theory of the Firm [J] . Economica，1964，32 (128)：174–182.

[127] Wu C F，Zhao Q H. An Inventory Model for Deteriorating Items with Inventory Dependent and Linear Trend Demand under Trade Credit [J] . Scientia Iranica：Transactions E–Industrial Engineering，2015，22 (6)：2558–2570.

[128] Wuttke D A，Blome C，Foerstl K，et al. Managing the Innovation Adoption of Supply Chain Finance——Empirical Evidence from Six European Case Studies [J] . Journal of Business Logistics，2013，34 (2)：148–166.

[129] Zhang T，Zhang C Y，Pei Q. Misconception of Providing Supply Chain Finance：Its Stabilising Role [J] . International Journal of Production Economics，2019 (12)：175–184.

第 4 章 商业信用与银行贷款融资效率比较分析

4.1 引言

近年来，我国社会经济生活中出现了一系列值得关注和研究的问题，如国有企业的债务危机，银行的大量不良资产、上市公司的业绩下滑和盲目扩股融资、中小企业融资困难、民间的投资不旺、国际融资成本增大和融资额减少等。由于这一系列问题最终都集中表现为企业融资效率问题，因此企业的融资效率又与企业的融资方式密不可分，银行贷款和商业信用融资作为企业首选的两种融资方式，国泰安数据库网站数据显示，2013—2021 年，核心大企业（包括上海证券交易所开的 A 股账户和深圳证券交易所开的 A 股账户）的融资中银行贷款融资平均占比为 31.61%，商业信用融资平均占比为 35.38%；中小企业（中小板上市企业）的融资中银行贷款融资平均占比为 35.50%，商业信用融资占比平均为 37.32%。说明无论是中小企业还是核心大企业都愿意选择商业信用融资，这可能与该融资方式会提高企业的融资效率有关。

通过探讨分析我国大中小企业银行贷款和商业信用融资的主要影响因

素及其对融资效率的影响效应，丰富了大中小企业债务融资模式影响因素及中小企业融资效率影响因素的研究框架。有利于大中小企业有效匹配到符合自身条件的债务融资渠道，明确其在债务融资模式中最为关键的影响因素，提升自身条件，并能够优化投资者对大中小企业的融资行为，对缓解大中小企业难以获得资金的困境和提高其融资效率具有重要的现实价值。

4.2　核心文献与概念界定

4.2.1　融资效率相关文献

目前，对融资效率的理论研究主要分成两类：一是在不同范围内，对企业的融资效率展开评价，主要使用模糊数学中的熵值法和数据包络法；二是对影响公司财务绩效的主要原因进行探讨，主要从总公司的财务绩效和公司自身的财务绩效两个方面来分析。

方芳和曾辉（2005）以 29 个上市的中小企业为研究对象，用净资产回报率测量融资的有效性，并对公司的债务比率、股东权益比率及净资产回报率进行了研究。结果显示，在各种融资模式中，以内生融资为主，然后是债务性融资，公司的财务绩效与公司的税盾、公司的流动性、公司的营利性和公司的股权集中具有显著的相关性。在此基础上，通过对公司特点的研究，方芳和曾辉提出了转变公司融资模式、改善公司财务状况的方法。

佟孟华和刘迎春（2012）通过构建混合效应面板数据回归模型，选取 9 家辽宁省上市中小企业为研究样本，对其融资方式与融资效率的关系进行了实证检验。结果表明，债务融资有利于企业融资效率的提高，而股权融资则会引起企业融资效率下降等结论。

崔杰等（2014）从融资方式、融资成本、经营能力三个角度出发，利用国内 425 家制造业非上市中小企业 2003—2009 年的财务数据，运用动态因子面板数据进行了实证分析，结果表明，公司的素质和公司的经营状况对公司的融资效果有很大的影响。

马慧斌和宋良荣（2022）以A股上市公司33家智能制造类公司为研究对象，选择2017—2020年财务报告，采用DEA（数据包络分析）方法进行了实证研究。研究发现，在三种不同的融资方式中，内源融资的融资效率是最大的，债权融资的融资效率是最小的，债务融资和股权融资的融资效率则呈现出了降低的趋势，内源融资的融资效率则呈升高的趋势。

上述学者根据各自的研究目标，分别得到了企业的融资模式和企业的财务效益之间的关系，从而得到了企业的财务状况的选择次序。但是，不能仅依据上述结论改变公司的融资模式，因为在很多情况下，企业可以通过多种途径进行融资，而这些途径又各具特点。由于多种因素的存在，导致公司对融资模式存在偏好。这就要求我国上市公司必须转变筹资模式，以改善筹资效果。根据分析融资方式与融资效率的关系，并结合公司的特征，对公司的融资方式进行适当的调整，从而提升公司的融资效率。

4.2.2 融资效率的概念界定与内涵

对于“融资效率”一词，现有研究对其有不同的诠释，宋文兵（1997）从“效率”一词的意义出发，首次界定了“融资效率”的概念。其实，融资效率就是一种投资和生产的比例，或者说一种投资的成本。从总体上看，效率有效包括两个层面：交易有效性和分配有效性。前者就是交易效率，可以被解释为在最低成本的情况下，某种融资方式可以为资金投资方提供财政类资源的能力。而且，银行贷款的交易效率应当比权益融资更高。而对于分配效率这一概念，其内涵与学者托宾关于“函数效率”的理论不谋而合，其中心问题在于价格信息是否精确。可以将资源的配置效率理解为：拥有稀缺资源的投资机构具有创造最佳经济效益的能力，在这种情况下，银行信贷的资源配置效率要比权益融资的资源配置效率高。本书借鉴孙媛（2016）对融资效率的解释，将融资效率确定为总资产报酬率和加权平均资本成本之比，用来分析不同融资方式和融资效率的差异。

公司财务活动的目的就是用比较低的成本和风险获取比较大的、稳定的现金流量，从而使公司价值最大化。因此，企业的融资效率应该从两个角度来度量：一个是融资成本，另一个是融资风险。也就是说，企业的融资效率是由企业融资成本和融资风险决定的。

第一，风险和利润是公司理财的一项重要准则。对于一家特定的公司来说，它的两项业务就是投资与融资；但是，就某种特定的行为来说，它又是两家企业（利害关系方）共同的行为。因此，回报与风险在量上是相同的：投资人所要的回报就是筹资者所付出的费用，他们期望获得更高的回报，期望支付更少的融资成本；企业的融资行为是一个“资金流向哪里及如何流向”（一对多）的问题，一般采用投资回报的均值—方差模型来研究企业的资本行为。与此相应，筹资活动是一个“钱从哪里来和如何来”（多对一）的问题，同样应当用融资成本的均值—方差模型来度量。

第二，无论是 MM 理论、权衡理论、代理理论、信息理论还是产品要素理论，都是从税盾收益、破产成本、代理成本、信息不对称、产品竞争等角度解释了资本结构形成的内在原因，最后都归结到企业的融资风险和融资成本上。例如，静态权衡理论中的失败成本和失败风险、产品要素理论中的持久产品与失败风险、资产替代效应和委托理论中的投资不足问题都与金融费用有关。

4.2.3　融资效率的度量

以上述融资效率的度量标准为依据并结合有关文献可知，融资效率应将资金融入效率、使用效率及融资成本、企业绩效反映出来。因此，可以用公司业绩与总资本费用之比表达公司的财务效益。公司业绩，即公司的投资效益，应将公司的投融资状况有机地联系在一起，与公司“投融结合”的经营理念相契合。于是，可以用下面的公式表达公司的融资效率：

$$融资效率 = 企业绩效 / 综合资金成本 \quad (4\text{–}1)$$

满足效率的一般定义，即产出 / 投入，用总资产报酬率（ROA）衡量公司业绩，并剔除因公司收入的差异而导致的收入税率差异对公司业绩的影响。在此基础上，本书提出了一种新的财务指标——期望税后利润占总资产的比率。

$$WACC_i=E(R_i)/V_{mi} \quad (4\text{–}2)$$

其中，V_{mi} 是总资产市值。假设资产的市盈率与资产净值相等，股权资产的市盈率为股价与资产净值相乘。为了防止股价的反常变化对公司市值的影响，本书采用公司股价的月均价格与同期总股本数相乘的算术平均值作为公司当年的市价，即以年平均市场价值作为权益资本市值。

$E(R_i)$ 表示期望税后利润的变量：

$$E(R_i)=R_{it}^0=1/2(R_{i(t-1)}V_{bt}/V_{b(t-1)}+R_{it}) \quad (4\text{–}3)$$

其中，R_{it}^0 表示公司 i 修正后的第 t 年的实际净收益，R_{it} 表示公司 i 第 t 年的实际净收益，V_{bt} 为该公司第 t 年的资产账面值，资产账面价值来自年度财务报表。

$$R_{it}=I_{it}+NI_{it} \quad (4\text{–}4)$$

其中，R_{it} 为第 t 年净收益，I_{it} 为第 t 年利息支出，NI_{it} 为第 t 年税后净利润。

4.3 供应链企业债务融资模式分析

债务融资是企业通过银行借款、债券、商业信用等筹集资金的一种方式。其中，当企业通过向另外一个企业延迟付款，或者采用预收款项方式采购货物或劳务产品时，所筹集的资金是商业信用融资。

4.3.1　供应链企业债务融资水平总体现状分析

企业不同比例的债务融资模式会形成不同的债务融资结构，因此，债务融资结构的差异能够反映出企业债务融资模式的差异。因此，本节通过核心大企业和中小企业的债务融资结构体现企业债务融资模式的差异。

（1）核心企业总体债务水平现状

本书对深圳证券交易所开的 A 股账户和上海证券交易所开的 A 股账户 2013—2021 年制造业核心大企业的各债务融资模式进行统计与计算，得到了债务融资水平总体状况，如表 4-1 所示。

表 4-1　制造业核心大企业债务融资水平

年份	2013	2014	2015	2016	2017	2018	2019	2020	2021	均值
资产负债率 /%	54.40	53.69	52.01	50.84	51.42	50.94	52.46	51.76	50.52	52.01

表 4-1 统计了 2013—2021 年的核心大企业债务融资水平，图 4-1 反映了核心大企业债务融资水平的发展趋势。从表 4-1 可以得出，制造业核心大企业的资产负债率（负债合计与资产合计的比）9 年均值是 52.01%；

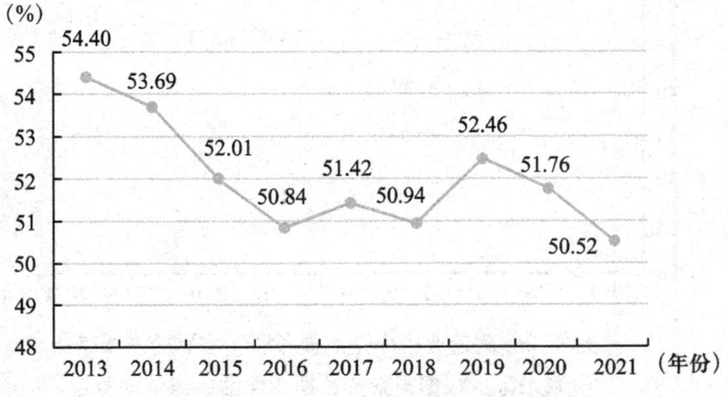

图 4-1　核心大企业债务融资水平的发展趋势

资料来源：根据国泰安数据库网站数据整理所得。

从图 4-1 中可以看出，2013—2021 年中小企业的总体资产负债率在呈下降状态，但下降幅度不大，综上反映出制造业核心大企业通过债务融资模式获取所需资金的能力很强。

（2）中小企业总体债务水平现状

本书对 2013—2021 年制造业中小企业的各债务融资模式进行统计与计算，得到了债务融资水平的总体状况，如表 4-2 所示。

表 4-2　制造业中小企业债务融资水平

年份	2013	2014	2015	2016	2017	2018	2019	2020	2021	均值
资产负债率 /%	31.16	35.07	37.50	38.10	41.37	43.53	42.71	44.35	45.14	39.88

表 4-2 统计了 2013—2021 年制造业中小企业债务融资水平，图 4-2 反映了制造业中小企业债务融资水平的发展趋势。从表 4-2 可以得出，制造业中小企业的资产负债率（即负债合计与资产合计的比）9 年均值是 39.88%；从图 4-2 中可以看出，2013—2021 年中小企业的总体资产负债率呈上升趋势，这反映出制造业中小企业通过债务融资模式获取所需资金的能力在不断增强。

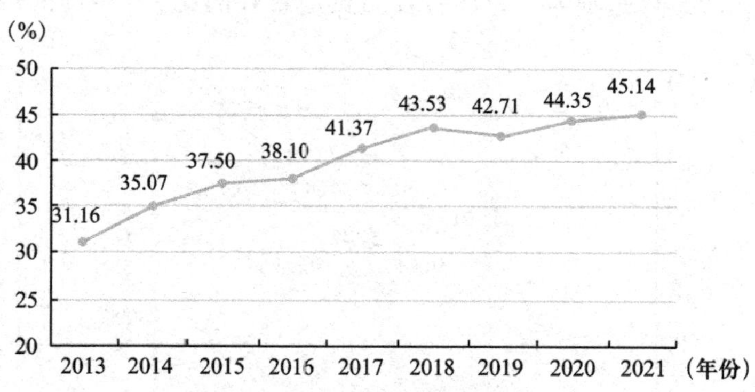

图 4-2　制造业中小企业债务融资水平的发展趋势

资料来源：根据国泰安数据库网站数据整理所得。

4.3.2　供应链企业债务融资结构趋势

债务融资模式包括银行贷款、商业信用及其他债务融资模式。本节对企业各种债务融资方式的占比进行了统计与计算。

下面首先对关键变量的测量进行说明，如表 4-3 所示。

表 4-3　相关变量的定义及说明

变量名称	变量说明
银行贷款融资占比 /%	（长期借款 + 短期借款）/ 负债合计
商业信用融资占比 /%	（应付账款 + 应付票据 + 预收款项）/ 负债合计

（1）核心大企业融资结构趋势

如图 4-3 所示，我国的核心大企业银行贷款融资占比总体呈下降趋势，2013—2014 年下降明显，在 2015 年有回升，但在 2016 年之后呈下降趋势，2021 年达到最低值（28.99%）；但总体来看，核心大企业银行贷款融资下降了约 6 个百分点，下降幅度较小。而商业信用融资占比呈先升后降趋势，从 2019 年开始逐年下降，与其他债务融资占比总体呈相反变化。其他融资方式呈持续上升的趋势，其 2021 年的融资总额占比最大，反映出自 2021 年以来核心大企业的融资途径得到了有效拓展，其融资模式的可选择性越来越多。

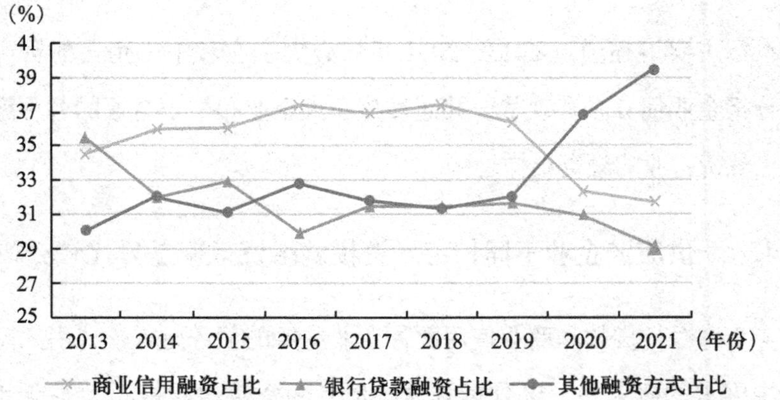

图 4-3　核心大企业债务融资结构

资料来源：根据国泰安数据库网站数据整理所得。

（2）中小企业融资结构趋势

如图 4–4 所示，我国的中小企业银行贷款融资占比呈先增后降的趋势，2013—2017 年呈波动上升趋势，然后自 2017 年开始下降。而商业信用融资占比总体呈下降趋势，从 2013 年开始下降，2016 年和 2019 年有所上升，但上升幅度不大，此后又呈下降趋势。总体上看，商业信用融资与银行贷款融资占比呈相反变化，两者可能有替代关系。其他融资方式呈上升的趋势，其 2021 年的融资总额占比最大，反映出自 2021 年以来中小企业的融资途径得到了有效拓展，其融资模式的可选择性越来越多。

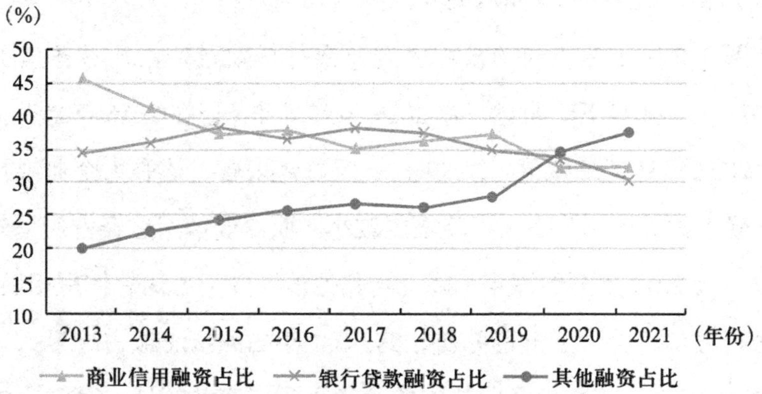

图 4–4　中小企业债务融资结构

资料来源：根据国泰安数据库网站数据整理所得。

本章主要讲述通过 2013—2021 年核心大企业和中小企业的资产负债率来分析企业债务融资现状，并通过核心大企业和中小企业的各种融资方式占比分析企业的融资结构趋势。

4.4　供应链企业不同债务融资模式融资效率差异比较分析

本节将银行贷款和商业信用两种企业主要的债务融资模式引入融资效率影响因素的研究中，以分析具体的债务融资模式对核心大企业和中小企业的融资效率的影响效应。首先，明确所研究的对象，利用文献梳理法对企业的融资效率衡量指标进行确定，为分析核心大企业和中小企业债务融资模式对其融资效率的差异分析做准备，并根据所涉及的债务融资模式——商业信用和银行贷款，选取相对应的代理变量进行衡量；其次，依据理论分析，在引入核心大企业和中小企业债务融资模式的相关变量的基础上，探究核心大企业和中小企业银行贷款和商业信用债务融资模式融资效率的差异；最后，对核心大企业和中小企业的商业信用融资和银行贷款两种融资方式的融资效率进行比较，从而准确判断两种融资方式融资效率的差异。

4.4.1　变量设计与样本选择

（1）变量设计

被解释变量为融资效率。解释变量为银行贷款与商业信用两大类债务融资率。我国上市公司的财务状况都存在较大的差异，由于公司融资模式的差异，公司的股东希望公司能够按照约定的期限获得一定的回报；经理人则追求更高的绩效、更高的报酬；而公司的拥有者则希望公司能够长期发展。企业债权人、管理者和所有者的冲突导致企业的不同财务决策对企业绩效的影响不同。所以，我们比较了各种融资方式在融资效率上的差别，以期找出提升企业融资效率的融资机理。各变量的定义如表 4–4 所示。

表 4–4　各变量的定义

变量名称	变量定义
融资效率（Y）	总资产报酬率 / 企业平均加权总成本
银行贷款融资效率（X_1）	（长期借款 + 短期借款）/ 负债合计
商业信用融资效率（X_2）	（应付账款 + 应付票据 + 预收款项）/ 负债合计

（2）样本选择

本章以国泰安数据库上市公司 2013—2021 年的数据为样本，并按照以下标准进行筛选：选择制造业上市公司，其中，根据证监会 2012 年行业分类标准进行行业划分，删除 ST 企业，以及指标不完整、数据信息为空的企业，删除没有连续五年以上的相关数据资料的公司。筛选后得到核心大企业117家，共1044个样本数据；中小企业117家，共1044个样本数据。

4.4.2 核心大企业两种债务融资方式融资效率的比较分析

首先是相关变量的描述性统计结果，如表4-5所示。

表4-5 相关变量的描述性统计结果

融资效率		商业信用融资占比/%		银行贷款融资占比/%	
平均	0.0046	平均	0.3537	平均	0.3161
标准差	0.0202	标准差	0.1913	标准差	0.1991
最小值	-0.3765	最小值	0.0038	最小值	0
最大值	0.2047	最大值	0.8906	最大值	1.1314
求和	4.8964	求和	369.3559	求和	330.0445
观测数	1044	观测数	1044	观测数	1044

从表4-5可以看出，核心大企业的融资效率均值已经达到0.0046，可见融资效率总体较低。从核心大企业的融资模式来看，商业信用融资占比均值大于银行贷款融资占比均值，表明商业信用融资占比高于银行贷款融资占比。

其次是对核心大企业两种债务融资方式融资效率进行比较分析，本书选取相关变量进行回归分析，更直观地反映两种融资方式融资效率的差异，如表4-6~表4-8所示。

表4-6 回归统计

回归统计	
Multiple R	0.1756
R^2	0.0308
Adjusted R^2	0.0289
标准误差	0.0199
观测值	1044

表 4-7　方差分析

	df	SS	MS	F	Significance F
回归分析	2	0.0131	0.0065	16.5736	8.21E-08
残差	1041	0.4126	0.0003		
总计	1043	0.4257			

表 4-8　回归分析

	Coefficients	标准误差	t Stat	p-value
Intercept	0.0096	0.0024	3.9694	7.69685E-05
商业信用融资占比 /%	0.0014	0.0039	0.3456	0.7297
银行贷款融资占比 /%	-0.0170	0.0038	-4.4479	9.60517E-06

由表 4-6 可知，数据拟合程度为 0.1756，表明数据拟合程度较差。由表 4-7 可知，F 统计值为 16.5736，Significance F（p）值为 8.21E-08，小于 0.05，可见在 5% 的水平上自变量整体对因变量的影响是显著的。由表 4-8 可知，商业信用融资占比的估计系数是 0.0014，经过 T 检验对应的统计值为 0.3456，相对应的 p 值为 0.7297，大于 0.1，可见在 10% 的水平上显著，商业信用融资占比对核心大企业融资效率的影响不显著。银行贷款融资占比的估计系数为 -0.0170，经过 T 检验对应的统计值为 -4.4479，对应的 p 值为 9.60517E-06，小于 0.05，可见在 5% 的水平下显著，银行贷款融资占比对核心大企业的融资效率的影响显著。

由此可知，构建的回归模型为：

$$Y=0.0014X_1-0.0170X_2+0.0096 \tag{4-5}$$

式（4-5）所表现的经济意义为，在保持银行贷款融资占比不变的情况下，商业信用融资占比每增加 1 个单位，企业的融资效率将平均增加 0.0014 个单位；在商业信用保持不变的情况下，银行贷款融资占比每增加 1 个单位，企业的融资效率平均减少 0.0170 个单位，相对于银行贷款而言，商业信用对核心大企业融资效率的影响较小。

4.4.3 中小企业两种债务融资方式融资效率的比较分析

首先是相关变量的描述性统计结果，如表 4–9 所示。

表 4–9 相关变量的描述性统计结果

融资效率		商业信用融资占比 /%		银行贷款融资占比 /%	
平均	0.0035	平均	0.3731	平均	0.3550
中位数	0.0052	中位数	0.3552	中位数	0.3610
标准差	0.0157	标准差	0.1860	标准差	0.1953
最小值	–0.1921	最小值	0.0024	最小值	0
最大值	0.0470	最大值	0.9263	最大值	0.8454
观测数	1044	观测数	1044	观测数	1044

从表 4–9 可以看出，中小企业的融资效率已经达到 0.0035，可见融资效率总体比较低。从中小企业的融资模式来看，商业信用融资占比均值大于银行贷款融资占比均值，表明商业信用融资占比高于银行贷款融资占比。

其次是中小企业两种债务融资方式融资效率比较分析，本书选取相关变量进行回归分析，更直观地反映两种融资方式融资效率的差异，如表 4–10~ 表 4–12 所示。

表 4–10 回归统计

回归统计	
Multiple R	0.0997
R^2	0.0099
Adjusted R^2	0.0080
标准误差	0.0156
观测值	1044

表 4-11　方差分析

	df	SS	MS	F	Significance F
回归分析	2	0.0025	0.0012	5.2306	0.0055
残差	1041	0.2551	0.0002		
总计	1043	0.2577			

表 4-12　回归分析

	Coefficients	标准误差	t Stat	P-value
Intercept	-0.0020	0.0021	-0.9534	0.3406
商业信用融资占比 /%	0.0106	0.0033	3.1768	0.0015
银行贷款融资占比 /%	0.0047	0.0031	1.4947	0.1353

由表 4-10 可知，数据拟合程度为 0.0997，表明数据拟合程度较差。由表 4-11 可知，F 统计值为 5.2306，Significance F（p）值为 0.0055，无限接近于 0，小于 0.05，可见在 5% 的水平上自变量整体对因变量的影响是显著的。由表 4-12 可知，商业信用融资占比的估计系数是 0.0106，经过 T 检验对应的统计值为 3.1768，相对应的 p 值为 0.0015，小于 0.05，可见在 5% 的水平下显著，商业信用融资占比对中小企业融资效率的影响显著。银行贷款融资占比的估计系数为 0.0047，经过 T 检验对应的统计值为 1.4947，对应的 p 值为 0.1353，大于 0.1，可见在 10% 的水平上显著，银行贷款融资占比对中小企业的融资效率的影响不显著。

由此可知，本书构建的回归模型为：

$$Y=0.0106X_1+0.0047X_2-0.0021 \qquad (4-6)$$

式（4-6）所表现的经济意义为，在保持银行贷款融资占比不变的情况下，商业信用融资占比每增加 1 个单位，企业的融资效率将平均增加 0.0106 个单位，而在商业信用保持不变的情况下，银行贷款融资占比每增加 1 个单位，企业的融资效率平均增加 0.0047 个单位，相对于银行贷款而言，商业信用对中小企业融资效率的影响更明显。

4.5 供应链不同主体企业同一债务融资模式融资效率比较分析

4.5.1 变量设计与选择

各变量定义如表 4-13 所示。

表 4-13 各变量定义

变量名称	变量定义
核心大企业融资效率（Y_1）	总资产报酬率 / 企业平均加权总成本
中小企业融资效率（Y_2）	总资产报酬率 / 企业平均加权总成本
核心大企业银行贷款融资效率（X_1）	（长期借款 + 短期借款）/ 负债合计
核心大企业商业信用融资效率（X_2）	（应付账款 + 应付票据 + 预收款项）/ 负债合计
中小企业银行贷款融资效率（X_3）	（长期借款 + 短期借款）/ 负债合计
中小企业商业信用融资效率（X_4）	（应付账款 + 应付票据 + 预收款项）/ 负债合计

4.5.2 核心大企业和中小企业商业信用融资效率比较分析

核心大企业和中小企业商业信用融资效率具体差异比较分析结果如表 4-14 所示。

表 4-14 核心大企业和中小企业商业信用融资效率具体差异比较分析结果

	Coefficients	标准误差	t Stat	P-value
Intercept	0.0005	0.0013	0.4002	0.6890
核心大企业商业信用融资占比 /%	0.0118	0.0032	3.6232	0.0003
Intercept	0.0007	0.0010	0.6883	0.4913
中小企业商业信用融资占比 /%	0.0075	0.0026	2.8666	0.0042

由表 4-14 可知，核心大企业的商业信用估计系数是 0.0118，经过 T 检验的统计值是 3.6232，p 值为 0.0003，小于 0.05，可见在 5% 水平

上显著，商业信用对核心大企业融资效率的影响显著；并且在其他条件不变的情况下，商业信用每增加 1 个单位，核心大企业的融资效率会平均增加 0.0118 个单位。中小企业的商业信用估计系数是 0.0075，经过 T 检验的统计值是 2.8666，p 值为 0.0042，小于 0.05，可见在 5% 水平上显著，商业信用融资占比对中小企业融资效率的影响显著；并且在其他条件不变的情况下，商业信用每增加 1 个单位，中小企业的融资效率会平均增加 0.0075 个单位。综上所述，核心大企业的商业信用对融资效率的影响比中小企业的商业信用的影响更加明显且深刻。

4.5.3　核心大企业和中小企业银行贷款融资效率比较分析

核心大企业和中小企业银行贷款融资效率比较分析如表 4–15 所示。

表 4–15　核心大企业和中小企业银行贷款融资效率比较分析

	Coefficients	标准误差	t Stat	P–value
Intercept	0.0103	0.0011	8.9228	2.00527E–18
核心大企业银行贷款融资占比 /%	–0.0178	0.0030	–5.7494	1.17566E–08
Intercept	0.0040	0.0010	4.0319	5.93419E–05
中小企业银行贷款融资占比 /%	–0.0015	0.0024	–0.6045	0.5456

由表 4–15 可知，核心大企业的银行贷款估计系数是 –0.0178，经过 T 检验的统计值是 –5.7494，p 值为 1.17566E–08，小于 0.05，可见在 5% 水平上显著，银行贷款融资效率对核心大企业融资效率的影响显著；并且在其他条件不变的情况下，银行贷款融资效率每增加 1 个单位，核心大企业融资效率会平均减少 0.0178 个单位。中小企业银行贷款融资效率的估计系数是 –0.0015，经过 T 检验的统计值是 –0.6045，p 值为 0.5456，大于 0.1，可见在 10% 的水平上显著，银行贷款融资效率对中小企业融资效率

的影响不显著；并且在其他条件不变的情况下，商业信用每增加 1 个单位，中小企业的融资效率会平均减少 0.0015 个单位。综上所述，虽然核心大企业的银行贷款融资效率对融资效率的影响比中小企业的银行贷款融资效率对融资效率的影响更加明显且深刻，但是，其对融资效率的影响为负相关，意味着增大核心大企业的银行贷款融资效率会降低中小企业的融资效率。

4.5.4 实证结果分析

本章通过构建融资效率指标体系，运用文献查找的方法确定了衡量企业融资效率的方式，然后构建了回归模型，研究了核心大企业和中小企业两种主要的债务融资模式对其融资效率的影响，并分别对两种不同主体对同一债务融资模式的融资效率进行了比较分析。通过实证研究发现，核心大企业商业信用融资占比在 5% 水平上显著，且与核心大企业融资效率正相关，表明商业信用债务融资模式能够对核心大企业的融资效率起到显著的积极影响；中小企业商业信用融资占比在 5% 水平上显著，且与中小企业融资效率正相关，表明商业信用债务融资模式能够对中小企业的融资效率起到显著的积极影响，但是系数较小，说明商业信用这一债务融资模式对中小企业的融资效率影响程度有限。核心大企业银行贷款融资占比在 5% 水平上显著，但与核心大企业的融资效率负相关，表明银行贷款债务融资模式对核心大企业的融资效率的影响显著。中小企业的银行贷款融资占比在 5% 水平上不显著，但与中小企业融资效率负相关，表明银行贷款债务融资模式能够对中小企业的融资效率起到显著的消极影响，说明银行贷款这一债务融资模式对中小企业的融资效率影响不显著。这可能与银行贷款利率较大地增加了中小企业的融资成本和近年来受国际环境影响经营风险加大有关。

4.6　结论与建议

4.6.1　研究结论

本书在已有研究文献的基础上，首先，对核心大企业和中小企业债务融资模式及其影响因素的理论成果予以分析；其次，分析了核心大企业和中小企业不同债务融资结构趋势及其影响因素；最后，从核心大企业和中小企业自身特质的角度，建立回归模型，对银行贷款和商业信用两种债务融资模式对企业融资效率的差异做了比较。研究结论如下：①无论是中小企业还是核心大企业，商业信用融资占比高于银行贷款融资占比；②商业信用融资对核心大企业和中小企业都呈正相关关系，但对核心大企业融资效率的影响更大；③银行贷款融资对核心大企业融资效率呈正相关关系，对中小企业融资效率呈负相关关系，对中小企业融资效率的影响更大。

4.6.2　对策建议

第一，建立和完善公司治理，选择合适的筹资方式，提升筹资的有效性。应该逐步对公司的内部管理体系进行改进，建立健全公司有关部门的激励和约束机制，让公司的资本利用得到更大的提升，从而对公司的生产和运营情况进行改善，使公司的盈利能力、资金周转能力等得到提升，从而减轻公司的融资困难。

第二，公司应该对自己所处的发展时期进行分析，选择与自己经营情况相适应的外部融资模式，并注意各种特定的债务融资方式之间存在的差异，然后选择与自己的实际情况相适应的债务融资方式。符合公司实际情况的融资方式有助于公司实现最佳的融资结构，通过优化公司的财务状况，可以使公司更具有竞争力，进而提升公司的融资效率。

第三，企业信息的有效披露可以降低外部投资者的风险顾虑，降低外部投资者的信息审查时间和成本，使企业能及时获取外部融资，避免错过合适的发展时机。对于已上市的企业来说，需要进一步加大财务报表数据披露的准确性和广泛性，使企业信息更加公开、透明，让外部投资者可以准确地掌握其内部运作过程及经营状况，改善企业外部金融环境，健全债券融资市场。

第四，建立健全企业的信用担保制度，保证中小企业的资金安全。从政府的角度来看，可以加快推动对信用担保制度的完善，增加自身为企业的担保比重，并鼓励私人资本为企业提供担保，将政府的引导与社会化运作密切地结合起来，从而提升企业的担保能力和信用级别，这对高成长性中小企业的迅速发展是有利的。

第五，关注市场环境，促进融资方式创新。在面临着日益变化的内外环境时，公司应该向优秀的公司学习，并构建出与其所在行业的运营特征相适应的创新融资模式。发挥该公司在各金融组织中的信用等级优势，将分散在各地的私人资本集中到该公司。中国的股票市场与金融市场尚不完善，为此，我国的上市公司要密切注意当前的经济形势，积极开拓新的融资渠道，建立产业投资基金，积极运用信托资金。

4.6.3 研究不足与展望

首先，在样本选择方面，本书未分析没有上市的中小企业。其次，本书虽然得出了核心大企业和中小企业银行贷款及商业信用两种债务融资模式的影响因素，但仅基于企业的自身因素对债务融资模式影响因素进行了研究。再次，债务融资模式与融资效率之间可能存在相互影响的关系，但由于本书仅考虑债务融资模式对融资效率的影响差异，未对融资效率对企业债务融资模式产生的影响进行研究。最后，影响企业债务融资模式及融资效率的因素有很多，本书在指标选取的全面性上可能存在不足。今后在关于企业债务融资模式和融资效率的影响因素研究中可以引入宏观因素指标，使分析更完善。

参考文献

[1] 陈嘉敏．成长型房企融资方式及融资效率研究［D］．广州：广州大学，2019.

[2] 陈敬武，孙媛．京津冀上市中小企业融资方式对融资效率影响的实证研究［J］．商业会计，2016（14）：29-32.

[3] 陈丽维．陕西省科技型中小企业融资方式对融资效率的影响研究［D］．西安：西安工程大学，2019.

[4] 陈晓，单鑫．债务融资是否会增加上市企业的融资成本［J］．经济研究，1999（9）：39-46.

[5] 崔杰，胡海青，张道宏．非上市中小企业融资效率影响因素研究——来自制造类非上市中小企业的证据［J］．软科学，2014（12）：84-88.

[6] 崔婕，杨季萍．我国中小企业信贷融资影响因素的实证分析［J］．中国市场，2017（36）：37-39.

[7] 方芳，曾辉．中小企业融资方式与融资效率比较［J］．经济理论与经济管理，2005（4）：38-42.

[8] 宫能泉．安徽省上市中小企业融资效率影响因素分析——基于中小板和创业板市场［J］．贵阳学院学报（自然科学版），2020，15（3）：28-30.

[9] 贺正楚，王姣，潘红玉．生物医药产业不同融资方式的融资效率研究［J］．财经理论与实践，2020，41（1）：48-54.

[10] 黄辉．企业特征、融资方式与企业融资效率［J］．预测，2009（2）：21-27.

[11] 金辉，黄珏，冯红霞．新三板企业融资方式与融资效率的关系研究［J］．金融教育研究，2019，32（3）：46-52.

[12] 李冬梅．黑龙江省上市公司融资效率问题研究［D］．哈尔滨：哈尔滨工程大学，2007.

[13] 李涛，沈晶．融资方式、资本结构与融资效率研究——以大唐发电为例

[J]. 全国流通经济，2020 (27)：60–62.

[14] 刘益. 中小企业债务融资模式对融资效率的影响研究 [D]. 西安：长安大学，2021.

[15] 罗宇琛. 科技型中小企业融资方式与融资效率研究 [D]. 武汉：武汉工程大学，2017.

[16] 马慧斌，宋良荣. 我国智能制造业不同融资方式的融资效率研究 [J]. 技术与创新管理，2022，43 (2)：207–212.

[17] 秦佳琪. 新三板中小企业融资效率的影响因素分析 [J]. 河北企业，2021 (2)：56–57.

[18] 宋文兵. 对当前融资形势的理性思考 [J]. 改革与战略，1997 (6)：1–6.

[19] 宋增基，张宗益. 上市公司融资效率实证分析 [J]. 商业研究，2003 (5)：97–100.

[20] 孙佳. 科技型中小企业融资效率研究——基于创业板上市公司数据 [D]. 成都：西南财经大学，2016.

[21] 孙晓飞. 我国中小企业融资方式及融资效率研究 [J]. 商业故事，2018 (22)：145–146.

[22] 孙媛. 京津冀创业板上市公司融资效率影响因素研究 [D]. 天津：河北工业大学，2016.

[23] 佟孟华，刘迎春. 辽宁省中小企业融资方式与融资效率实证研究 [J]. 东北财经大学学报，2012 (2)：36–39.

[24] 王凤荣，郑志全. 银行贷款会挤出商业信用吗——基于研发投入视角 [J]. 现代经济探讨，2021 (1)：39–50.

[25] 王姣. 我国生物医药产业融资模式及其融资效率研究 [D]. 长沙：长沙理工大学，2019.

[26] 肖劲，马亚军. 企业融资效率及理论分析框架 [J]. 财经科学，2004 (S1)：337–340.

[27] 杨婷，杨毅，朱秋华 . 基于成长能力的创业板上市公司融资方式与融资效率研究 [J]. 广西科技大学学报，2019，30（1）：118–125.

[28] 杨婷 . 中小企业债权融资方式、融资约束与融资效率研究 [D]. 柳州：广西科技大学，2019.

[29] 杨毅，唐彩霞 . 中小企业的融资选择：商业信用或是银行贷款——基于金融生态环境差异性和审计意见类型的视角 [J]. 金融理论与实践，2019（4）：82–93.

[30] 张玲华 . 中小企业融资方式对融资效率的影响分析 [J]. 科技视界，2018（34）：203–204.

[31] 章玲 . 基于融资效率的中小企业融资模式评价研究 [D]. 长沙：中南大学，2014.

[32] 郑立东，程小可 . 产业政策、资产有形性对企业资本投资的影响 [J]. 广东财经大学学报，2015（3）：53–63.

[33] 周和平 . 商业信用对中小企业融资的影响分析 [J]. 经济师，2020（10）：14–16.

[34] 周悦 . 企业银行贷款与商业信用关系研究 [D]. 武汉：中南财经政法大学，2019.

[35] 朱芳静，商业信用与银行贷款关系的研究 [D]. 杭州：浙江工商大学，2017.

[36] 朱雅琴 . 中小企业融资方式对融资效率影响的实证研究——以辽宁中小上市公司为例 [J]. 中国商贸，2015（9）：62–64.

[37] Fan Jiarui，Zhou Yuning. Empirical Analysis of Financing Efficiency and Constraints Effects on the Green Innovation of Green Supply Chain Enterprises: A Case Study of China [J]. Sustainability，2023，15（6）：5300–5301.

[38] Jian B，Zeng S. Liquidity and the Financing Efficiency of Enterprises Listed on the National Equities Exchange and Quotations（NEEQ）in China [J].

Advances in Social Science, Education and Humanities Research, 2019 (310): 1832–1838.

[39] Tan Xianhua, Zheng Danting, Zhu Yuanyuan, et al. The Financing Efficiency of China's Industrial Listed Enterprises Based on the Dynamic–Network SBM Model [J]. Sustainability, 2023, 15 (6): 4723–4724.

第5章 货币政策与商业信用

5.1 引言

近年来，我国面对的国际环境复杂多变，企业发展任务艰巨、成长速度缓慢，如何通过货币政策宏观改善企业融资经营困境成为一个关键命题。为了保持货币的流动性，加强基础货币的精准投放，中国人民银行从2013年以来不断尝试采用新型货币政策，如增加了常备借贷便利（Standing Lending Facility，SLF）、中期借贷便利（Medium-term Lending Facility，MLF）、抵押补充贷款（Pledged Supplementary Lending，PSL）等，构建创新型货币政策调控模式（邓伟等，2022）。此前一直占据主导地位的传统货币政策工具，如公开市场操作、法定存款准备金率等，其投放的长期流动性、货币供应量往往缺乏针对性，市场中所有商业银行均受到广泛影响，政策实施具有普惠效应。与之相比，借贷便利工具的创新性则体现在对科技创新、绿色发展、小微企业等重点领域和薄弱环节具有靶向调节效应（舒长江、罗梦婷，2022）。

具体而言，商业银行等金融机构通过运用借贷便利工具，以提供合格担保品的方式向中央银行获取金融资源，再对相应担保品发行企业提供大量资金，增强了货币投放的精准性、自主性。同样作为创新货币政策措施的还有对合格担保品范围的调整，2018 年 6 月中国人民银行对中期借贷便利（MLF）担保品范围进行扩容，进一步放宽了对优质公司信用类债券的资格要求，向更多合格担保品发行企业供应贷款、扩大政策刺激范围。与之类似，欧洲中央银行推行的企业部门购买计划（Corporate Sector Purchase Program，CSPP）通过在公开市场中购买符合资格的企业债券（投资级公司债），降低债券收益率、提高发行量（Todorov，2020），为规模较大的核心企业提供充足信贷，降低其融资成本，让大型企业作为金融中介向中小企业提供商业信用，缓解中小企业融资约束和货币政策传导的不对称性，并将流动性通过生产网络自上至下地放大并传导至客户端，优化市场整体融资环境（Adelino 等，2020）。

那么，中央银行对 MLF 担保品的扩容能否通过商业信用渠道发挥创新性货币政策工具的有效性？本书通过实证检验 MLF 担保品扩容是否增加了实体企业商业信用融资需求及其影响机制，为中央银行货币政策担保品框架的动态调整方向和企业商业信用融资的影响渠道提供理论基础和实证证据。

5.2 制度背景

5.2.1 国际经验

在 2008 年国际金融危机的影响下，常规货币政策工具出现了调节失效现象，单一目标（物价稳定）和单一工具（短期利率）的框架结构不再稳定，于是世界各国均开始采用非常规货币政策来抵抗风险（段志明等，2017）。其中具有代表性的是欧洲中央银行对抵押品资格标准的调控，较为有效地增加了货币政策操作的公平性、优化了欧元体系的流动性。2008 年国际金融危机爆发阶段，欧洲中央银行放宽标准增加贷款供应，扩大合格担保品的范围，将最低评级要求从 A- 降至 BBB-；从 2011 年 1 月起，信贷风险上升，欧洲中央银行开始紧缩贷款规模、严控抵押品评估标准，对 BBB+ 至 BBB- 级别的抵押资产实行分级折扣；2012 年以后，受欧债危机恶化的影响，紧缩的货币政策转为宽松，欧洲中央银行重新调整了合格担保品的资格标准，如评级为 BBB- 的住宅抵押贷款证券（Residential Mortgage-Backed Securities，RMBS）首次有资格被纳入合格担保品范围（Van Bekkum 等，2018）。调整合格担保品标准和范围作为一项非常规货币政策措施，成为欧洲中央银行平衡市场流动性和通胀风险的重要抓手之一。

美国联邦储备系统推行宽松货币政策的主要手段是扩大合格担保品的范围，有选择性地调整流动性的投放对象和规模。在次贷危机爆发后，原本范围较窄的合格担保品的种类迅速增多，除中央政府债券和其他非中央政府公共机构的债券外，还纳入了私人部门的资产支持证券。2008 年 3 月 11 日，美国联邦储备系统开始采用定期证券借贷工具（Term Securities Lending Facility，TSLF），放宽以往严格的担保品规定，将 AAA 级汽车、投资级房屋净值抵押贷款和学生贷款、信用卡贷款纳入范围，与美国政府公债、AAA 级公司债与优等抵押贷款证券共同作为合格担保品为金融市场提供流动性，发挥了临时性的急救作用。

即使在经济环境良好的平稳时期，调整合格担保品范围的非常规借贷便利工具依然发挥着十分重要的精准调控等作用。为了解决货币政策传导的不对称性并帮助非金融企业减少融资约束，2016 年 3 月 10 日，欧洲中央银行宣布了企业部门购买计划（CSPP），与此前推行的担保债券购买计划（CBPP）、资产支持证券购买计划（ABSPP）及公共部门购买计划（PSPP）共同构成了欧洲中央银行的资产购买计划，作为非标准的货币政策措施来支持政策传导机制。企业部门购买计划（CSPP）的创新性体现在扩大了抵押资产的购买范围，从中央银行、政府部门等国家主体发行的主权债券扩大到企业部门发行的公司债券，以加强其宽松货币政策的立场并改善企业融资情况（Arce 等，2021）。

5.2.2 中国实践

传统货币政策主要影响小型企业和依赖银行的企业，而大型企业除了银行贷款外还可以通过债务市场获取外部融资，对货币政策不够敏感（Gertler 和 Hubbard，1988）。非常规货币政策通过直接购买债券资产来降低利率、刺激经济，释放大型企业所占的银行贷款额度，助力小型企业融资。在进入经济新常态的背景下，我国中央银行广泛吸取国际经验，以我国国情为基础构建了新型中央银行货币政策担保品框架（王永钦、吴娴，2019），以中期借贷便利（MLF）为代表的一系列借贷便利工具发挥调控作用，不断更新货币传导机制，对融资困境企业提供定向信贷支持，精准支持重点领域。

在中央银行货币政策工具中，创新结构性货币政策工具之一的中期借贷便利（MLF）不断发挥中期政策利率信号作用和利率引导功能，所提供的基础投放额从创设之初持续大幅上升。2014 年第三季度开展中期借贷便利操作，当年基础货币累计投放额为 11400 亿元；2016 年建立中期流动性常态化操作机制，MLF 操作累计投放额上升至 55235 亿元；2020—2021 年中期借贷便利操作增速放缓、稳中向好，累计投放额分别为 51500 亿元、45500 亿元，充分满足了市场需求。中期借贷便利及时填补了中期流动性缺口，逐渐成为中央银行基础货币供给的重要渠道。同时，中央银行对合格担保品的选择和范围的调整是发挥创新型货币政策工具有效性的重要手段，其中 2018 年 6 月对中期借贷便利担保品范围的扩容就是十分典型的关键举措。在这次调整中，公司信用类债券的评级要求从 AAA 级扩展到了 AA+、AA 级，加强了企业信用与中央银行信用的紧密联系，让更多企业得到了中央银行的权威担保；新增 AA 级以上的小微、绿色和“三农”金融债券，释放更积极的政策扶持信号，有针对性地缓解相关企业的融资困境，引导金融机构向实体经济让利。

5.3　文献综述与研究假设

稳健的货币政策能够加大对实体经济的支持力度，合理使用各类货币政策工具并加以创新探索，对于推动降低企业综合融资成本、促进稳定宏观经济大盘起到重要的作用。在经济新常态背景下，中央银行对创新型货币政策的广泛应用和不断调整，使借贷便利工具的精准性和优越性得到了良好发挥，实现了扩大流动性范围并深入定向扶持企业的目标。

5.3.1　央行担保品扩容政策的影响研究

在危机背景下，传统货币政策所能提供的流动性规模和范围往往存在较大缺口，无论是次贷危机爆发、国际金融危机的席卷，还是欧债危机的恶化，各发达经济体所采用的急救措施无一例外选择了非常规货币政策（Bindseil等，2017），宽松的央行抵押品政策可以降低利差，缓解信贷紧缩（Koulischer和Struyven，2014）。欧元体系的流动性以大量担保品资产为基础，对这些抵押资产进行评估和划分，不断调整合格担保品范围则能够及时对货币政策进行松紧控制（Van Bekkum等，2018）。从银行对企业信贷供给的角度，Benetton等（2021）对欧洲中央银行第一轮定向长期再融资（TLTRO）制定分配规则这一针对性的货币政策进行研究，并利用意大利信贷登记机构的交易数据和工具变量识别策略，发现受政策影响最大的银行增加了贷款供应额度，降低了贷款利率，避免了套利交易和风险转移等无针对性措施的一些不良后果。同时，当合格担保品范围扩大后，市场中该类债券的需求量会不断增多，进而产生稀缺性溢价、提高债券资产价格（D'Amico等，2013），债券发行企业的融资约束得到了缓解。

从债券信用利差的视角，王永钦和吴娴（2019）证实担保品扩容后新增债券的平均利差显著降低，债券价格得到提高，市场整体融资成本降低。郭晔和房芳（2021）对MLF担保品扩容政策中新增绿色债券的政策效应进行了研究，发现绿色环保企业的信贷可得性得到了显著提高，信贷成本也显著降低，发挥了货币政策的定向调控作用。周先平等（2022）针对商业银行流动性创造的变化，证明 MLF 担保品扩容是通过“资产认可渠道”和“融资成本渠道”影响银行的资产质量和负债成本，导致其流动性创造的波动。彭兴韵（2015）指出，合格担保品扩容能够扩大中央银行的再贷款功能，增加信贷资源配置并降低市场利率，同时提高金融机构持有合格债券的意愿并降低风险补偿，优化市场融资环境。陈国进（2021）基于绿色债券纳入 MLF 担保品范围的准自然实验发现，绿色企业在绿色债券信用利差降低的情况下得到了融资激励，同时棕色债券信用利差的提高对重污染企业起到了倒逼转型的作用，促进重污染企业加大了保护环境的工作力度。

5.3.2 企业商业信用融资的研究

我国金融体系长期呈现以债权融资为主、以股权融资为辅的基本特征（何德旭、冯明，2021）。而债务融资最重要的渠道之一就是商业信用融资，特别是对于非上市和非国有企业来说，银行信贷融资的可得性非常有限，往往转而选择获取商业信用融资（Ge 和 Qiu，2006）。从商业信用产生的背景来看，现有理论主要包括经营性动机、融资性动机、竞争性动机和买方市场四种假说。经营性动机是指企业以实现利润最大化为目的，通过提供商业信用降低交易成本、间接实现价格歧视并扩大销量来满足自身经营需求（Mian、Smith，1994）；融资性动机是指由于上游企业提供的商业信用具有信息获取高效、增加客户依赖、挽回资产损失的比较优势，在信贷配给不平衡的情况下更多融资约束企业将商业信用作为信贷融资的替代（Schwartz，1974；Petersen、Rajan，1997）；竞争性动机认为，上游供应商提供商业信用是为了锁定客户、抢占竞争对手的客户资源（余明桂、潘红波，2010）；买方市场则与融资性动机相反，是由于下游客户在供需关系中处于强势地位，供应商为了促成交易而满足客户获取商业信用的要求（陆正飞、杨德明，2011）。张良（2013）在研究货币政策与商业信用动机的关系时发现，紧缩货币政策能使商业信用的融资动机增加、经营动机减少。

从商业信用的融资功能来看，商业信用与银行信贷之间的关系主要分为两类。一是相互替代假说。在金融环境较差、资源较少时，银行贷款的资源配给就会显现出较大的不对称性，融资贵、融资难的企业会选择向上游供应商获取商业信用的方式进行替代性融资（Fisman 和 Love，2003）。二是相互补充假说。Saibal（2015）基于印度储备银行对商业信用票据贴现业务的限制，证明在信贷不完善的市场中，应付账款与短期银行信贷之间存在互补性，而且对于财务受限企业而言，这种互补性更强。Psillaki（2015）对法国中小企业研究发现，中小企业的商业信用通常是银行信贷的补充而非替代。张新民和王珏（2012）指出，商业信用和银行信贷均向大企业集中，且二者的替代关系在市场地位较高的企业中更加显著。同时，商业信用能够缓解企业融资约束，并通过降低融资约束来提高企业的生产效率、投资效率（石晓军、张顺明，2010；Fisman，2001）。江伟、曾业勤（2013）提出，企业的商业信用净额能够为银行提供贷款传递质量信号，且金融水平较高地区的民营企业获得的商业信用净额更多，相应地增加了银行信贷额度，有效缓解了草根企业的融资约束。Gao（2022）认为，对重污染企业进行银行贷款限制能够相应地减少它们的商业信用融资，进一步证实了商业信用再分配理论。

总结现有文献可以看出，国外所实施的担保品框架和扩容政策主要集中出现在经济面临剧烈冲击和金融环境严峻的时期，研究方向放在了对商业银行等金融机构的流动性创造上。国内学者也缺少对央行担保品框架政策与微观企业实质经济行为相联系的研究，多聚焦于债券信用利差等的直接影响上，没有从商业信用渠道对企业融资成本降低的政策效应上进行考察。

5.3.3　研究假设

商业信用融资作为一种市场上较为普遍的非常规借贷方式，在企业的资金流转中发挥着十分关键的中介作用，同时扮演着上游供应商短期投资和下游客户短期融资两个角色，因此在探讨 MLF 担保品扩容与企业商业信用融资的影响时，本书从上下游商业信用融资两个角度进行分析并提出研究假设。

从企业上游商业信用的获取来看，MLF 担保品扩容能通过增信渠道激励供应商提供商业信用。中央银行将更多债券列入合格担保品范围，认可担保品债券的质押效果，并愿意承担相应的风险与责任，则体现出债券的稳定性和安全性，相当于向外界宣告债券发行企业的财务状况良好、违约风险较低（黄振、郭晔，2021），从而为合格担保品及其发行企业的商业信用融资起到了增信作用。同时，担保品扩容政策的信号效应也能刺激供应商的商业信用供给（姜旭、金成晓，2022）。合格债券发行企业对提高银行信贷的可得性释放了良好的融资信号，改善了企业的信息不对称性，提高了企业的市场地位，使上游供应商更乐意提供商业信用。因此，提出以下假设。

假设 H1a：MLF 担保品对公司信用类债券进行扩容能够显著增加企业的上游商业信用融资。

但是根据资本结构权衡理论可知，企业会综合考虑银行信贷和商业信用的成本，设置一定融资比例以达到最优的负债水平，此时会出现商业信用与银行借款的替代效应（符号亮、袁鲲，2021）。站在替代性融资的角度上，MLF 担保品扩容在为发行企业带来更多银行信贷融资的同时，会打消企业通过商业信用获取融资的想法，使企业获取的上游商业信用融资减少。此外，央行担保品扩容政策能够显著降低发行企业的债务融资成本（王永钦、吴娴，2019；黄振、郭晔，2021），这会减少发行企业向上游进行商业信用融资的行为，且宽松货币政策和良好金融环境会降低企业的融资性动机（张良，2013）。因此，提出以下假设。

假设 H1b：MLF 担保品对公司信用类债券进行扩容能够显著减少企业的上游商业信用融资。

从企业的下游商业信用供给来看，MLF 担保品扩容可以激发商业信用再分配机制为下游客户提供商业信用。获得更多银行信贷资源的核心企业更有实力扮演中介角色，将金融资源通过商业信用二次分配给下游更易受融资约束的企业。同时，从稀缺性渠道来看，合格担保品被中央银行权威认可后，金融机构优先选择该类债券资产、增加购买需求，相关资产价格水涨船高，从而改善发行企业的资产负债表状况，加快资金周转（邓伟等，2022）。此时，拥有"坚实后盾"的发行企业为了进一步提高市场地位，出于竞争性动机会更愿意提供商业信用，增加赊销的"自损"方式，以在激烈的竞争中拥有制高点优势。因此，提出以下假设。

假设 H2a：MLF 担保品对公司信用类债券进行扩容能够显著增加企业的下游商业信用融资。

从追求收益的视角来看，交易性金融资产的"蓄水池"作用能为企业带来更高的收益率，企业更乐意将盈余资金放在此类金融资产上，从而减少对实体经济的投资（胡奕明等，2017）。MLF 扩容政策的实施增加了企业对银行信贷的融资可得性，在财务状况良好、资金管理较佳的情况下，企业会增加对金融资产的配置，降低对下游客户的商业信用供给。因此，提出以下假设。

假设 H2b：MLF 担保品对公司信用类债券进行扩容能够显著减少企业的下游商业信用融资。

5.4　研究设计

5.4.1　样本选择与数据来源

本书选取 2013—2021 年银行间及交易所市场中的公司信用类债券（包括中期票据、企业债券、公司债券和短期融资券），根据债券的发行和存续情况匹配发行主体的基本情况及财务数据，构建双重差分模型，实证考察 MLF 担保品扩容对企业商业信用融资的影响。所有样本企业的数据均来自 Wind 数据库。为保证研究样本中发行企业的唯一性，在从债券匹配到企业的过程中，只保留该企业发行的合格担保品债券，若发行的债券均不符合担保品评级条件，则任意保留一只，最终企业与债券为一一对应关系。在此基础上，本书对数据做了以下处理：一是剔除所有金融行业企业；二是剔除研究年度内相关数据缺失的企业。为消除可能存在的极端值，本书对连续变量进行 1%~99% 水平的缩尾处理，最终获得 3506 家企业数据，共 28574 个观测值。

5.4.2 模型设定

本书以中央银行将公司信用类债券评级要求放宽至 AA+、AA 级为研究重点，利用扩容政策实施的外生变化作为准自然实验情境，通过构建双重差分模型（DID）检验 MLF 担保品扩容对企业商业信用融资的影响。运用 DID 模型的优势在于，MLF 担保品扩容政策是一个外生事件，在准自然实验情境中，双重差分法能够较好地反映受政策影响的实验组和不受政策影响的对照组所受到的政策冲击的差异，同时在很大程度上避免了内生性问题（如逆向因果、遗漏变量偏误等）对结果的干扰。本书构建的固定效应回归模型如式（5-1）所示，对回归标准误在公司层面进行了聚类调整。

$$TC_{it}=\alpha_0+\alpha_1 Treat_i\times Post_t+\alpha_2 Controls_{it}+CodeFE+YearFE+\varepsilon_{it} \qquad (5-1)$$

其中，TC_{it} 为被解释变量，代表企业商业信用融资大小，i 为企业个体，t 为时间年度；$Treat_i$ 为处理组虚拟变量，$Post_t$ 为年份虚拟变量；$Controls_{it}$ 为控制变量，CodeFE 和 YearFE 分别为企业个体和年份固定效应，ε_{it} 为随机误差项。本书重点关注交乘项 $Treat_i\times Post_t$ 的回归系数 α_1，反映 MLF 扩容政策的微观效应。

5.4.3 变量定义

为了科学、准确地识别企业商业信用融资的变化，本书参考以往研究文献对商业信用的定义，划分了上游商业信用获取（Up_TC）、下游商业信用供给（Down_TC）和净商业信用融资（TC）三个指标，分别对企业接受和提供商业信用融资的决策行为进行分析。处理组样本的识别条件为企业在银行间市场上发行评级为不低于 AA 级的债券，当样本企业拥有此类债券时处理组 Treat=1，反之对照组 Treat=0；年份虚拟变量 Post 代表担保品扩容是否实施，2018 年 6 月以后 Post=1，反之为 0。二者交乘项 Treat_Post 能够体现样本企业是否受到了 2018 年 MLF 担保品扩容政策的影响。

本书对控制变量的选取参考了目前已有文献的做法（赖黎等，2019），将与企业商业信用融资有关的经济变量加入模型中进行检验，增加了实证结果的稳健性和可靠性。这些变量主要包括反映企业发展状况的资产规模（SI）、企业年龄（Age）、产权性质（SOE）和资产负债率（Lev），反映企业盈利能力的资产回报率（ROA）、企业成长性（Growth）、息税前利润与资产总额比（EBIT）、销售毛利率（GPM），反映企业流动性的流动比率（Liq）、经营性现金流（OCF）及反映企业资产状态的固定资产比率（FATA）和存货比率（INTA）。表 5-1 为变量定义及度量。

表 5-1　变量定义及度量

	名称	符号	计算方法
被解释变量	上游商业信用	Up_TC	（应付票据 + 应付账款）÷ 总资产
	下游商业信用	Down_TC	（应收票据 + 应收账款）÷ 总资产
	净商业信用	TC	[（应付票据 + 应付账款）-（应收票据 + 应收账款）] ÷ 总资产
解释变量	处理虚拟变量	Treat	处理组取 1，对照组取 0
	年份虚拟变量	Post	2018 年及之后年度起取 1，其余年度取 0
控制变量	资产规模	SI	总资产取自然对数
	企业年龄	Age	企业成立年份加 1，再取自然对数
	产权性质	SOE	当公司实际控制人属于国有企业时取 1，否则为 0
	资产回报率	ROA	[净利润 ÷（年末总资产 + 年初总资产）÷2] × 100%
	固定资产比率	FATA	固定资产占总资产之比（%）
	存货比率	INTA	存货占总资产之比（%）
	企业成长性	Growth	主营业务收入的增长率（%）
	息税前利润与总资产比	EBIT	[息税前利润 ÷（期初总资产 + 期末总资产）÷2] ×100%
	流动比率	Liq	流动资产 ÷ 流动负债（%）
	销售毛利率	GPM	（销售收入 - 销售成本）÷ 销售收入（%）
	资产负债率	Lev	总负债 ÷ 总资产（%）
	经营性现金流	OCF	（经营活动产生的现金流净额）÷ 总资产（%）

5.5 实证结果分析

5.5.1 描述性统计分析

表 5-2 展示了其他控制变量描述性统计结果。从企业商业信用融资的角度来看，净商业信用融资（TC）的中位数（0.002）为正值，说明大部分企业为下游客户提供的商业信用不如企业从上游供应商获取的商业信用融资多，但同时均值为 -0.002，小于 0，证明不同企业对上下游商业信用融资的结构安排存在较大不同。此外，上游商业信用（up_TC）最大值为 0.688，均值为 0.059，说明企业能够获取的商业信用融资差异较大。划分处理组与对照组的虚拟变量 Treat 均值为 0.240，说明拥有符合条件债券的企业占总样本数量的比例约为 24%。其他控制变量描述性统计结果如表 5-2 所示，不再一一赘述。

表 5-2 其他控制变量描述性统计结果

变量名	观测值	均值	标准差	最小值	中位数	最大值
Up_TC	28574	0.059	0.081	0.000	0.030	0.688
Down_TC	28574	0.061	0.077	0.000	0.034	0.659
TC	28574	-0.002	0.080	-0.659	0.002	0.688
Treat	28574	0.240	0.427	0.000	0.000	1.000
Post	28574	0.486	0.500	0.000	0.000	1.000
Treat_Post	28574	0.108	0.311	0.000	0.000	1.000
SI	28574	23.991	1.186	21.150	23.873	27.358
SOE	28574	0.918	0.274	0.000	1.000	1.000
Age	28457	2.597	0.636	0.000	2.708	4.304
ROA	28574	2.933	2.675	-1.278	2.144	13.795
FATA	28574	11.421	16.678	0.000	3.652	72.287
INTA	28574	29.218	24.905	0.000	23.474	85.654
Liq	28574	3.407	4.081	0.000	2.072	26.118
GPM	28574	21.672	16.915	-12.451	17.506	82.627

续表

变量名	观测值	均值	标准差	最小值	中位数	最大值
Growth	28574	20.199	53.103	–57.116	8.306	334.388
OCF	28574	0.187	6.959	–25.833	0.814	16.797
EBIT	28574	2.738	2.485	–1.203	2.000	12.718
Lev	28574	55.418	16.519	8.994	57.216	88.154

5.5.2　主回归结果分析

（1）净商业信用融资

MLF 担保品扩容与企业商业信用融资（TC）的回归结果如表 5–3 所示。第（1）至第（4）列分别展示了无控制变量、控制企业资产状况、控制企业盈利能力、控制企业流动性四个不断叠加层次的检验结果。结果显示：第（1）列中 TC 与扩容政策的回归系数在 1% 水平上显著为负，说明合格担保品发行企业的净商业信用融资在 MLF 扩容后呈下降趋势；第（2）、第（3）列显示的回归结果基本保持不变，资产负债率（Lev）和企业成长性（Growth）与 TC 的回归系数显著为正，说明企业在杠杆率上升、成长较迅速的阶段对商业信用融资的需求增多，更积极地向上游客户获取融资、与供应商建立更紧密的联系；第（4）列中 TC 回归系数仍显著为负，且绝对值相对第（1）列有所增加，说明在控制企业自身经营状况后，MLF 担保品扩容政策实施对商业信用融资净额影响的边际效应更强。从以上结果可知，MLF 扩容政策实施与企业净商业信用融资呈显著负相关关系，原因可能是存在银行信贷与商业信用融资的替代效应及商业信用再分配作用分别或同步发生：债券发行企业获得的银行贷款较多，企业获取商业信用融资的需求大幅下降，即对上游商业信用获取减少；企业资金实力更加雄厚则会增强为下游客户提供商业信用的能力和动机，提高对下游商业信用融资的供给，二者均会使商业信用净额显著下降。

表 5-3 MLF 担保品扩容与企业商业信用融资（TC）的回归结果

净商业信用（TC）	（1）	（2）	（3）	（4）
Treat_Post	-0.0122***	-0.0141***	-0.0141***	-0.0150***
	（-10.23）	（-11.73）	（-11.74）	（-12.66）
SI		0.0100***	0.0095***	0.0085***
		（7.35）	（6.95）	（6.32）
Age		-0.0204***	-0.0201***	-0.0254***
		（-7.91）	（-7.74）	（-9.81）
Lev		0.0006***	0.0006***	0.0006***
		（11.04）	（10.77）	（10.54）
ROA			0.0012	0.0027***
			（1.20）	（2.59）
GPM			0.0001***	0.0001***
			（3.54）	（3.10）
Growth			0.0000***	0.0000***
			（3.24）	（3.00）
EBIT			-0.0017	-0.0037***
			（-1.63）	（-3.39）
FATA				0.0003***
				（5.56）
INTA				0.0008***
				（17.25）
Liq				-0.0010***
				（-7.72）
OCF				0.0006***
				（9.13）
_cons	-0.0007**	-0.2203***	-0.2099***	-0.1948***
	（-2.53）	（-6.96）	（-6.59）	（-6.16）
个体固定效应	Yes	Yes	Yes	Yes
年份固定效应	Yes	Yes	Yes	Yes
样本量	28573	28573	28573	28573
R^2	0.759	0.771	0.846	0.861

注：①括号中报告值是T统计量；②*、** 和 *** 分别表示在 10%、5% 和 1% 水平上显著。

（2）上下游商业信用融资

根据上述结果分析，本书将商业信用融资拆分为上游商业信用和下游商业信用，进一步对 MLF 担保品扩容后上下游商业信用融资的变化进行检验，讨论商业信用融资净额相对下降的主要原因，结果如表 5-4 所示。

表 5-4　MLF 担保品扩容与上下游商业信用融资

变量名称	（1） 不控制其他因素 上游商业信用	（2） 增加控制变量 上游商业信用	（3） 不控制其他因素 下游商业信用	（4） 增加控制变量 下游商业信用
变量符号	Up_TC	Up_TC	Down_TC	Down_TC
Treat_Post	-0.0056^{***} （-6.87）	-0.0099^{***} （-12.06）	0.0067^{***} （6.44）	0.0051^{***} （4.99）
SI		-0.0023^{*} （-1.84）		-0.0108^{***} （-8.48）
Age		-0.0193^{***} （-9.34）		0.0061^{***} （3.13）
ROA		0.0028^{***} （3.09）		0.0002 （0.21）
FATA		0.0004^{***} （6.43）		0.0000 （0.59）
INTA		0.0003^{***} （10.82）		-0.0004^{***} （-10.72）
Liq		-0.0006^{***} （-7.05）		0.0004^{***} （3.61）
GPM		-0.0001^{***} （-5.24）		-0.0002^{***} （-8.79）
Growth		0.0000^{**} （2.05）		-0.0000^{*} （-1.86）
OCF		0.0004^{***} （8.74）		-0.0002^{***} （-3.51）
EBIT		-0.0012 （-1.23）		0.0025^{***} （2.75）
Lev		0.0012^{***} （17.91）		0.0006^{***} （12.63）
_cons	0.0598^{***} （277.81）	0.0852^{***} （3.09）	0.0605^{***} （251.86）	0.2800^{***} （9.29）

续表

变量名称	(1) 不控制其他因素 上游商业信用	(2) 增加控制变量 上游商业信用	(3) 不控制其他因素 下游商业信用	(4) 增加控制变量 下游商业信用
变量符号	Up_TC	Up_TC	Down_TC	Down_TC
个体固定效应	Yes	Yes	Yes	Yes
年份固定效应	Yes	Yes	Yes	Yes
样本量	28573	28453	28573	28453
R^2	0.846	0.862	0.805	0.812

注：①括号中报告值是T统计量；②*、** 和 *** 分别表示在10%、5%和1%水平上显著。

第（1）列与第（2）列是MLF担保品扩容对企业的上游商业信用融资（Up_TC）在不控制其他因素和增加控制变量时的回归结果，系数均在1%水平上显著为负，表明MLF担保品扩容能够显著减少企业的上游商业信用融资，H1b成立。该结论说明在扩容政策实施后，银行信贷融资的大量增加充分缓解了企业融资约束状况，担保品发行企业对于供应商提供的商业信用融资需求则显著下降，同时为了达到最优负债水平，企业通过减少上游的商业信用融资对资本结构进行了动态调整，平衡信贷融资与商业信用融资的债务结构，使企业资金运营效率更高、经营管理活动更有效。从第（3）、第（4）列来看，无论是否控制与企业发展状况、运营效率等有关的变量，MLF扩容对企业下游商业信用供给的回归均呈现正相关的稳定结果，且显著性水平为1%，证明了担保品扩容政策显著增加企业下游商业信用供给且该影响效果很有效，H2a成立。主要是因为商业信用再配置作用助力信贷资源沿供应链进行传递，合格担保品发行企业的银行信贷融资可得性显著提高，初始信贷资源的增加和资金实力的不断雄厚促使核心企业发挥金融中介角色，通过商业信用渠道为下游中小客户提供融资、传递信贷资源。此外，根据商业信用供给的竞争性动机，企业既能够与客户保持密切的往来关系，增加客户黏性，也能够通过提供商业信用的方式提高销量和企业的市场地位，助力企业长远发展。

5.6　信贷融资中介机制检验

经过上述对商业信用融资三个指标的数据分析与讨论不难发现，商业信用融资与银行信贷融资的关系十分紧密且复杂，二者存在相互替代和共同增长的竞争效应。为了更全面地对所提出的假设进行验证，挖掘信贷融资在 MLF 担保品扩容对商业信用融资影响中所扮演的角色，本书继续考察 MLF 担保品扩容、上下游商业信用融资与银行信贷融资之间的关系。

5.6.1　MLF 担保品扩容与银行信贷融资

MLF 担保品范围扩大实际上是中央银行在释放强烈的政策信号，鼓励商业银行等金融机构扩大融资规模、降低融资门槛，为市场创造更充分的流动性和更宽松的融资环境。邓伟等（2022）对商业银行的流动性创造进行了研究，证实了中央银行对常备借贷便利（SLF）、中期借贷便利（MLF）等工具的发放操作能够显著增加商业银行的流动性创造，促进银行信贷增长。那么，企业获得的银行信贷是否得到了显著增加？本书引入企业银行贷款（Dbank）作为检验信贷融资的变量，用长期借款与短期借款之和与总资产的比值来衡量，构建模型（5–2）回归：

$$Dbank_{it}=\beta_0+\beta_1 Treat_i \times Post_t+\beta_2 Controls_{it}+CodeFE+YearFE+\varepsilon_{it} \quad (5\text{–}2)$$

其中，被解释变量 Dbank 用长期借款与短期借款之和与总资产的比值来衡量，其余变量定义与模型（5–1）相同。表 5–5 第（1）列展示了 MLF 担保品扩容政策实施后企业所获取的银行信贷融资的变化，在控制变量的情况下，二者回归系数 β_1 在 1% 水平上显著为正，说明合格担保品发行企业的确能够从商业银行的流动性创造中获取更多的银行贷款，信贷可得性显著提高，融资成本相应下降。

5.6.2　银行信贷中介效应检验

结合模型（5–1）、模型（5–2）的检验结果，本书借鉴温忠麟（2004）的中介效应检验方法，构建模型（5–3）如下，对银行信贷在 MLF 担保品扩容与企业商业信用之间的中介作用进行机制检验：

$$TCall_{it}=\gamma_0+\gamma_1 Dbankit+\gamma_2 Treat_i \times Post_t+\gamma_3 Controls_{it}+CodeFE+YearFE+\varepsilon_{it} \quad (5-3)$$

其中，TCall 代表上游商业信用 Up_TC 和下游商业信用 Down_TC，其他变量含义不变，控制变量后的回归结果如表 5-5 第（2）、第（3）列所示。第（2）列为上游供应商对发行企业的商业信用供给，其结果与 MLF 扩容政策及银行贷款均表现为在 1% 水平上显著负相关，银行信贷的中介效应成立，证实了商业信用融资的替代效应，即由于银行信贷可得性提高，企业债务融资成本下降，作为替代融资渠道的商业信用融资在企业追求最优负债水平的决策中动态减少，以维持企业资本结构的稳定。第（3）列下游商业信用融资在 MLF 扩容政策、银行信贷的相关关系中均显著正相关，则中介效应成立。该结果展示了企业对下游客户所提供的商业信用会随着信贷融资的增加而显著上升，说明获得更多贷款融资的企业有更强的实力和意愿进行赊销、提供商业信用，缓解下游企业的融资困境，反映出商业信用再分配对实体经济发展的重要作用，让金融资源通过商业信用渠道沿着供应链自上而下传导，在一定程度上改善了初始信贷资源的配给问题。

表 5-5　信贷融资中介机制检验

变量名称	（1） 银行信贷	（2） 上游商业信用	（3） 下游商业信用
变量符号	Dbank	Up_TC	Down_TC
Treat_Post	0.0129*** （6.82）	−0.0029*** （−2.8621）	0.0045*** （3.6054）
Dbank		−0.1017*** （−15.6180）	0.0409*** （7.7069）
SI	0.0422*** （18.70）	−0.0029** （−2.0072）	−0.0055*** （−4.0786）
Age	0.0159*** （4.02）	−0.0107*** （−4.7440）	0.0132*** （5.4225）

续表

变量名称	（1）银行信贷	（2）上游商业信用	（3）下游商业信用
变量符号	Dbank	Up_TC	Down_TC
ROA	–0.0017 （–1.14）	0.0062*** （5.5661）	–0.0005 （–0.5464）
FATA	0.0010*** （7.65）	0.0005*** （7.4396）	–0.0002*** （–2.5867）
INTA	–0.0001 （–1.15）	0.0008*** （19.6415）	–0.0008*** （–15.2114）
Liq	0.0010*** （4.14）	–0.0011*** （–10.5082）	0.0002 （1.5938）
GPM	0.0005*** （8.18）	–0.0001** （–2.5672）	–0.0002*** （–7.2090）
Growth	0.0000*** （4.43）	0.0000*** （3.9149）	0.0000 （0.1739）
OCF	–0.0024*** （–23.29）	0.0007*** （12.5078）	–0.0005*** （–8.0323）
EBIT	–0.0010 （–0.63）	–0.0038*** （–3.1819）	0.0034*** （3.3843）
_cons	–0.8731*** （–16.46）	0.0529** （1.98）	0.1938*** （6.1345）
个体固定效应	Yes	Yes	Yes
年份固定效应	Yes	Yes	Yes
样本量	28453	28453	28453
R^2	0.729	0.859	0.788

注：①括号中报告值是 T 统计量；② *、** 和 *** 分别表示在 10%、5% 和 1% 水平上显著。

综上所述，MLF 担保品扩容政策的实施为合格担保品发行企业带去了更充裕的资金和更宽松的融资环境，银行信贷资源的大幅增长促进企业进行更高效、更广泛的经营活动，在央行担保品扩容政策与企业商业信用融资之间扮演着重要的中介角色。获得更多信贷资源的企业通过提供对下游客户的商业信用供给来管理客户关系、增加销售收入、扩大市场份额，同时企业也不断优化自身资本结构、动态调整债务水平、积极管控违约风险，使上游商业信用融资与银行信贷融资呈现“你增我减”的平衡关系，让企业资产负债表的天平保持合理稳定的状态。因此，央行担保品扩容政策不仅能为更多发行企业提供充足的信贷融资、降低债务融资成本、稳定企业资本结构，还能够将政策效应通过商业信用渠道传导至供应链的末端企业，体现了 MLF 担保品扩容政策的有力实施和良好的企业微观效应。

5.7 稳健性检验

5.7.1 平行趋势检验

稳健性检验中的一个关键部分就是内生性问题检验，通过借鉴赖黎等（2019）的动态模型来检验 MLF 担保品扩容对企业商业信用融资的平行趋势。本书以央行实施担保品扩容政策的前一年为基期，构建六个时间虚拟变量：pre3，担保品扩容前的第 3 年等于 1；pre2，担保品扩容前的第 2 年等于 1；当期，担保品扩容的当年为 1；post1，担保品扩容后的第 1 年等于 1；post2、post3 以此类推，同时与处理虚拟变量 Treat 进行交乘得到最终解释变量，以此构建模型（5–4）：

$$TCall_{it} = \mu+\mu_1 pre1\_Treat_{it}+\mu_2 pre2\_Treat_{it}+\mu_3 当期\_Treat_{it}+\mu_4 post1\_Treat_{it}+ \mu_5 post2\_Treat_{it}+\mu_6 post3\_Treat_{it}+\mu_7 CONTROL_{it}+\varepsilon_{it} \quad (5\text{–}4)$$

其中，TCall 表示分别将上游商业信用 Up_TC、下游商业信用 Down_TC 和净商业信用融资 TC 代入模型进行检验，得到结果如图 5–1、图 5–2、图 5–3、表 5–6 所示。

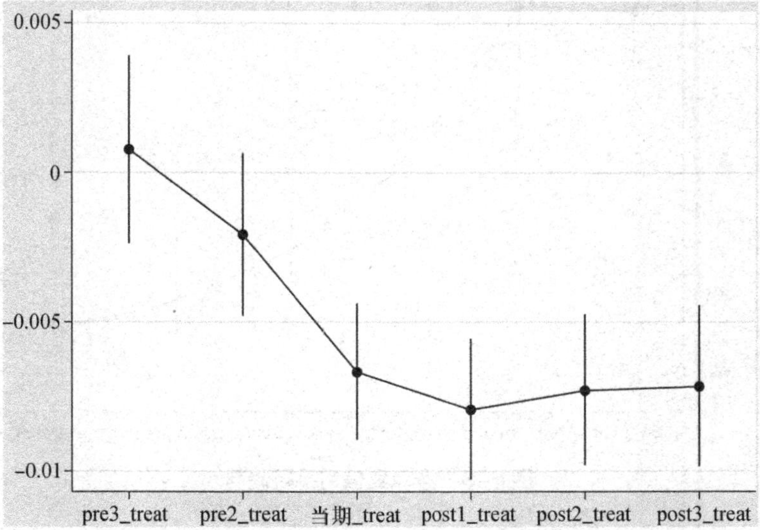

图 5-1　上游商业信用平行趋势

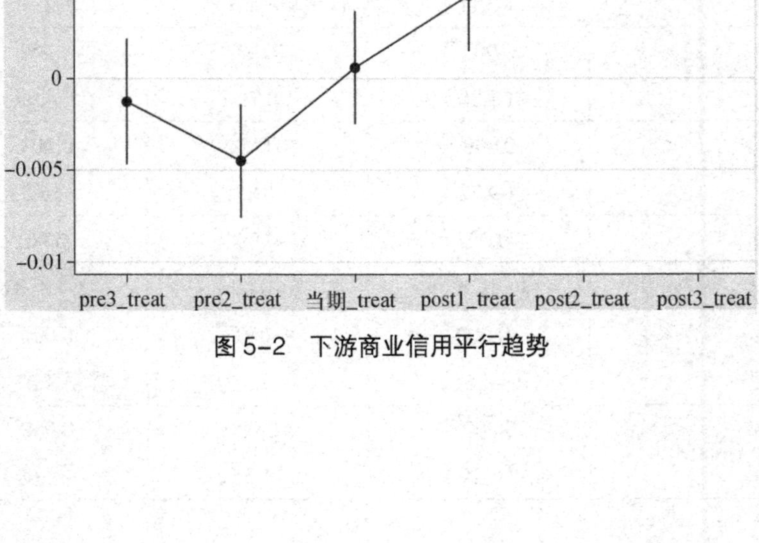

图 5-2　下游商业信用平行趋势

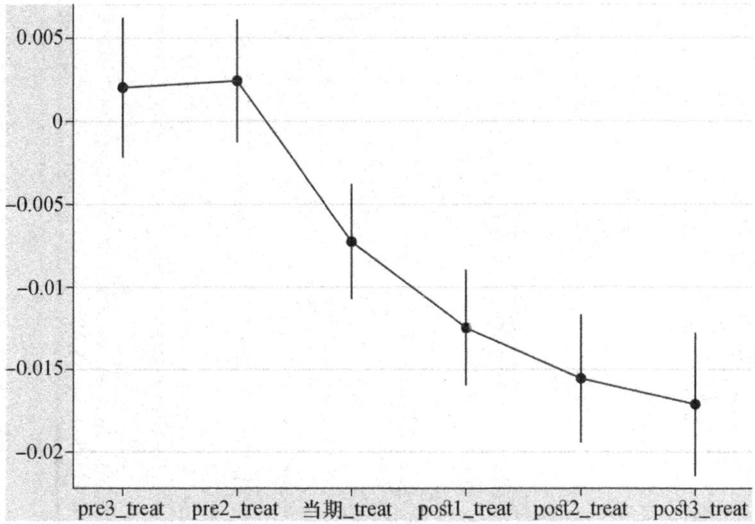

图 5-3　净商业信用平行趋势

表 5-6　平行趋势检验

变量名称	（1）上游商业信用	（2）下游商业信用	（3）净商业信用
变量符号	Up_TC	Down_TC	TC
SI	0.004***	-0.005***	0.010***
	（4.10）	（-4.53）	（7.97）
ROA	0.002**	-0.000	0.003**
	（2.11）	（-0.50）	（2.40）
FATA	0.000***	0.000	0.000***
	（5.80）	（0.79）	（4.90）
INTA	0.000***	-0.000***	0.001***
	（9.72）	（-10.51）	（16.53）
Liq	-0.001***	-0.000	-0.001***
	（-18.28）	（-0.09）	（-10.09）
GPM	-0.000***	-0.000***	0.000***
	（-4.61）	（-8.33）	（3.22）
Growth	0.000***	-0.000	0.000***
	（3.29）	（-1.55）	（3.68）

续表

变量名称	（1） 上游商业信用	（2） 下游商业信用	（3） 净商业信用
变量符号	Up_TC	Down_TC	TC
OCF	0.000*** （5.96）	−0.000*** （−4.30）	0.000*** （7.81）
EBIT	−0.001 （−1.18）	0.003*** （3.00）	−0.004*** （−3.56）
pre1_treat	0.001 （0.48）	−0.001 （−0.72）	0.002 （0.95）
pre2_treat	−0.002 （−1.50）	−0.005*** （−2.85）	0.002 （1.28）
当期 _treat	−0.007*** （−5.73）	0.001 （0.38）	−0.007*** （−4.10）
post1_treat	−0.008*** （−6.55）	0.005*** （2.91）	−0.012*** （−6.96）
post2_treat	−0.007*** （−5.63）	0.008*** （4.70）	−0.016*** （−7.86）
post3_treat	−0.007*** （−5.19）	0.010*** （4.97）	−0.017*** （−7.71）
_cons	−0.054** （−2.09）	0.199*** （6.97）	−0.253*** （−8.56）
个体固定效应	Yes	Yes	Yes
年份固定效应	Yes	Yes	Yes
样本量	28573	28573	28573
R^2	0.850	0.809	0.769

注：①括号中报告值是 T 统计量；②*、** 和 *** 分别表示在 10%、5% 和 1% 水平上显著。

从图 5-1 至图 5-3 中可以直观地看到，商业信用融资在政策实施前后的显著性水平改变及变化的正负方向，同时从表 5-6 的第（1）列、第（3）列中均可看出，在 MLF 担保品扩容政策实施前，pre1_treat、pre2_treat 的系数均不显著，而在实施之后的当期 _treat 及之后三期的系数在冲击之后变得显著，第（2）列中 pre2_treat 系数虽然表现为显著，但又很快回归至不显著，且政策实施后的各期系数均显著异于 0，整体结果说明 MLF 担保品扩容对商业信用融资的影响符合平行趋势检验。

5.7.2 PSM-DID

本书使用 PSM 倾向得分匹配处理方式来分析 MLF 担保品扩容政策的实施对企业商业信用融资的影响，找出未发行合格担保品的企业样本中能够与已发行合格担保品企业相匹配的样本，再进行回归检验。以表 5-7 第（1）列为例，匹配后回归结果显示，自变量回归系数在 1% 水平上保持显著为负，与前期检验结果相一致，说明数据匹配结果具备较高的可信度，第（2）、第（3）列结果呈现一致结论，反映了本书回归结果的稳健性。

表 5-7　PSM-DID 检验

变量名称	（1） 净商业信用	（2） 上游商业信用	（3） 下游商业信用
变量符号	TC	Up_TC	Down_TC
Treat_Post	-0.0134*** （-11.4585）	-0.0067*** （-8.5463）	0.0067*** （6.5921）
SI	0.0127*** （10.3044）	0.0061*** （5.4456）	-0.0066*** （-5.5578）
Age	-0.0223*** （-8.7233）	-0.0130*** （-6.2558）	0.0093*** （4.7871）
ROA	0.0022** （2.1015）	0.0019* （1.9556）	-0.0003 （-0.3149）
FATA	0.0003*** （5.3821）	0.0004*** （6.0663）	0.0000 （0.4968）
INTA	0.0008*** （17.1449）	0.0003*** （10.0797）	-0.0004*** （-10.7909）
liq	-0.0014*** （-10.7701）	-0.0014*** （-18.5904）	0.0000 （0.1824）

续表

变量名称	（1） 净商业信用	（2） 上游商业信用	（3） 下游商业信用
变量符号	TC	Up_TC	Down_TC
GPM	0.0001^{***} （3.3578）	-0.0001^{***} （-4.5843）	-0.0002^{***} （-8.4874）
Growth	0.0000^{***} （3.3707）	0.0000^{***} （3.0287）	-0.0000 （-1.3915）
OCF	0.0005^{***} （8.2900）	0.0003^{***} （6.4082）	-0.0002^{***} （-4.4892）
EBIT	-0.0036^{***} （-3.2451）	-0.0010 （-0.9954）	0.0026^{***} （2.8185）
_cons	-0.2680^{***} （-9.0423）	-0.0614^{**} （-2.3589）	0.2066^{***} （7.1565）
个体固定效应	Yes	Yes	Yes
年份固定效应	Yes	Yes	Yes
样本量	28453	28453	28453
R^2	0.770	0.850	0.809

注：①括号中报告值是 T 统计量；② *、** 和 *** 分别表示在 10%、5% 和 1% 水平上显著。

5.7.3　安慰剂检验

使用安慰剂检验（placebo test）有两种方式，分别为替换处理组和假设政策起作用的虚拟时间。本研究采用前一种方式，即假设已实施强制性内部控制的企业未实施内部控制。因此，设随机扰动项 $\varepsilon_{i,t}=\beta\omega_{i,t}+\tilde{\varepsilon}$，使所有识别问题都来源于 $\omega_{i,t}$，如方程组（5-5）所示。

$$\begin{cases} cov（Treat\_Post_{i,t}, \omega_{i,t}|X_{i,t}）\neq 0 \\ cov（Treat\_Post_{i,t}, \tilde{\varepsilon}_{i,t}|X_{i,t}）= 0 \end{cases} \tag{5-5}$$

设估计值为：

$$\tilde{\tau}=\tau+\beta\delta \tag{5-6}$$

$$\delta=\frac{cov（Treat\_Post_{i,t}, \omega_{i,t}|X_{i,t}）}{var（Treat\_Post_{i,t}|X_{i,t}）}$$

若 $\beta\delta \neq 0$ 则 $\tilde{\tau} \neq \tau$，其中 $\omega_{i,t}$ 为假设存在的遗漏变量。

在本书研究期间的所有企业样本中，共有 28574 条观测值，其中有 3098 条合格担保品发行企业实施 MLF 担保品扩容的观测值。为了替换处理组，首先从 28574 条观测值中随机选取 3098 条，并将其设定为已实施 MLF 担保品扩容；其次将剩余的观测值设定为未实施 MLF 担保品扩容，即可得到虚拟变量 treat_post_random。因为“伪”处理组中的所有观测值都是随机生成的，并不符合真实情况，所以假设该虚拟变量对于原模型中因变量（TC）的回归结果不显著。同时，如果模型中不存在不可观测变量，那么基准回归模型中回归系数的 t 值应当落在 90% 估计范围以外。反之，如果 t 值落在 90% 估计范围以内，说明回归系数不显著，那么模型设定就存在识别偏误。

表 5-8 是回归 1000 次随机生成处理组虚拟变量的系数、标准差和 t 值的描述性统计。从均值可以看出，“伪”处理组虚拟变量（_b_random_treat_post）的系数均值约等于 0，与假设相符。

表 5-8　回归 1000 次随机生成处理组的系数描述性统计

变量	观测值	均值	标准差	最小值	最大值
_b_random_treat_post	1000	–0.000	0.002	–0.005	0.006
_se_random_treat_post	1000	0.002	0.000	0.002	0.002
tvalue	1000	–0.013	0.977	–3.111	3.146

图 5-4 是虚拟变量估计系数 t 值的核密度分布，从图中可以看出，基准回归模型回归系数的 t 值为 0.2098，且随机化后大部分系数的 p 值位于 Pvalue=0.1 线以上，说明大部分系数至少在 10% 水平上不显著。

综上所述，我们可以确定模型中 Treat_Post 对 TC 的影响不是由其他不可观测因素（或遗漏变量）推动的，估计结果并不存在严重偏误。通过该安慰剂检验，进一步排除了模型遗漏变量的可能，增加了所设定模型的准确性、全面性，保证基准模型回归结果真实可信，为实证过程增加了稳健性，进一步加强对本书假设的检验。

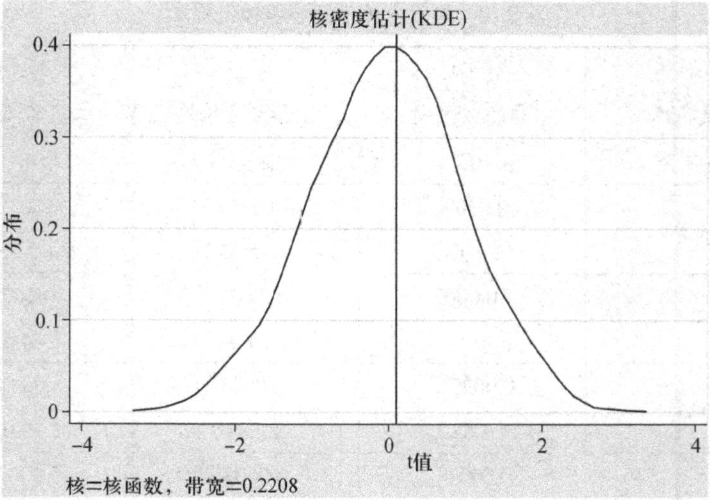

图 5-4　虚拟变量估计系数 t 值的核密度分布

5.7.4　剔除主体信用评级较低的企业样本

债券发行主体的信用评级与债券本身的债项评级相关程度较高，因此处理组的企业样本信用评级会相应高于对照组企业，从而产生企业自身信用状况对实验结论的内生性影响。为了排除该类问题、保持结论的稳健性，本书通过剔除信用评级较低的企业样本数据，缩小样本范围至主体信用评级不低于 AA+ 级的企业，重新进行回归分析，发现结果显著性和系数正负依旧保持一致和稳健，如表 5-9 所示。

5.7.5　替换商业信用变量定义

本书借鉴胡悦、吴文锋（2022）对商业信用融资的定义，更换被解释变量商业信用融资的衡量方式，具体公式如下：净商业信用（Credit）=[（应付账款 + 应付票据 + 预收账款）–（应收账款 + 应收票据 + 预付账款）] ÷ 总资产；上游商业信用（Up_Credit）=（应付账款 + 应付票据 + 预收账款）÷ 总资产；下游商业信用（Down_Credit）=（应收账款 + 应收票据 + 预付账款）÷ 总资产。将新指标代入模型（5-1）进行回归，结果如表 5-10 所示。可以看出，各变量回归系数均保持高度显著且与解释变量的相关关系正负不变，证明了原有实证结果的可靠性。

表 5-9 剔除主体信用评级较低样本

变量名称	(1) 净商业信用	(2) 上游商业信用	(3) 下游商业信用
变量符号	TC	Up_TC	Down_TC
Treat_Post	-0.0103*** (-7.13)	-0.0067*** (-5.63)	0.0035*** (2.75)
SI	-0.0002 (-0.12)	-0.0077*** (-4.44)	-0.0075*** (-4.42)
ROA	0.0023*** (2.62)	0.0023** (2.31)	-0.0000 (-0.03)
FATA	0.0001** (2.18)	0.0003*** (5.10)	0.0002*** (3.94)
INTA	0.0007*** (8.18)	0.0006*** (8.50)	-0.0001 (-1.52)
liq	-0.0007*** (-2.75)	0.0001 (0.67)	0.0008*** (4.41)
GPM	0.0001 (1.40)	-0.0001*** (-3.51)	-0.0002*** (-4.78)
Growth	0.0000*** (3.72)	0.0000*** (3.08)	-0.0000 (-1.21)
OCF	0.0008*** (7.92)	0.0004*** (5.28)	-0.0004*** (-4.16)
EBIT	-0.0026*** (-2.86)	-0.0007 (-0.67)	0.0020* (1.94)
lev	0.0009*** (10.62)	0.0016*** (14.81)	0.0008*** (10.64)
_cons	-0.0406 (-0.95)	0.1475*** (3.73)	0.1881*** (4.67)
个体固定效应	Yes	Yes	Yes
年份固定效应	Yes	Yes	Yes
样本量	13252	13252	13252
R^2	0.771	0.879	0.840

注：①括号中报告值是T统计量；②*、** 和 *** 分别表示在 10%、5% 和 1% 水平上显著。

表 5-10　替换变量定义检验

变量名称	（1） 净商业信用	（2） 上游商业信用	（3） 下游商业信用
变量符号	Credit	Up_Credit	Down_Credit
Treat_Post	-0.0059*** （-4.14）	-0.0034*** （-3.20）	0.0027** （2.23）
SI	0.0034** （2.19）	-0.0055*** （-3.77）	-0.0092*** （-6.93）
ROA	0.0056*** （4.53）	0.0061*** （5.36）	0.0000 （0.04）
FATA	0.0004*** （5.83）	0.0003*** （5.36）	-0.0001 （-1.50）
INTA	0.0015*** （26.35）	0.0008*** （19.39）	-0.0008*** （-14.91）
liq	-0.0022*** （-12.87）	-0.0014*** （-14.27）	0.0009*** （5.60）
GPM	0.0001** （2.22）	-0.0001*** （-4.18）	-0.0002*** （-6.85）
Growth	0.0000*** （2.69）	0.0000*** （3.47）	-0.0000 （-0.20）
OCF	0.0014*** （17.85）	0.0009*** （15.49）	-0.0005*** （-8.14）
EBIT	-0.0065*** （-4.93）	-0.0037*** （-3.05）	0.0033*** （3.35）
lev	0.0007*** （10.79）	0.0016*** （24.21）	0.0009*** （17.37）
_cons	-0.1589*** （-4.42）	0.1027*** （3.07）	0.2694*** （8.65）
个体固定效应	Yes	Yes	Yes
年份固定效应	Yes	Yes	Yes
样本量	28573	28573	28573
R^2	0.790	0.856	0.793

注：①括号中报告值是 T 统计量；② *、** 和 *** 分别表示在 10%、5% 和 1% 水平上显著。

5.8 研究结论与展望

本书基于中央银行于2018年6月实施的中期借贷便利工具（MLF）担保品扩容政策，以AA+、AA级公司信用类债券被纳入担保品范围的制度变化为抓手，利用政策实施范围仅限于银行间市场的准自然实验情境，构建了较为理想且合理的双重差分模型，从企业商业信用融资的渠道来研究扩容政策对微观经济的影响效应，同时检验了银行信贷融资在二者关系中所发挥的作用机制。实证分析发现：MLF扩容与企业净商业信用融资显著负相关，说明政策实施后合格担保品发行企业的商业信用融资在总量上呈下降趋势。为了探究其中的具体原因，我们将商业信用分解为上游商业信用获取和下游商业信用供给，发现主要是由于债券发行企业减少了向供应商获取的上游商业信用融资（应付项目），且为下游客户提供了更多的商业信用（应收项目）。这一现象主要来自宽松的货币政策环境下，商业银行等金融机构利用借贷便利工具创造了充分的流动性，并提供给拥有合格担保品的核心企业，帮助企业稳定债务结构、降低过度负债水平，减少商业信用的替代性融资。此外，也激励企业将更多的流动性通过商业信用再分配给未发行合格担保品的公司，更大程度、更大范围地缓解市场中融资约束企业的经营困境。本书的研究结果证实了中央银行对MLF担保品的扩容能够通过商业信用渠道发挥创新性货币政策工具的有效性，为央行担保品框架的进一步完善提供了有力的实证证据，并以此为启示，给出了减少企业“脱实向虚”行为、助力实体经济发展的对策建议。

一是应关注商业信用融资渠道的重要地位和实际作用，这对于引导企业互助互利、重视实体经济发展有着不可忽视的促进效应。正如欧洲中央银行所颁布的企业部门购买计划（CSPP）增加了企业部门所发行债券的直接购入，Todorov（2020）证实该政策也能够通过商业信用渠道，将非常规货币政策对市场的干预和刺激作用间接传递至未发行企业，放大了流动性通过生产网络对实体经济的传导作用。作为与银行贷款相互替代的商业信用融资，不仅能够发挥信贷融资对企业投融资活动的助力作用，而且还扮演着销售激励的角色，为企业密切贸易往来、做到“脱虚向实”提供了帮助，也有利于整个市场实体经济的高速发展。

二是应发挥创新型货币政策的针对性，加强基础货币的精准投放，营造真正宽松的货币政策环境和良好的市场预期。MLF 担保品扩容从实施范围上传递出了中央银行支持实体经济尤其是支持小微企业和民营企业的政策信号，也体现了传统货币政策所无法达到的精准传导机制。以中央银行信用为企业做担保，能够强化对政策直接相关企业的扶持，减少资源错配和大企业抢占红利的情况，增强中小企业发展信心和经济预期，深化对重点经济领域和薄弱环节的金融支持。

参考文献

[1] 陈国进，丁赛杰，赵向琴，等．中国绿色金融政策、融资成本与企业绿色转型——基于央行担保品政策视角[J]．金融研究，2021（12）：75–95.

[2] 邓伟，姜娜，宋敏．借贷便利创新工具改善了商业银行流动性创造吗[J]．国际金融研究，2022（7）：58–67.

[3] 邓伟，欧阳志刚，杨国超，等．中国借贷便利工具有效性研究——来自银行信贷投放的证据[J]．经济学（季刊），2022，22（6）：1957–1976.

[4] 邓伟，宋敏，刘敏．借贷便利创新工具有效影响了商业银行贷款利率吗[J]．金融研究，2021（11）：60–78.

[5] 符号亮，袁鲲．货币政策、融资约束与商业信用替代性——基于中国上市公司的经验证据[J]．经济体制改革，2021（5）：129–135.

[6] 郭晔，房芳．新型货币政策担保品框架的绿色效应[J]．金融研究，2021（1）：91–110.

[7] 何德旭，冯明．中国宏观融资结构的转型特征[J]．经济学动态，2021

（8）：17–32.

［8］胡奕明，王雪婷，张瑾．金融资产配置动机："蓄水池"或"替代"——来自中国上市公司的证据［J］．经济研究，2017，52（1）：181–194.

［9］胡悦，吴文锋．商业信用融资和我国企业债务的结构性问题［J］．经济学（季刊），2022，22（1）：257–280.

［10］黄振，郭晔．央行担保品框架、债券信用利差与企业融资成本［J］．经济研究，2021，56（1）：105–121.

［11］江伟，曾业勤．金融发展、产权性质与商业信用的信号传递作用［J］．金融研究，2013（6）：89–103.

［12］姜旭，金成晓．新型货币政策工具对中小微企业的普惠效应与影响机制［J］．财经科学，2022（7）：17–30.

［13］姜旭．央行借贷便利工具对商业银行效率的影响研究［J］．现代经济探讨，2022（9）：40–48.

［14］赖黎，唐芸茜，夏晓兰，等．董事高管责任保险降低了企业风险吗——基于短贷长投和信贷获取的视角［J］．管理世界，2019，35（10）：160–171.

［15］陆正飞，杨德明．商业信用：替代性融资，还是买方市场［J］．管理世界，2011（4）：6–14+45.

［16］彭兴韵．再贷款抵押品扩容的影响［J］．中国金融，2015（16）：45–47.

［17］石晓军，张顺明．商业信用、融资约束及效率影响［J］．经济研究，2010，45（1）：102–114.

［18］舒长江，罗梦婷．MLF 对小微企业融资约束的靶向调控效果［J］．金融论坛，2022，27（9）：50–59.

［19］段志明，等．中期政策利率传导机制研究——基于商业银行两部门决策模型的分析［J］．经济学（季刊），2017，16（1）：349–370.

［20］王少林，赖力琦．央行担保品框架扩容会影响短期企业债券信用利差吗［J］．金融与经济，2022（10）：16–25.

[21] 王永钦，吴娴. 中国创新型货币政策如何发挥作用：抵押品渠道 [J]. 经济研究，2019，54 (12): 86–101.

[22] 温忠麟，张雷，侯杰泰，等. 中介效应检验程序及其应用 [J]. 心理学报，2004 (5): 614–620.

[23] 余明桂，潘红波. 金融发展、商业信用与产品市场竞争 [J]. 管理世界，2010 (8): 117–129.

[24] 战明华. 金融摩擦、货币政策银行信贷渠道与信贷资源的产业间错配 [J]. 金融研究，2015，419 (5): 1–17.

[25] 张良. 货币政策视角下的商业信用动机与企业价值——来自中国 1991—2011 年上市公司的经验证据 [J]. 东南学术，2013 (4): 139–149.

[26] 张新民，王珏，祝继高. 市场地位、商业信用与企业经营性融资 [J]. 会计研究，2012 (8): 58–65+97.

[27] 周先平，陈明威，罗瑞丰. MLF 担保品范围扩大对银行流动性创造的影响 [J]. 金融理论探索，2022 (5): 20–34.

[28] Adelino M，Ferreira M A，Giannetti M，et al. Trade Credit and the Transmission of Unconventional Monetary Policy [J]. The Review of Financial Studies，2023，36 (2): 775–813.

[29] François Koulischer，Daan Struyven. Central Bank Liquidity Provision and Collateral Quality [J]. Journal of Banking and Finance，2014 (49): 113–130.

[30] Gao Yihong. Green Credit Policy and Trade Credit: Evidence from a Quasi-natural Experiment [J]. Finance Research Letters，2022 (50): 217–227.

[31] Gertler M L，Hubbard R G .Financial Factors in Business Fluctuations [R]. Papers，1988.

[32] Inessa Love，Lorenzo A. Preve & Virginia Sarria-Allende. Trade Credit and Bank Credit: Evidence from Recent Financial Crises [J]. Journal of Financial Economics，2005，83 (2): 453–469.

[33] Karamfil Todorov. Quantify the Quantitative Easing: Impact on Bonds and Corporate Debt Issuance [J]. Journal of Financial Economics, 2020, 135 (2): 340-358.

[34] Maria Psillaki, Konstantinos Eleftheriou. Trade Credit, Bank Credit, and Flight to Quality: Evidence from French SMEs [J]. Journal of Small Business Management, 2015, 53 (4): 1219-1240.

[35] Mitchell A Petersen, Raghuram G Rajan. Trade Credit: Theories and Evidence [J]. The Review of Financial Studies, 1997, 10 (3): 661-692.

[36] Oscar Arce, Sergio Mayordomo, Ricardo Gimeno. Making Room for the Needy: The Credit-Reallocation Effects of the ECB's Corporate QE [J]. SSRN Electronic Journal, 2017 (1): 1-39.

[37] Raymond Fisman, Inessa Love. Trade Credit, Financial Intermediary Development, and Industry Growth [J]. The Journal of Finance, 2003, 58 (1): 353-374.

[38] Raymond Fisman. Trade Credit and Productive Efficiency in Developing Countries [J]. World Development, 2001, 29 (2): 311-321.

[39] Robert A Schwartz. An Economic Model of Trade Credit [J]. Journal of Financial and Quantitative Analysis, 1974, 9 (4): 643-657.

[40] Robert Cull, Lixin Colin Xu, Tian Zhu. Formal Finance and Trade Credit During China's Transition [J]. Journal of Financial Intermediation, 2008, 18 (2): 173-192.

[41] Saibal Ghosh. Trade Credit, Bank Credit and Crisis: Some Empirical Evidence for India [J]. Margin: The Journal of Applied Economic Research, 2015, 9 (4): 333-361.

[42] Shehzad L Mian, Clifford W Smith. Extending Trade Credit and Financing Receivables [J]. Journal of Applied Corporate Finance, 1994, 7 (1):

169–190.

[43] Van Bekkum, Marc Gabarro, Rustom M. Irani. Does a Larger Menu Increase Appetite? Collateral Eligibility and Credit Supply [J]. The Review of Financial Studies, 2018, 31 (3): 943–979.

[44] Ying Ge, Jiaping Qiu. Financial Development, Bank Discrimination and Trade Credit [J]. Journal of Banking and Finance, 2006, 31 (2): 513–530.

第 6 章 供应链票据与普通商业信用的资金融通效率比较分析

6.1 研究背景及意义

中小企业是扩大就业和推动创新的主要力量，但由于信用市场上的信息不对称，融资困难已成为制约其发展的瓶颈。再加上中小企业的规模小、信用等级不高的特点，难以获得充足稳定的融资支持。此外，财务制度不健全，无法满足完整的信息披露条件，也使资金难以向中小企业流动。商业信用作为一种直接融资方式，使企业能够绕过金融机构来获取资金信贷。然而，普通商业信用也存在着不可避免的缺陷，如债务人不能及时清偿债务而占用债权人的资金、债务人通过向债权人转移运营风险从而提高坏账风险、债权债务关系较少渗透到供应链运营全过程，没有从供应链整体发展来构建等。

普通商业信用也是供应链票据发展的基础。近年来，随着全球经济的不断发展，供应链管理和融资需求不断增加，供应链票据作为一种特殊的融资工具逐渐受到了关注。自从 2020 年推出后，供应链票据承担起了应收账款票据化的任务，它让中小企业的融资渠道更加畅通，提高了企业供应链融资的可得性。随着我国供应链票据各项基础设施和法律体系的逐步完善，在政府和监管部门的大力支持下，供应链票据已成为目前票据创新的典范，并进入了高速发展阶段。

本书研究企业使用供应链票据融资是否效率更高，可以让企业正确认识自身，帮助企业选择更适合的融资方式，为融资决策提供参考，推动企业的健康发展。同时，也能够帮助更多的企业了解和使用供应链票据融资，从而发展高质量的票据业务，服务实体经济。

6.2　文献分析与概念界定

6.2.1　供应链金融及其融资方式

目前，学术界对供应链金融尚未形成统一定义。供应链金融从传统银行发展而来，为解决供货商和采购商之间的融资矛盾而产生。Hofmann（2005）厘清了物流、信息流和资金流的基本概念，提出了供应链金融的要素、范围和作用。

企业往往把更多的精力投入资金流动性管理上。在供应链金融模式下，企业在采购、生产、销售环节都有可能面临资金不足以应付当前现金缺口的情况。这种情况的时常发生会阻碍企业发展，降低整条供应链的生产效率，同时也影响了企业整体的竞争优势。因此，针对上述问题，金融机构细化设计出预付类、存货类、应收类三种不同的融资模式，每种融资模式还可划分为不同的业务模式，如图 6-1 所示。这些模式可以有效缓解供应链各个节点企业的融资困境，做到有的放矢。

（1）采购阶段：预付类融资模式

当企业无法支付预付款给上游供应商的款项时，预付款类融资模式就起到了作用。预付类融资模式使中小企业有充足的资金生产发展，减轻了企业全额支付货款所带来的压力，从而推动了企业现金流的良性循环。核心企业通过此方法从下游接收了大量的预收款，缓解了资金压力，提升了

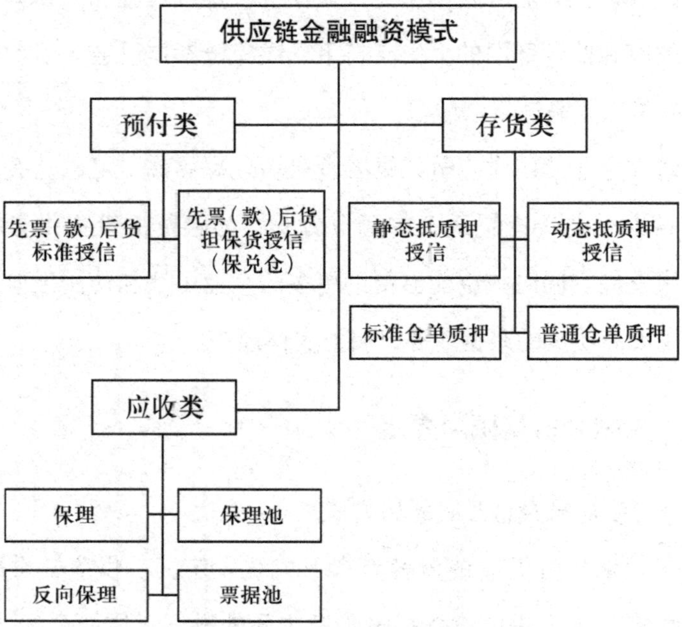

图 6-1　供应链金融业务模式

资金的流动性，同时也降低了交易的不确定性。对于银行而言，这将大大降低对中小企业贷款资质的审核成本，同时也减少了对中小企业授信的信贷风险。

（2）生产阶段：存货类融资模式

当产成品销售速度较慢时，大部分资产属于存货而非现金，这就会导致企业资金循环受阻。在这种情况下，可以采用存货类融资模式获得融资为企业注入活力。

该模式的优势在于物流企业可以对作为质押标的物的存货进行有效监管，同时对其进行价值评估和信用担保。中小企业可以借助物流企业的担保力量，使银行以往不愿接受的动产质押变成在银行的承受范围内，从而剔除掉银行评估、监管、拍卖存货等成本费用，持续提升自身的融资能力，以此得到现金流支持。

（3）销售阶段：应收类融资模式

无论是在传统的商业融资还是在供应链融资的过程中，应收账款融资都是一种比较常见的融资方式。当上游企业对下游提供赊销时，会造成销售款回收放缓或大量应收账款回收困难的情况，上游企业资金周转不畅，便出现阶段性的资金缺口，很可能会给企业的资金流造成某种程度的冲击，这时可以通过应收账款进行融资。

在一般情况下，银行是最主要的金融平台。但是对于供应链金融来说，只要企业取得了相应的保理资格，就可以进行担保。所以对于中小企业而言，应收类融资模式具有更高的效率和专业性，可以避免银行的烦琐程序。此外，供应链企业对业务的每一个环节都比较熟悉，所以在风险控制方面也有更强的针对性。

6.2.2　供应链票据研究现状与存在的问题

票据是供应链融资中应用最广泛的一种支付方式。它是一种扎根于贸易活动的传统金融工具，在推动企业汇兑、支付、结算方面，发挥着无可取代的作用。孔燕（2020）对票据在供应链金融中的应用进行了展望，提出票据是天然契合供应链发展的金融工具，在破解小微企业融资难方面具有独特优势。在我国经济发展速度减缓的环境下，许多中小企业采用了以信用为主要方式的赊销模式挽留客户或发展客户群。规模较为庞大的核心企业在供应链中具有竞争优势，而处于下游的中小型企业的处境则较为被动。此外，核心企业拖欠下游中小企业账款的情况屡屡出现，导致企业间的应收账款迅猛增长。

根据深圳发展银行与中欧工商管理学院“供应链金融”课题组（2019）共同做出的定义，票据池指的是银行或其他金融机构向企业提供票据托管、委托收款、背书转让、票据贴现和授信等一揽子结算与融资的票据集中管理服务。

对于企业而言，票据池业务将票据保管和票据托收等工作全部外包给银行，这样就降低了企业自行保管和到期托收票据的工作量，还能够实现票据拆分、票据合并、短票变长票等效果，解决了票据收付过程中期限和金额不匹配的问题。对于银行而言，通过票据的代保管服务，可以吸引票据到期后衍生的存款沉淀。

商业汇票的融资主要靠金融结构的贴现实现，而贴现作为一种信贷手段必然意味着国家的信贷投放，这不仅不能提高信贷资金的使用效率，还会增加供应链中应收账款的积压，资金无法真正流向供应链中的中小企业。

而标准化票据的诞生就是为了解决供应链中的应收账款难题，既可以不占用信贷，又能充分地调动社会资本，极大地提高资金的使用效率。但是在执行过程中不加以规范，可能会带来更大的系统性风险，尤其是在票据的发行阶段。只有基于真实的贸易、真实的供应链共生关系才是标准化票据健康发展，实现自身使命的保障。肖小和（2017）从票据市场的发展趋势出发，对供应链票据的应用场景和优点进行了简要剖析，并指出了票据业务发展创新可以进一步服务实体经济的作用。

段伟常和梁超杰（2015）认为，腾讯公司研发的“区块链＋供应链金融”的解决方案和新型票据模式的技术平台，是供应链票据平台的前身。债权凭证可以根据供应链的不同层次进行拆分和流转，在每一次流转中都可以对登记在其上的原始资产进行全面的溯源，从而实现了对多层次供应商的信用渗透。

彭景（2022）指出，供应链票据具有高效便捷、权责明确、参与门槛低等优势，是一种新型的金融工具。汤莹玮和吴小蒙（2019）研究表明，供应链票据流通支付可以有效降低供应链中的应收账款，从而达到优化企业财务状况的目的；供应链中的上游企业和下游企业可以共享核心企业的良好信用，而商业汇票则可以提供法律上的保证，对债权人的利益也有一定的保护。梁茵（2022）指出，供应链票据作为一种能够在企业间转让的直接债务融资工具，可为上下游的中小企业提供资金支持，从而缓解了企业的资金压力。在平台上可以实现票据的拆分支付、背书转让和融资变现。因此，供应链票据平台就成为标准化票据最适合的天然票据池。这个平台是供应链解决应收账款透明度和标准化的重要途径，支持供应链票据的持票企业通过标准化票据进行融资，鼓励符合条件的金融机构为持票企业提供标准化票据融资服务。

与此同时，其在发展过程中也暴露了以下几个方面的问题。

一是市场发展不充分。供应链票据所牵涉的主体非常多，它的发展与各个参与主体的积极参与密不可分。然而，当前只有很少几家企业能够接入供应链票据平台，同时，作为融资方的商业银行的覆盖面和参与度也很低。“类票据产品”的快速发展，在一定程度上对供应链票据的发展产生了替代效应，如果不能对其进行有效管理，很有可能会带来新的风险。

二是法律体系不完善。目前，我国关于供应链票据的法律体系还不完善，监管力度不够。对市场主体本身的管理方法和风险控制手段还不完善。尽管部分地区已有了相关的法律法规，但是仍然存在区域政策的管辖范围受限等问题。

供应链票据得以发展，在很大程度上与我国在票据立法上排除商业本票有关。《中华人民共和国票据法》第七十三条规定，“本票是出票人签发的，承诺自己在见票时无条件支付确定的金额给收款人或者持票人的票据。本法所称本票，是指银行本票。”商业本票作为一种纯粹融资性票据为现行法所否定，从而抑制了商业信用的发挥，限制了票据的融资功能。在利用商业本票进行融资时，债权人与债务人之间不需要存在真实的贸易背景。由于供应链票据的嵌入，使交易关系具有绝对的真实性，因此，供应链票据实质上是对商业承兑汇票的一种“返璞归真”。

目前供应链票据的研究主要集中在应收账款票据化、供应链票据支付作用上，而较少对供应链票据和普通商业信用融资效率进行深入的比较分析。因此，本书参考国内外研究成果并以供应链票据的融资效率为中心，对供应链票据的创新点、实践运用及存在的问题进行了探讨，并针对存在的问题提出了相关建议。

6.2.3 概念界定

关于融资效率的界定，学术界有不同的观点。Jensen 和 Meckling（1976）认为，最低成本的融资方式是最有效的。他们还提出了融资效率就是企业将不同方式所筹得的资金科学合理地使用在企业日常运作管理中的配置效率的论点。国内最早提出融资效率这一概念的是曾康霖（1993），但他并没有给出明确定义，只是指出融资方式的选择要考虑融资成本。徐勇和李军训（2012）把成本和风险作为投入，把价值作为产出，融资效率便是以最小化的成本和风险为企业融入资金，以实现最大化的功能和价值的能力。

结合前人对融资效率的定义，本章将融资效率界定为：企业通过不同的商业信用渠道（供应链票据、普通商业信用）以最低的成本融入资金并且运用这部分资金为企业带来最大效益的能力。

6.3 普通商业信用融资的分析

6.3.1 商业信用的发展概况

商业信用是指工商企业之间以赊账和预付方式买卖商品时提供的信用，它与商品生产和流通有着直接的关系，是买卖关系和借贷关系的统一，其具体形式包括商品赊购、赊销和分期付款等。在现代市场经济条件下，代表买卖双方债权债务关系凭证的商业票据是实现商业信用的主要工具。

商业信用是信用制度的基础，它能够弥补银行信用限制条件多、本息压力大、融资速度慢等缺点，在调节企业间资金余缺的同时，还将商流与资金流进行了分离，降低了企业对持有预防性现金的依赖，加快了商品的流通速度，扩大了再生产的能力，进而促进了经济的发展。现在，已经成为一种被广泛使用的短期直接融资工具（Lu 等，2019）。

商业信用融资的特点正好与中小企业融资期限短、频率高、金额少等特性相符合。灵活的协商形式和简单的办理手续可以为企业尽可能地节省营运资金，有效解决信息不对称问题，由此一来就能刺激企业生产与消费，加快资金运转。此外，中小企业采用商业信用也可以提高自身的信誉度，扩宽今后的融资渠道。

中国人民银行《2022 年金融市场运行情况》数据显示：商业汇票总量保持了较快增长，尤其是 2022 年签发票据的中小微企业有 21.3 万家，占全部签票企业的 94.5%；到 2022 年年底，商业汇票承兑余额为 19.1 万亿元，同比增长 15.2%，贴现余额为 13.0 万亿元，同比增长 29.1%，说明基于商业信用的汇票业务潜力巨大。

6.3.2　商业信用发展存在的问题

商业信用自身存在一定的局限性。首先，银行信贷额度是有限制的，企业所能提供的商业信用数量受其准备金数量和资本周转等因素的限制。其次，受商品使用价值流转方向的制约，产品只能由生产企业向销售企业提供。再次，商业票据的接受性有限，仅以贴现方式兑换为现金，才具有广泛的接受性。最后，信用链条的稳定性较差，一旦债务人经营不善或是没有按时履行合同，就有可能造成整个链条断裂，从而引起债务危机，对整个信用体系造成影响。

商业汇票是供应链产业链融资的重要渠道，但长期以来由于信用等级不高等原因，制约企业利用商业票据融资的难点仍然存在。第一，中小企业开票门槛较高。承兑环节要求企业缴纳全额保证金，银行很难对企业是否存在风险和是否具有真实交易背景进行衡量，导致支付流转功能较弱。第二，中小企业与银行联系不紧密，它们难以获得合理的贴现报价信息。在贴现环节，企业持票的票面金额通常较小且到期日分散，这些票据结构及特征导致企业不会选择商业票据融资。

6.4 供应链票据的融资分析

6.4.1 供应链票据的发展现状

票据作为一种根植于贸易活动的传统金融工具，在促进企业汇兑、支付、结算、融资等方面发挥着无可取代的作用。许多中小企业采用以信用为主要方式的赊销模式挽留客户或发展客户群。规模较为庞大的核心企业在供应链中具备竞争优势，而处于下游的中小型企业的处境则较为被动。此外，核心企业对下游中小企业的账款拖欠情况屡屡出现，这也导致企业间的应收账款迅猛增长。

针对此类问题，应收账款票据产品作为一种具备支付、融资及信用等功能特征并满足供应链上中小型企业需求的金融工具应运而生。作为推进应收账款票据化的一项重要举措，上海票据交易所于2020年4月依托于电子商业汇票系统建设开发的供应链票据平台正式上线运营。图6–2为供应链票据业务运行流程。

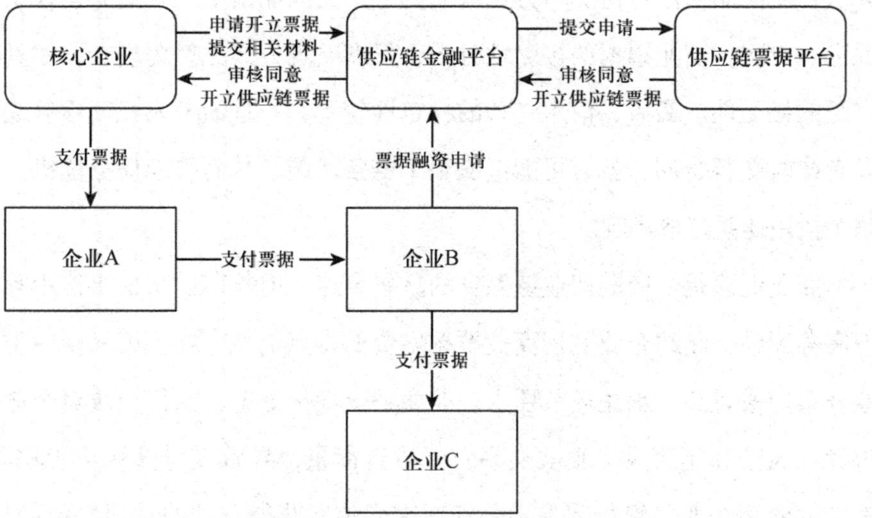

图6–2 供应链票据业务运行流程

6.4.2 供应链票据的特点

供应链票据主要具备以下几点创新之处。

（1）可等分精细化管理

供应链票据平台借助票交所的技术优势，将单张子票据的面值设定为0.01元，从而实现了供应链票据的“标准化”，可以将任意数额的子票据组成票据包流转，再拆分成任何金额再次流转，使企业的支付与流通变得更加灵活。传统票据无法实现部分金额转让，企业只能重新签发所需金额，而这些业务会耗费时间且收取较多的手续费。若换成供应链票据，票据包可以满足企业任意额度的支付需求，显著地提升了票据支付的便利性，提高了企业的资金周转效率。

（2）便捷可靠，透明度高

在不需要通过银行网银的情况下，企业可以直接利用供应链平台实现供应链票据的签发、承兑、背书流转和融资，相较于纸票而言归集更为简便，业务流程可进行追踪。

从核心企业的角度来看，以前开出的商业汇票等普通商业信用票据，在开出之后是无法了解去向的，只需要完成到期的兑付。如今，供应链票据开出后，企业可以了解票据兑付之前的全部流转途径和融资情况，这给核心企业带来了强大的驱动力，也有助于形成大、中、小微企业之间互利共赢的产业生态。从而进一步推动票据在供应链的场景化应用，提高企业办理票据业务的便利性和用票意愿。同时，应收账款的透明度和标准度也得到了改善，从源头上推动应收账款票据化。

（3）降低融资成本

在中小企业无法获得银行授信时，可借助票据附带的优质信用降低融资成本。供应链票据更容易获得金融机构的优惠融资价格，在供应链票据融资实践中通常贴现利率较同期贷款利率低100~150BP。同时，电子化信息允许金融机构运用科技手段审查并分析数据，降低人工成本。

尽管供应链票据的便捷性较一般商业汇票更好、支付更灵活、贸易真实性更高，但由于其实施时间尚短，制度尚不健全，因此还需要对潜在的风险进行防范。核心企业是整个供应链中最重要的一环，上下游企业的融资都依赖于核心企业的信用，一旦核心企业存在系统性风险，则上下游企业也不能幸免。同时，由于供应链票据全程采用电子化，与传统汇票签字确认、质押交付的方式有区别，更容易伪造虚假信息。

6.5 供应链票据与商业信用的关系

2022 年 11 月 11 日中国人民银行、中国银行保险监督管理委员会印发的《商业汇票承兑、贴现与再贴现管理办法》(〔2022〕第 4 号令）明确规定：供应链票据属于电子商业汇票，供应链票据与普通商业信用票据两者均属于供应链融资性质，区别有以下几点。

（1）运作模式不同

普通商业信用以上下游企业为发行主体，以提供融资服务的银行和其他金融机构为服务主体；供应链票据是一种以核心企业为发行主体，对上下游企业进行直接融资的方式。

（2）信息对称程度不同

很多企业通过虚假贸易、重复融资、偷梁换柱等形式骗取银行大量贷款，使银行失去了信心，因此使用普通商业信用贷款，需要银行逐笔审核，市场参与者对中小企业商票持敬而远之的态度；而在供应链票据模式下，核心企业与上下游客户长期合作，对其经营情况、信用水平、偿债能力非常了解（朱邑贤，2019)。

供应链票据是很好地解决单一企业难以获得资金的一种方法。以核心企业为依托，通过供应链上下游商品流、资金流、信息流降费增信，政府为银行提供背书，平台为保证风险控制提供技术支持，中小企业积极上报企业经营数据，三方合作，同时解决了中小微企业缺乏信用和担保物的问题，缓解融资难题，整个资金的闭环风险更加可控。

（3）用款企业资金来源不同

商业信用融资受到信贷规模等严格限制，不确定因素较多；而供应链票据资金最终来源于银行间的债券市场，稳定性、持续性更好，不确定性相对更小。

普通商业信用的票据与供应链票据的重要区别在于业务的接入机构不同。普通商业票据的接入机构主要为银行、财务公司等，同时提供了业务接入和资金结算接入两项服务，企业必须使用其在金融机构开立的银行结算账户开展票据的资金结算业务；而供应链票据的业务接入机构为供应链平台，金融机构则提供资金结算接入服务，企业可使用任一家金融机构开立的账户进行结算（虞小曼，2017）。

（4）资金协同方面不同

在传统的商业信用中，供应链上下游之间缺乏一种系统的联系，生产商、供应商、企业、分销商和终端消费者之间的数据信息是不透明的，各方面的协作效率都很低。相反，供应链票据可以提高协作效率，减少协作成本。供应链协同指的是以上下游企业之间相互协作为基础，在企业内部相互连通的情况下，将追求长远利益、深度合作和共赢作为最终目的，建立起一个良好的运作体系，用来清除供应链条中的障碍，确保投入产出的最大化。

“苏链通”是国内首家“票据 + 供应链”的产融结合生态平台，在一年多的试运行后，其为全国的核心企业和上下游中小企业提供了完整的融资信息服务。这个平台以票据和供应链的天然优势为基础，运用 AI、区块链、云计算、大数据等先进技术，为核心企业、持票企业、供应商、金融机构、社会资本量身定制专属解决方案，让金融不掉链，帮助区域经济健康、高质量、可持续发展。

6.6 供应链票据与商业信用的融资效率比较

影响供应链票据融资效率的因素有很多，本书在相关文献的基础上，总结归纳为内部和外部共5个因素。内部因素主要包括供应链稳定性、周转时间和票据信用风险，外部因素主要包括市场流动性、金融机构支持程度，如图6–3所示。

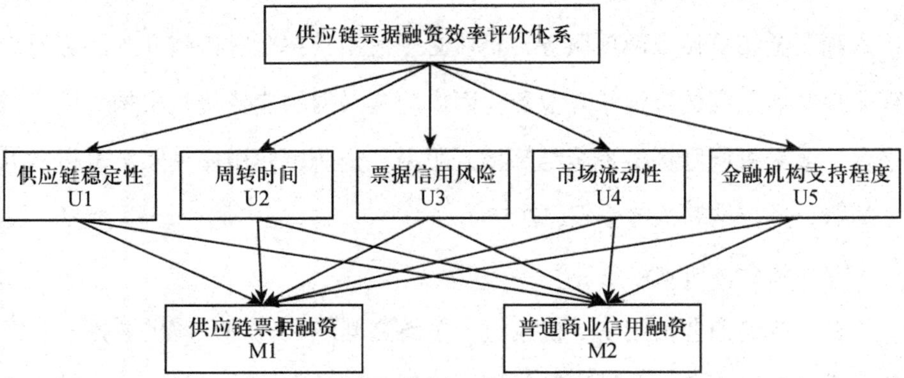

图6–3 中小企业融资效率评价体系

（1）供应链稳定性

供应链中各个环节之间的协调稳定十分重要。如果供应、生产、销售、物流各个环节之间的协调不够紧密，不能稳定运营或财务状况不良，那么可能会出现业务中断或延误等问题，进而提高风险水平，降低融资效率。

（2）周转时间

周转时间是指供应链上各个环节完成业务的时间。如果供应链上的企业完成业务的时间较长，那么整个供应链的周转时间也会相应延长。在这种情况下，供应链票据的融资效率可能会受到影响，因为票据到期日的到来可能需要更长的时间。如果供应商缩短交货时间，生产商缩短生产周期，销售商缩短销售周期等，那么整个供应链的周转时间会相应缩短，从而有助于提高供应链票据的融资效率。

（3）票据信用风险

票据信用风险是指票据背书人或承兑人不能按时兑付票据的风险。如果企业资金流不稳定，可能会导致票据无法按时兑付，降低票据的信用等级，票据信用风险的存在会对供应链票据融资效率产生不利影响。

银行或金融机构在融资前会对票据的信用风险进行评估，如果风险较高，融资成本会相应提高，融资规模会相应地受到限制，这将降低供应链票据的融资效率。

（4）市场流动性

市场流动性是指供应链票据流通市场的发展程度，即票据快速转化为现金的能力。流通市场的发展程度越高，市场流动性越好，企业更容易购买供应链票据，银行或金融机构可以更快速地将融资资金贴现，从而缩短融资周期，提高融资效率。

（5）金融机构支持程度

金融机构在票据融资中发挥着重要作用。金融机构的支持程度越高，供应链票据的融资效率也会更高。金融机构如果对供应链票据融资业务持支持态度，他们将帮助企业获得更多的资金，降低利率或减少手续费，满足企业的经营需求，提高融资规模，从而提高供应链票据的融资效率。另外，政策环境、利率水平也是决定融资效率的重要因素。

基于上述理论分析，本书提出以下假设：

供应链票据的融资效率高于普通商业信用的融资效率。

本章解释了供应链票据的相关概念和特点，如表 6–1 所示。

表 6-1　供应链票据与普通商业汇票特点对比

	供应链票据	普通商业汇票
适用法律	法定票据，受《中华人民共和国票据法》约束	非法定票据，受《中华人民共和国民法典》约束
是否可分	可任意拆分，支付任何金额	可等分，只能支付票面面额
票据形式	电子商业汇票	纸质票据、电子票据
开票流程	供应链平台开立账户直接签发	通过银行网银票据系统签发
信息披露	供应链平台一次披露	各个银行分别披露

6.7　模型构建与实证分析

由于我国很多中小企业没有上市，缺乏公开的财务资料，难以直接了解企业融资的实际体量和供应链票据业务的占比，很难收集到所需数据，因此利用模糊综合评价法进行相关分析。

相较于传统的财务指标衡量效率的方法而言，数学模型能更好地衡量融资效率。数据包络分析法（DEA）对企业效率的评价比较全面，目前基于此方法进行融资效率评价是学术界的普遍做法。但效率的评价指标具有模糊性，即评价指标的选取带有主观性，客观上不能通过精确的数学方法取得结果，因此本书选择应用模糊综合评价法研究。

模糊综合评价法由 Zadeh（1965）提出，应用模糊关系合成的原理，将一些边界不清、不易定量的因素定量化。此方法根据模糊数学中隶属度理论，对评价对象进行优先排序，把受到多种因素制约的评价对象由定性评价转化为定量评价，对效率表现进行量化评判。

6.7.1　模糊综合评价模型构建

建立评价指标因素集和评价等级备择集。评价因素集是影响融资效率的各种因素的集合，用 U 表示：

设 $U=\{u_1, u_2, u_i, \cdots, u_m\}$

其中，u_i 为第 i 个影响因素，m 为影响融资效率因素的个数。本书选取供应链稳定性（u_1）、周转时间（u_2）、票据信用风险（u_3）、市场流动性（u_4）和金融机构支持程度（u_5）五个指标进行评价。

备择集刻画每个因素指标所处状态，即企业融资效率影响因素可能的评价结果，用 V 表示：

设 $V=\{v_1, v_2, v_i, \cdots, v_n\}$

其中，v_i 为第 i 个评价等级，n 为评价的总个数。为了使评价简洁、直观，因此只选择三个评价等级建立备择集，V={ 高，一般，低 }。

6.7.2　构造单因素模糊评价矩阵和建立权重集

单独从一个因素评价，以确定融资效率对集合 V 的隶属程度的过程称为单因素模糊评价。设融资效率对集合 U 中的第 i 个元素 u_i 进行评价，对集合 V 中第 j 个元素 v_j 的隶属度（可能性程度）r_{ij}，得出单因素指标评价集：

$$r_i=(r_{i1}, r_{i2}, \cdots, r_{in})$$

归一化满足 $\sum_{j=1}^{n} r_{ij}=1$,（i=1，2，⋯，m）

对所有因素分别进行评价，得到总评价矩阵 R：

$$R=\begin{bmatrix} R_1 \\ R_2 \\ \vdots \\ R_m \end{bmatrix}=\begin{bmatrix} r_{11} & r_{12} & \cdots & r_{1n} \\ r_{21} & r_{22} & \cdots & r_{2n} \\ \vdots & \vdots & \vdots & \vdots \\ r_{m1} & r_{m2} & \cdots & r_{mn} \end{bmatrix}$$

R 称为单因素评价矩阵，即集合 U 和集合 V 之间的一种模糊关系，是人们价值观念或偏好结构的反映。

但是，此矩阵尚不足以对事物做出评价，各个评价指标对融资效率的影响力不同，为反映各因素不同的重要程度，对各因素 u_i 分配一个对应的权数 a_i，i=1，2，⋯，m，其中 $\Sigma a_i>0$ 且 $a_i=1$。权重集 A 为 U 上的一个模糊子集。

$$A=\{a_1, a_2, \cdots, a_m\}$$

本章根据前文对融资效率影响因素的概述，并制作专家打分问卷（肖小和，2017）。专家将根据自己的看法和经验对每种融资方式进行认定并在每张评价表上的对应等级处打勾，将上述不同融资方式下融资效率的不同隶属度进行总结，如表 6–2 所示。

表 6–2　专家打分问卷

因素指标	供应链票据融资效率			普通商业信用融资效率		
隶属度	高	一般	低	高	一般	低
供应链稳定性	0.5	0.1	0.4	0.6	0.4	0
周转时间	0.2	0.5	0.3	0.2	0.1	0.7
票据信用风险	0.5	0.3	0.2	0.4	0.2	0.4
市场流动性	0.3	0.4	0.3	0.3	0.2	0.5
金融机构支持程度	0.3	0.3	0.4	0.2	0.3	0.5

通过 SPSS 进行可靠性分析，随机抽取五个问题运行 Alpha 模型，检验问卷的信度。从可靠性统计表格得出问卷的克隆巴赫系数为 0.840，具有较好的信度，如表 6–3 和表 6–4 所示。

表 6–3　个案处理摘要

个案	数字	%
有效	10	100
除外	0	0
总计	10	100

注：除外基于过程中所有变量的成列删除。

表 6–4　可靠性统计

克隆巴赫系数	项数
0.840	5

6.7.3　模糊结果合成和分析

引入 V 上的一个模糊子集 B，$B=(b_1, b_2, \cdots, b_n)$，令 $B=A \bigcirc R$（○为模糊算子），本书选择○为（●，⊕）算子，即先相乘后相加的加权平均模糊变换算法计算。

为简便运算，假定 A=（0.30，0.25，0.20，0.15，0.10）。同时得出两种不同融资方式的单因素评价矩阵：

$$R_{供应链票据}=\begin{bmatrix}0.5 & 0.1 & 0.4\\0.2 & 0.5 & 0.3\\0.5 & 0.3 & 0.2\\0.3 & 0.4 & 0.3\\0.3 & 0.3 & 0.4\end{bmatrix}\quad R_{商业信用}=\begin{bmatrix}0.6 & 0.4 & 0\\0.2 & 0.1 & 0.7\\0.4 & 0.2 & 0.4\\0.3 & 0.2 & 0.5\\0.2 & 0.3 & 0.5\end{bmatrix}$$

将所得的单因素评价矩阵分别与权重集进行模糊变化计算，得到模糊综合评价模型：

$$B_{供应链票据}=A\bigcirc R_{供应链票据}$$

$$=(0.30,\ 0.25,\ 0.20,\ 0.15,\ 0.10)\bigcirc\begin{bmatrix}0.5 & 0.1 & 0.4\\0.2 & 0.5 & 0.3\\0.5 & 0.3 & 0.2\\0.3 & 0.4 & 0.3\\0.3 & 0.3 & 0.4\end{bmatrix}$$

$$=(0.375,\ 0.305,\ 0.32)$$

上述结果表明，在中小企业融资过程中，有 37.5% 的企业认为采用供应链票据的融资效率高，反之有 32% 的企业认为其效率低。同理，有 37.5% 的企业认为普通商业信用的融资效率高，而有 38% 的企业认为其效率低。

由于百分比相差不大，为了使评判结果更加符合实际，赋予融资效率高、一般、低三个等级参数向量 C=（5，3，1）。分别对得到的融资效率评判向量进行反模糊化处理，得出参数评判结果 B×C=p。

$$p_{供应链票据}=(0.375,\ 0.305,\ 0.32)\times\begin{bmatrix}5\\3\\1\end{bmatrix}=3.11$$

$$p_{商业信用}=(0.375,\ 0.245,\ 0.38)\times\begin{bmatrix}5\\3\\1\end{bmatrix}=2.99$$

根据综合评价的结果，将两种融资方式排序，可以发现供应链票据融资效率大于普通商业信用融资效率。从评判结果来看，中小企业在规模和资金有限的情况下应该首选供应链票据融资。但是由于各种限制，对于某些未接入供应链平台或不了解供应链票据的企业来说，使用供应链票据的融资能力是极其有限的．因此两种方式的得分相差不大。

本部分实证主要选取10位专家打分的量表数据进行模糊综合评价分析，通过SPSS可靠性分析确认了本量表信度有效，利用MCE建立模型，最终得出了供应链票据的融资效率更高的结论。

参考文献

[1] 董杰，张政国，郭映江．供应链票据性质分析及风险防范［J］．交通财会，2022（5）：57–61.

[2] 段伟常，梁超杰．深圳供应链产业发展研究［J］．物流技术，2015，34（15）：224–227.

[3] 葛春蕾．中小企业供应链金融模式的创新研究——以上海票交所供应链票据平台为例［J］．投资与合作，2023（1）：4–6.

[4] 桂睎．票据产品在供应链金融中的应用［J］．今日财富，2019（3）：107–108.

[5] 蓝天旻．供应链票据模式下的中小企业融资研究［J］．上海金融，2015（9）：100–103.

[6] 雷鸣．我国上市公司商业信用影响因素的实证研究［D］．武汉：华中科技大学，2007.

[7] 梁茵．简单汇平台供应链票据业务发展动因及成效研究［D］．广州：广东工业大学，2022.

[8] 刘志新．供应链票据及对供应链金融发展的作用和影响［J］．航空财会，2021，3（5）：16–20.

[9] 彭景．票据创新产品支持供应链金融的研究［D］．南昌：江西财经大学，2022（13）：58.

[10] 深圳发展银行—中欧国际工商学院“供应链金融”课题组 . 供应链金融：新经济下的新金融 [M] . 上海：上海远东出版社，2019.
[11] 汤莹玮，吴小蒙 . 商票在供应链金融中的应用 [J] . 中国金融，2019（5）：86–87.
[12] 童泽恒，陈佳 . 传递商业信用，赋能中小企业——供应链票据发展渐入快车道 [J] . 科技与金融，2022（5）：61–66.
[13] 邬树波 . 中小企业商业信用融资影响因素实证分析 [D] . 广州：暨南大学，2009.
[14] 肖小和，木之渔 . 供应链票据：发展供应链金融的理想之选 [J] . 现代商业银行，2021（19）：42–46.
[15] 肖小和 . 新时代中国票据业务发展创新的探索与展望 [J] . 金融与经济，2017（12）：4–13.
[16] 徐勇，李军训 . 中小企业融资效率研究述评 [J] . 中国证券期货，2012（6）：210.
[17] 易文家 . 供应链金融服务中小企业发展研究——基于供应链票据的视角 [J] . 上海立信会计金融学院学报，2021，33（1）：57–66.
[18] 孔燕 . 深化票据在供应链金融中的应用 [J] . 金融市场研究，2020（11）：2–7.
[19] 于红霞 . 我国中小企业融资环境下的融资战略构想 [J] . 时代金融，2009（4）：90–92.
[20] 虞小曼 . 小微企业融资效率评价研究 [D] . 南京：南京工业大学，2017.
[21] 曾康霖 . 怎样看待直接融资与间接融资 [J] . 金融研究，1993（10）：7–11.
[22] 张晨 . 我国中小航运企业融资效率研究 [D] . 哈尔滨：哈尔滨工程大学，2010.
[23] 张嘉琪 .“互联网 +”下核心企业主导的供应链融资模式及效果研究

[D]. 兰州：甘肃政法大学，2022.

[24] 章玲. 基于融资效率的中小企业融资模式评价研究[D]. 长沙：中南大学，2014.

[25] 朱邑贤. 企业信用对上市公司融资效率影响的实证研究[D]. 杭州：浙江财经大学，2019.

[26] Jensen Michael C，Meckling William H. Theory of the Firm：Managerial Behavior，Agency Costs and Ownership Structure [J]. Journal of Financial Economics，1976，3（4）：305–360.

[27] L A Zadeh. Fuzzy Sets [J]. Information and Control，1965，8（3）：338–353.

[28] Nina Yan，Xiuli He，Ye Liu. Financing the Capital–Constrained Supply Chain With Loss Aversion：Supplier Finance Vs. Supplier Investment [J]. Omega，2019（88）：162–178.

[29] Qihui Lu，Jian Gu，Jiazhou Huang. Supply Chain Finance with Partial Credit Guarantee Provided by a Third–Party or a Supplier [J]. Computers & Industrial Engineering，2019（135）：440–455.

第7章 供应链票据资金融通效率的案例分析

7.1 中国票据市场发展状况

自2022年以来，全球经济增长放缓，通货膨胀率持续攀升，美联储的强劲货币政策引发了全球连锁反应，大多数发达经济体被迫跟进加息，加剧了全球经济的下行压力。2022年以来，我国票据市场发展取得了一些新成就，为支持实体经济平稳运行、支持金融调控、降低企业融资成本等发挥了重要的作用。

截至2022年10月底，票据融资余额为12.54亿元，同比上升35.06%；票据融资余额占对公贷款余额的比例为9.12%，较2021年同期增长了1.48个百分点；票据融资余额占短期贷款余额的比例为33.58%，同比增长了6.58个百分点。

为了不断发展和完善票据市场，我国出台了一系列紧密贴合实际的新办法。2022年11月，中国人民银行和中国银行保险监督管理委员会联合发布了《商业汇票承兑、贴现与再贴现管理办法》，重新定义了商业汇票的内涵及期限，明确总体风险管理框架及内容，明确基础设施、电票及供应链票据的定位，拓宽了票据发展空间，回归真实交易。为适应新办法的出台，各参与主体积极制定并完善了相关制度、办法和流程，使票据业务的操作性、适用性、规范性得到加强。

7.2 我国供应链票据发展状况

近年来，供应链金融平台积极应用金融科技，在《中华人民共和国民法典》体系下创新设立应收账款电子凭证产品，实现应收账款在线规范确权、灵活拆分、流转融资和贸易背景核验等功能，形成了对商业票据的产品优势，市场规模快速发展，成为供应链金融的重要产品创新。在上述背景下，上海票据交易所自成立以来，通过制度建设和系统建设，重构了票据市场的生态环境，推动票据市场从区域分割、信息不透明、以纸质票据和线下操作为主的传统市场向全国统一、安全高效、电子化的现代市场转型，为深化票据在供应链金融中的应用、推广供应链票据奠定了坚实的基础。

供应链票据本质上是电子商业汇票，借助于电子商业汇票系统（ECDS）来运行，为企业提供出票、承兑、背书、质押、保证、贴现、存托、交易、到期处理、信息服务等商业汇票全生命周期电子化服务，支持金融机构通过贴现、标准化票据等方式为企业融资。其特点在于将票据嵌入供应链场景，整合上下游企业间的物流、信息流、资金流等，使供应链场景下企业间的交易关系更加清晰，供应链票据更容易以优惠的价格获得融资，提高企业融资可得性。

当前，供应链票据已实现签发、流转、保证、贴现、转贴现和到期处理等全流程的线上化。第一层是供应链平台对接上下游实体企业，第二层是供应链平台接入票交所供应链票据平台。2021 年实现了平台升级，依托上海票据交易所解决并实现了全国统一归口和跨平台流转。第一批接入的供应链平台包括中企云链、欧冶金服、简单汇和互联网金融协会，涉及零售、信息、制造、化工、农业、医药等行业。

7.3　供应链票据产品介绍

7.3.1　供应链票据的运作流程

一是企业信息注册登记。企业通过供应链平台在供应链票据平台上进行信息注册登记，票交所依托企业信息库进行核验后完成登记。各供应链平台依托其风控机制对企业身份的真实性和有效性进行认证。二是票据等分化签发和流转。当企业间因交易行为形成应收应付关系时，可以直接在供应链票据平台上完成票据的签发和流转。三是票据质押融资和贴现。金融机构可以通过供应链票据平台开展供应链票据质押融资和贴现业务，为企业提供融资。四是交易功能。供应链票据贴现后，可以在银行间市场开展票据转贴现、回购交易和再贴现，进一步提高供应链票据的流动性。五是到期处理。供应链票据到期后，供应链票据平台会自动代持票人发起提示付款，承兑人通过开户机构线上划付资金完成票据结清。

7.3.2　供应链票据的特点

（1）票据嵌入供应链场景

在互联网、大数据、物联网等技术日新月异的数字经济时代，供应链产业链逐步呈现生态化、多元化特点，企业价值创造模式向链条式、网络化转变。供应链票据较好地契合了纵横交错的供应链场景需求。除了具备传统票据的特点以外，供应链票据还实现了等分化签发，如果企业通过供应链票据平台签发1万元票据，实质上是签发了100万张的0.01元供应链票据组成的票据包，从而满足票据任意金额流转和融资的需求，大大提高了企业用票的灵活性，解决了企业持票金额与付款金额不匹配的痛点。截至2022年9月末，供应链票据的出票企业一半以上为中小微、绿色、涉农、科技企业，所属行业覆盖制造业、建筑业、批发和零售业、租赁和商业服务业、科学研究和技术服务业。

（2）信息透明度得到提升，提高中小微企业融资可得性

商业承兑汇票在破解中小微企业融资难方面具有独特优势，但受到信息不对称、交易背景真实性难核验等因素的影响，与银行承兑汇票相比，在流动性和认可度等方面都存在明显的劣势。供应链票据通过引入供应链平台作为信息中介，并运用技术手段将供应链上下游企业之间的商流、物流、信息流、资金流等信息进行整合，形成信息“四流合一”的全产业链生态服务闭环，不仅有效弱化了信息不对称，能够更为直观、透明地反映出企业之间的真实交易关系，而且有助于畅通供应链票据流转，提升企业票据融资的便利性和可得性。截至2022年9月底，供应链票据贴现量和承兑量的比值为70%，较同期商业承兑汇票贴现与承兑比值高近40个百分点。

（3）实现更便捷的信用传递，助力中小微企业融资

供应链票据可以有效地促进链上优质企业的信用传递。当供应链中的核心企业签发票据时，可以将其信用传导至产业链末端的长尾客户，从而使链上的小微企业可以分享核心企业的优质信用。经过核心企业信用背书的票据，更易于被其他企业接受，促进上下游企业之间的账期衔接，帮助企业获得更为优惠的融资。同时，基于供应链票据信息更为透明的优势，金融机构在为供应链票据办理贴现时，可以更加关注承兑人信用，提高贴现环节审核效率，促进小额票据贴现融资。

（4）强化科技赋能

供应链票据的金融科技含量十足，不仅其生命周期均通过信息系统实现，而且可以线上进行等分化操作，提升了金融科技服务的广度与深度。

7.3.3　供应链票据的作用

（1）完善企业支付与融资环境

供应链票据将供应链与票据有机结合，并具备等分化特性，便利了链内企业日常支付与融资需求，为供应链资金流、信息流、物流的集中、有序结合创造了条件。

（2）助力商业信用体系发展

我国商业信用体系发展较为缓慢，总体规模相对较小。从本质上看，供应链票据由企业承兑，属于商业信用范畴，大力推广供应链票据业务有利于我国商业信用体系的成长。

（3）缓解中小企业融资难、融资贵问题

供应链票据具备供应链金融的特点，链内中小企业可分享核心企业信用，供应链票据更容易获得金融机构的融资及优惠价格。

（4）推动票据市场高质量发展

一方面，发展供应链票据可以加快票据市场基础设施建设，完善管理政策，提升市场运行质量；另一方面，供应链票据直接嵌入供应链，更贴近企业生产经营，利于创新更多满足企业需求的票据产品。

7.3.4　票据法新规下的供应链票据

2022年11月，中国人民银行、中国银行保险监督管理委员会正式发布了《商业汇票承兑、贴现与再贴现管理办法》（以下简称票据新规），自2023年1月1日起实施。这是对1997版《商业汇票承兑、贴现与再贴现管理暂行办法》（银发〔1997〕216号）的重大变革，针对我国近年来票据业务取得的经验及出现的新问题进行了有针对性的法规修订和明确。这次修订对供应链票据的影响主要体现在以下几个方面。

（1）对商业汇票重新做出了概念和类型的定义

商业汇票的三大类型为银行承兑汇票、财务公司承兑汇票、商业承兑汇票三大类型，在形式上表现为纸质和电子，同样具有法律效应。

（2）规范了电子商业汇票办理的信息平台与披露要求

电子汇票相关业务应当通过中国人民银行认可的票据市场基础设施办理。上海票据交易所提供信息披露查询功能。这就代表着商业汇票业务不仅拥有了明确的信息披露平台，还极大地方便了投资者、企业和社会各界进行公告查阅。透明、便捷的信息平台会在很大程度上提高承兑违约成本，杜绝虚假票据和伪造背书等行为，进一步提高了票据的可信度，能够吸引更多企业选择供应链票据。

（3）明确了供应链票据属于电子商业汇票

这是《商业汇票承兑、贴现与再贴现管理办法》最重大的变化之一，为供应链票据未来成为商业汇票的主力军奠定了法律基础，应收账款证券化的序幕就此拉开。

7.4 供应链票据的资金融通效率分析

7.4.1 资金融通效率

企业的资金融通效率从资金可得性角度来看，可定义为企业获得资金的能力、成本及风险；从经济效率的角度来看，企业的资金融通效率不仅代表着资金获取能力，还与资金利用能力相关，因此，企业融资效率涵盖资金融入效率与资金使用效率。企业融资是宏观上的资金资源配置与微观上的资金资源利用的全过程，至此，企业才完成了融资活动。伍装（2006）通过比较股权、债权、内源三种不同的融资方式，运用评价矩阵对中小企业融资效率进行了评价，主要指标包括资金的可获得性、资金财务成本、资金利用率、资金的清偿力、融资机制的规范程度、融资主体的自由程度。

常见的能反映企业获取资金能力、成本、风险的具体财务指标如下：资产总额，是企业的经营规模和经济实力的体现，进而影响企业的融资规模和资金可得性；资产负债率，反映债权人提供的资产占企业全部资产的比例，从中可以体现融资结构与企业举债经营能力，债权人可以据此判断融资风险；主营业务成本，计算了企业一定时期内发生的经营性活动的直接成本，融资资金的使用可以在此体现。除此之外，融资资金为企业创造价值的能力体现在以下几个指标：净资产利润率，衡量的是企业的盈利能力，体现了企业运用融资资金获得利润的水平；营业收入增长率，反映了企业经营水平，可据此考察融资资金的使用情况，通常，大于零的营业收入增长率的企业在增强市场占有率方面存在优势，但在实际分析时需要结合市场情况及企业历年数据综合考虑；总资产周转率，用于评价企业所有资产的利用效率，总资产周转率越高说明销售产品和服务的速度越快，企业的营运能力越强。

除了财务指标，由经济学家 James Tobin 提出的市场价值指标托宾 Q 值也常常被应用。托宾 Q 值是公司的市场价值对其资产重置成本的比率，当托宾 Q 值大于 1 时，企业的市场价值大于其重置成本，表明上市企业利用投入的资产有效率地创造了高于成本的价值，融资资金的使用效率较高，当托宾 Q 值小于 1 时，反之。在实际中，由于股票市场特殊的投机性，股票价格是否真实准确地反映了企业价值仍有待商榷。

美国学者 Stern Stewart 于 1993 年提出的 EVA 评价法（Economic Value Added），相较于传统的财务指标及市场指标能更准确地降低衡量融资资金使用效率的偏差。经济增加值（EVA）的定义是调整后税后净利润扣除该企业全部投入资本成本后的余额。

7.4.2　供应链票据的资金融通效率

供应链票据对资金融通效率产生影响可以从以下几个维度进行解读：融资成本、融资收益及融资风险。从融资成本的角度出发，供应链逐渐去中心化，核心企业通常具有较高的信用与较好的经营利润水平，核心企业的信贷额度普惠到中小企业，使链条上的其他企业能享受到大企业背书的信用，完善了整个链条上的生态。由于较为可靠的信用程度，金融机构更愿意以比贷款等其他融资方式更低的利率为企业提供融资，使企业的融资成本明显降低。随着供应链长期合作关系的形成，链上各企业之间的物流、信息流、资金流共享程度提升，逐渐形成稳定的信息和资金来源，同时，供应链票据凭借流转速度快、任意等分化等优势在促进企业提高融入资金的使用效率、提升企业营运能力、提高收益方面起到了积极的作用。

依托于供应链金融科技的发展、走向公开透明的信息披露平台及逐渐规范的商业信用评级，承兑人需要在票交所的信息披露平台公开票据承兑相关信息，使企业提高对票据承兑的关注程度，以票据代替部分应收账款能够降低企业坏账率。供应链票据的现金流向能够实现有效追踪，使票据的违约情况得以有效控制，有利于融资风险的降低。

7.5 供应链票据的资金融通案例分析

7.5.1 招商银行供应链票据案例

（1）招商银行票据业务发展状况简介

招商银行作为我国首家完全由企业法人持股的股份制商业银行、第一批金融改革试点银行，在30多年的发展历程中已形成了拥有多项业务、沪港两地上市、全球市场影响力的银行集团。招商银行的票据业务位居市场前列，且在票据创新组织中发挥着活跃作用。2017年，上海票据交易所联合招商银行等5家银行成立了中国票据研究中心，2020年招商银行成为上海票据交易所供应链票据产品——“票付通”和“贴现通”的首批试点银行之一，2022年作为首批试点成员接入了票据等分化全面升级的票据业务新系统。在上海票据交易所的内部单位评选中，招商银行凭借前瞻性思维和创新能力多次获得优秀交易商、优秀市场机构等多项奖项。

如图7–1所示，2016—2019年，招商银行票据承兑余额处于平稳的阶段，且票据承兑余额一直大于票据贴现余额，两者之间存在着不小的差距，而票据贴现余额在2017年经历了小幅度的下跌之后一直处于较快速度的增长。自2020年票据贴现余额首次超过票据承兑余额以后，后续两年票据贴现余额一直高于票据承兑余额。2020年，在经营和融资的危机下，中小企业产生了比以往更强烈的融资需求。同年，国家相关部门针对中小企业出台了一系列减税降费的支持政策，招商银行响应国家号召，帮助大量中小企业缓解了融资问题。上海票据交易所等八部门联合针对供应链金融的发文也是票据的一重大事件，是票据融资业务量一路增长的又一个原因。

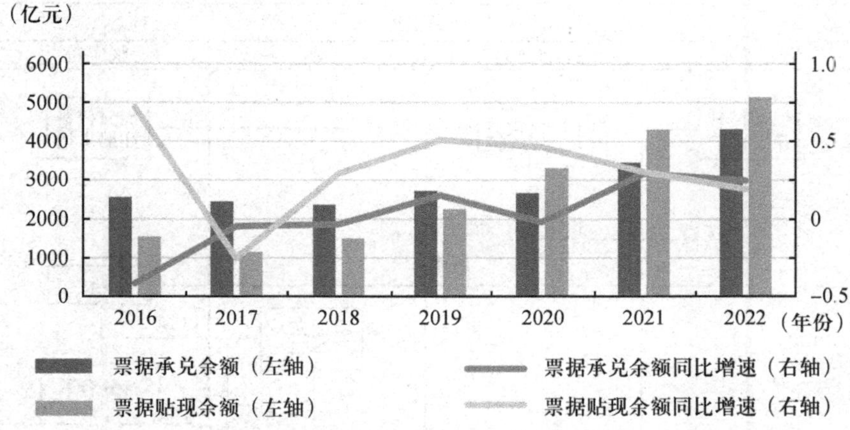

图 7-1　2016—2022 年招商银行票据业务指标及变化趋势

（2）招商银行“供票通”产品介绍

招商银行“供票通”创新运用“云证平台”，打通了金融机构间、不同平台间的系统限制，促进票据的畅通流转，破解了传统供应链票据平台的闭环，拓展了中小微企业的融资渠道，由限定的单位转变为可以向接入上海票据交易所的所有金融机构获取融资支持，助力中小微企业解决融资困难。

招商银行“供票通”业务流程如图 7-2 所示：供应链核心企业及上下游企业注册成为招商银行网上银行用户，且核心企业需向招商银行授信，通过了银行的材料审核才能获取票据贴现额度。核心企业及供应商在“云证平台”注册成功，在上海票据交易所登记企业信息后，核心企业便可以开立供应链票据。供应链票据的出票及贴现需要向银行提供真实的业务合同及相关材料，银行审核通过后再向企业发放款项，以提高票据业务的安全性。核心企业向一级供应商开票后，一级供应商可以选择持有至到期，可以根据融资需求向招商银行或其他金融机构申请贴现或继续向下一级供应商拆分转让。同理，下一级供应商也拥有这三种选择，依次可以延伸到 N 级，发挥供应链的长尾效应。当供应链票据到期时，核心企业（出票人）向供应商（持票人）支付账款，向银行支付贴现利息。

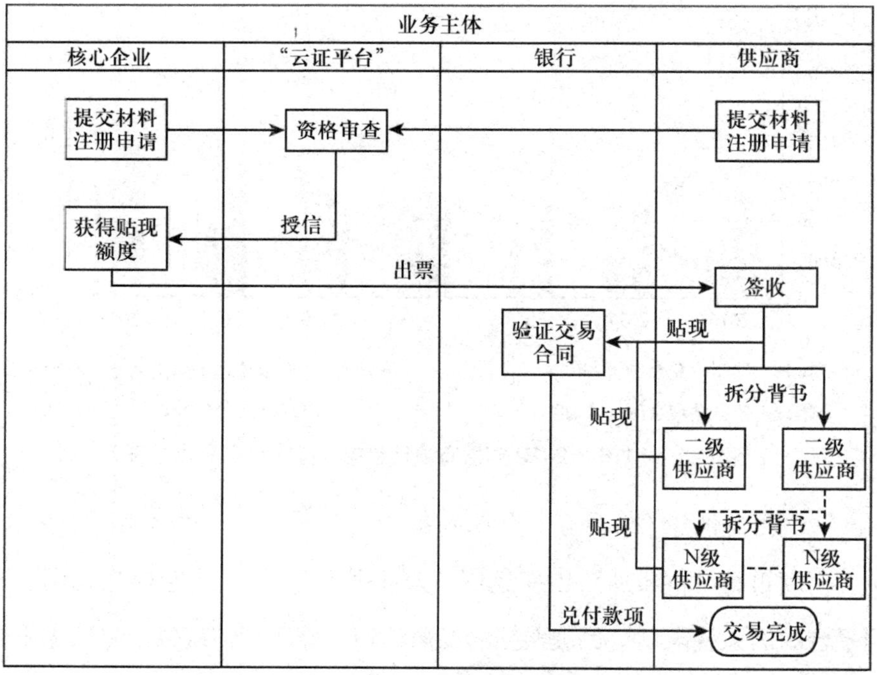

图 7-2　招商银行“供票通”业务流程

通过核心企业外延拓展，由单家核心企业向外辐射转向链条商中的多家核心企业，以及多家金融机构资源的共同整合，供应链生态从“1（核心企业）+1（金融机构）+N（供应商）”向“N+N+N”的规模化模式转变。

2021 年年底，招商银行“供票通”业务总量接近 200 亿元，占据供应链票据超过 1/4 的市场，在供应链票据市场排名第一。经过上海票据交易所的推荐，陕西建筑工程集团使用“供票通”产品后明显加快了资金周转速度，提高了资金使用效率，落地贴现额达到了 4 亿元，成功创造了全国最大单供应链票据的纪录。在此后的几个月内，陕西建筑工程集团的供应链票据业务总量累计达到 30 亿元。由此可见，该产品的使用场景多，客户黏性强，在市场上具有比较大的优势。

7.5.2　招商银行“供票通”与其他银行供应链票据产品比较

表 7-1 对以中国建设银行为代表的国有大型银行，以招商银行、兴业银行为代表的股份制银行及以 TCL 为代表的企业提供的供应链票据进行了总结。

表 7-1　部分供应链票据产品特点总结

主体	产品	特点
招商银行	“供票通”	模式创新：“供应链票据 + 再贴现”业务及“全国服务一家”，打破了地域限制 数据服务：核心企业能够了解票据的具体流转情况 信用程度高：除商业票据贴现外，还有商业票据保贴
中国建设银行	商票易贷	可贷额度：最高 1000 万元 最低利率：3.65% 操作流程简单：手续简便，业务全程线上办理
兴业银行	e 票贷	审批效率高：运用大数据风控模型，线上自动审批 授信额度：单户最高为 1000 万元 方式灵活：可以选择票据承兑人或者企业自身的银行授信额度
TCL	简单汇	应用区块链技术，系统高效：在 P2P 模式下的区块链技术打破了传统两两对接的系统模式，一个区块链接口与任一系统对接就能产出数据 开发独特债权凭证：首创金单凭证，既有票据特点，又有更强的流转性，可以延期或赎回，且由 TCL 集团承保，信用风险低

7.5.3　供应链票据与其他融资方式比较

为了更直观地比较传统票据、供应链票据及贷款融资方式的融资效率，站在中小微企业融资需求的角度将融资成本、融资速度、融资风险以表 7-2 的方式呈现。

表 7-2　融资方式比较

比较维度＼融资方式	供应链票据	普通票据	贷款
流转便利程度	支持拆分流转，金额可分至 0.01 元	不可拆分	贷款权利一般很少发生转移
授信流程（融资风险）	通常被银行归类为低风险业务，办理速度快	通常被银行归类为低风险业务，办理速度快	贷前审查评估手续较多
融资成本	以 2020 年 12 月 19 日简单汇平台为例，其融资成本较申请人同期贷款利率下降超过 200BP	由于较弱的议价能力，相较于供应链票据可能需要支付额外的中介费用	根据贷款市场报价利率（LPR）及借款人资质等进行浮动，总体高于票据融资利率
款项用途	无用途约定	无用途约定	一般约定贷款用途

7.6　供应链票据未来发展与展望

7.6.1　供应链票据面临的挑战

（1）同类产品竞争力强，供应链票据扩大市场仍需努力

已有的信用产品占据了较大的市场份额，而供应链票据的发展仍在完善，并未得到大规模推广，企业缺乏动力去更换原有产品而选择供应链票据。

（2）供应链票据在成本上不具有完全优势

供应链票据在使用过程中的签发、背书、贴现等环节，需要企业履行自身职责，做好信息披露工作，这也是部分企业不愿采用供应链票据的原因之一。此外，供应链票据平台作为一个营利性质的平台，在研发和使用过程中需要投入资金、技术、人力，所以供应链平台方会提高供应链票据的使用成本。

7.6.2　供应链票据的发展建议

（1）完善监管机制

发挥上海票据交易所的主体作用，规范供应链票据交易平台的发展机

制，形成统一的监管体系。避免监管视野的盲点，及时发现和防范潜在的风险，阻止市场无序竞争，确保供应链票据以标准化、规范化的标准服务于实体经济。

（2）完善供应链票据交易机制

建立供应链票据评级制度，促进供应链票据完全竞争市场化。鼓励供应链票据办理再贴现，推进供应链票据资产证券化，为供应链票据贴现后再融资提供途径，吸引更多金融机构积极发展供应链票据业务，提升供应链票据的市场化水平。

（3）提高宣传推广水平

供应链票据是响应国家号召的创新型金融产品，是为实体经济发展提供服务的有力工具。特别是为小微企业的融资和支付需求、投资和交易需求提供了有效的解决方案，在推动利率市场化改革和宏观调控转型中发挥了重要作用。

参考文献

[1] 陈晓华，吴家富 . 供应链金融 [M]. 北京：人民邮电出版社，2018.

[2] 邓伟伟 . 互联网金融理念下基于供应链的电子票据发展模式探讨 [J]. 金融会计，2015（3）：42–47.

[3] 黄维，宋沂文 . 供应链票据能有效改善末端中小企业融资弱势地位吗 [J]. 金融市场研究，2023，130（3）：13–28.

[4] 栾志乾 . 票据新规解析与财务管理应对策略 [J]. 管理会计研究，2023，28（1）：28–35.

[5] 宋华 . 供应链金融 [M]. 北京：中国人民大学出版社，2016.

[6] 伍装 . 中国中小企业融资效率研究 [J]. 软科学，2006（1）：132–137.

[7] 肖小和，金睿 .40 年中国票据业务风险管理的实践与再思考 [J]. 上海立信会计金融学院学报，2019（2）：96–106.

[8] 肖小和，李紫薇 . 中国票据市场 2022 年回顾与 2023 年展望 [J]. 现代金融导刊，2023，38（1）：26–31.

[9] 肖小和 . 发展高质量票据市场与服务实体经济研究 [J]. 金融与经济，2018（6）：4–10.

[10] 赵慈拉 . 电票应用纾解小微融资难 [J]. 中国金融，2019（10）：92–93.

[11] 邹春平 . 刍议我国商业银行供应链票据发展的基础与挑战 [J]. 中国货币市场，2022，253（11）：62–67.

[12] Timme，Stephen，G Willians–Timme，et al. The Financial–SCM Connection [J]. Supply Chain Management Review，2000，4（2）：33–40.

第8章 平台供应链金融的演化博弈合作策略

8.1 研究背景与研究意义

8.1.1 研究背景

改革开放以来，我国中小企业快速发展，中小企业已成为我国国民经济的重要支柱，对我国未来经济发展起着重要作用。随着中小企业的快速发展，其对资金的需求日益增长，但我国中小企业融资渠道较为单一，主要是以内源融资和银行贷款为主；而中小企业往往因成立时间短、运营不稳定、财务数据和内部控制不完善，且缺乏可抵押的资产，难以获得银行贷款的支持。因此，中小企业面临着融资难、融资贵的难题。大部分中小企业面临流动性短缺的问题，这些企业往往会通过延长供应商应付账款期限来延缓其流动性，而供应商只能接受付款期限的延长。国际信用保险及信用管理服务机构——Coface对中国企业支付状况的最新研究报告显示，2021年企业逾期时间比2020年有所延长，平均逾期付款天数从2020年的79天升至2021年的86天。而遭遇超长期逾期付款（超过6个月）的企业比例从2020年的15%升至2021年的19%；更糟糕的是，超长期逾期付款已经占年营业额 10% 以上的企业数量急剧增加，从 2020 年的 27% 跃升至 2021 年的 40%。这些数据表明，中小企业的资金约束不仅没有得到改善，反而面临着来自核心企业支付的挑战。与此同时，反向保理作为解决中小企业应收账款融资的供应链金融解决方案之一，受到了持续关注。反向保理是指在核心企业承诺付款的情况下，金融机构基于核心企业的信用评级给予供应商资金支持，以满足供应商营运资金的需要。与传统的融资方式不同，反向保理的融资主体是供应商，通常由客户—供应商中的买方发起，并由金融机构提供资金支持，最终实现共赢。

随着互联网、大数据、人工智能等信息技术的发展，以平台运营和数据共享为特征的平台供应链金融模式应运而生。平台供应链金融是以供应链金融平台为核心，通过平台将企业业务和行为线上化和数字化，客观、真实、全面地反映供应链运营状况和各经营主体的资信能力，并以此做出金融决策的供应链金融模式。与传统供应链金融依赖于核心企业线下确权合作不同，平台供应链金融通过线上平台数据合作，其具有两个优势。一是通过将业务线上化和数字化，有利于提升业务运营效率，降低交易成本；同时，核心企业通过供应链金融平台将应收账款电子化、标准化为供应链票据，并借助平台实现核心企业信用在多级供应商之间的拆分和流转，扩大供应链金融的服务范围。二是通过平台实现数据共享，提升供应链的可视性，有利于金融机构依据客观、真实、全面的数据做出信贷决策和风险管理，降低金融机构对核心企业主体信用的依赖；同时，利用数据创新供应链金融服务，优化整个供应链的营运资金管理，提升各主体在平台供应链金融模式中的收益。因此，提升平台运营效率和实现数据共享是平台供应链金融发展的关键。

尽管平台供应链金融为供应链金融的发展提供了机遇，但在实践过程中仍存在一定的挑战。一是在平台运营效率方面，当供应链的数字化程度较低，平台供应链金融参与主体的规模不能达到一定水平时，不能有效提升供应链金融的运营效率；二是在数据共享方面，平台供应链金融提出的许多问题不是技术问题，而是与流程和治理相关的问题（Yeoh，2017；Osmani 等，2020）。例如，谁负责维护和管理供应链金融平台？如何解决平台主体的数据隐私和利益冲突问题？不同平台及主体之间如何保持严格和可信任的关系？总体而言，由于平台主体对商业机密泄露的担心，更加注重对数据隐私的保护，导致平台主体之间的数据共享受到了限制，影响平台功能和价值的发挥。因此，在核心企业与金融机构参与传统供应链金融业务的基础上，双方如何在不同的平台合作场景下做出最优策略选择是值得研究的问题。

8.1.2　研究意义

核心企业与金融机构之间良好的合作关系是供应链金融可持续发展的前提和基础。因此，供应链金融合作是一个动态的反复博弈过程，本书采用时间依赖的演化博弈理论去研究核心企业与金融机构的供应链金融合作，有效地刻画了双方的学习机制和策略演化。本书聚焦于解决以下问题。

一是传统供应链金融合作的先决条件是什么？

二是在传统供应链金融合作的基础上，平台供应链金融合作的先决条件是什么？

三是哪些因素会促进双方从其他稳定状态向双方都选择平台合作稳定状态的转换？

通过解决这些问题，本书得到了核心企业与金融机构选择平台供应链金融合作的均衡性及其前提条件。与此同时，本书运用 Matlab 软件分析了不同参数调整对系统演化结果的影响，寻找双方共同选择平台合作的最优路径，为核心企业与金融机构根据自身状况是否选择参与平台供应链金融合作提供了参考和依据，并丰富了此领域的研究。

8.2 文献分析

本书采用时间依赖的演化博弈理论研究供应链金融中核心企业与金融机构合作行为的策略选择问题。因此，本节首先回顾了传统供应链金融的研究现状，其次重点介绍了有关平台供应链金融的相关研究。由于本书运用了演化博弈的方法论，因此将回顾演化博弈论在供应链金融中的应用。

8.2.1 供应链金融的研究现状

供应链金融主要依托供应链上的真实贸易背景和核心企业的信用水平，以企业之间贸易所产生的确定现金流为还款来源，统筹规划资金安排，提升整个供应链体系的竞争力和价值（Pfohl和Gomm，2009；胡跃飞、黄少卿，2009）。具体来说，供应链金融依赖于供应链参与者的合作，有利于降低企业债务成本和运营成本，增加贷款可得性，并有助于降低现金流风险和供应链中断风险（Wuttke等，2013；Gelsomino等，2016）。Gelsomino等（2016）对供应链金融的各种定义及具体解决方案进行了全面的文献综述，他们确定了金融导向和供应链导向两种观点的存在。金融导向的观点将供应链金融解释为买方驱动的短期应收账款和应付账款的金融解决方案，即反向保理，是指在核心企业承诺付款的情况下，金融机构基于核心企业的信用评级给予供应商资金支持，以满足供应商营运资金的需要（Tanrisever和Cetinay，2012）。

现有国外文献主要是从影响反向保理业务开展的因素及其优势两个方面进行研究。对于影响反向保理业务开展的因素研究，Tanrisever和Cetinay（2012）研究表明，反向保理的价值取决于以下五个因素：外部融资成本的利差、支付期限的延长、现金流波动、营运资金政策和无风险利率。Van der Vliet等（2015）通过定期审查基本库存模型发现，延长付款期限会导致供应商的非线性融资成本，甚至超出了持有额外应收账款的机会成本，因而核心企业对延长付款期限的财务影响需要仔细评估。但

Grüter 和 Wuttke（2017）认为，反向保理的价值包括利息套利和实现生产的潜在期权两个方面。他们的分析和数值结果表明，买方应该通过延长付款期限获取反向保理中的直接收益，而不是通过降低价格。Kouvelis 和 Xu（2021）从理论上确定了采用反向保理的特定条件，即供应商的信用评级应相对较低。他们还发现，即使零售商没有信用评级优势，反向保理也可以实施，而且即使没有延迟付款，仍然可以使零售商受益。对于反向保理的业务优势，Lekkakos 等（2016）研究了在多种背景下反向保理对中小企业营运绩效的影响。他们发现，反向保理显著提高了供应商的运营绩效，且其价值在信用期长的行业中更高。Liebl 等（2016）通过案例研究表明，买方采用反向保理的主要目标是延长应付款期限，简化供应商的付款流程，并扩大金融机构的市场份额。Tunca 和 Zhu（2018）通过建立模型分析发现，反向保理会提高供应链绩效，使所有参与者受益，并通过中国一家大型零售商的数据进行结构回归估计，证明了模型的结论。

相较于国外文献，我国文献主要是从反向保理对各参与主体收益的影响展开研究。鲁其辉等（2012）通过构建多阶段的供应链应收账款融资模型发现，供应链应收账款融资能使企业连续供货和增加收益，且金融机构能获得较大的融资收益。辛玉红和李小莉（2014）基于信息不对称的角度构建了应收账款融资博弈模型，比较分析了供应链金融模式与传统融资模式下各主体的效益差异。研究表明，随着供应链金融模式下中小企业信息分享水平的提高，各主体的收益增加，最终实现多方共赢的局面。王宗润等（2015）从隐性股权角度对应收账款融资进行了博弈分析，发现在不完全信息博弈达到均衡时，银行更愿意为中小企业提供融资服务，且中小企业的融资成本会有所下降。王丛等（2018）通过建立以利益相关者为主体的融资量化模型，利用多阶段博弈理论对不同融资模型的成本收益进行检验。研究发现，供应链金融不仅能实现各主体的最优化，也能实现供应链整体的利益最大化。陈中洁和于辉（2018）考虑了核心企业因反向保理违约而承担信誉损失的情形，建立了供应商资金约束背景下基于批发价契约的博弈模型。结果表明，当供应商受到资金约束时，反向保理能增加供应链的收益，且核心企业的收益更多；与此同时，反向保理能增加供应链运营的稳定性，并加强供应商和零售商合作的动力。陈东彦等（2020）研究了无追索权保理合同下的供应商赊销策略，发现当应收账款质量较高时，保理商较高的授信额度促使供应商采取稳健的赊销策略，且总产量高于无资金约束时的水平；否则，保理商的低授信将促使供应商采取冒险的赊销策略，总产量不一定能达到无资金约束时的水平。

虽然反向保理具有诸多好处，但在实践流程中也存在一些痛点和障碍。具体来说，在传统反向保理模式下，核心企业与金融机构是通过线下确权合作，供应链数字化不足，运营效率较低，双方都需要花费大量的成本确保交易的可靠性，在一定程度上阻碍了反向保理的实践（Omran 等，2017；Marak 和 Pillai，2018）。我国供应链金融业务实践过程中特有的核心企业不配合应收账款确权、故意拖延付款期限、不按合同约定回款等，增加了供应链金融在我国实践的难度（郑昱和张凯夕，2020）。

8.2.2 平台供应链金融研究现状

大数据、人工智能、区块链等信息技术的发展，有利于数字化平台的建设和发展，提高了信息的可得性，降低了信息的获取成本与服务成本。依托信息技术搭建的供应链金融平台解决了供应链金融中信息不对称和交易效率低下的问题，从而解决了供应链金融的行业痛点（郭菊娥、陈辰，2020）。因此，金融科技与供应链金融相结合形成的平台供应链金融已成为一种新的发展趋势，目前已有的简单汇、中企云链、欧冶金服等供应链金融平台的实践经验引发了学术界广泛的研究。

数字平台是建立数字信任的综合性供应链运营和金融信息数据获取、分析和应用体系，通过将企业的业务和行为数字化，从而客观、真实、全面地反映供应链运营中的状况和各经营主体的信用水平（宋华，2020）。

具体来说，数字平台有利于促进参与者之间的信息共享、自动化流程和快捷支付。事实上，由于供应链金融是一种事件驱动的融资解决方案，数字平台对于供应链金融业务的开展是至关重要的（Caniato 等，2016）。从金融机构的角度而言，这些数据不仅是单纯的交易指令，还包括能监控交易的一些细节信息，有利于债权人密切监督债务人的行为（Hofmann 和 Zumsteg，2015）；同时，金融机构可以利用平台产生的历史数据识别借款人的质量和潜在风险（Chen 等，2019；Song 等，2021），从而有利于金融机构对信用风险的识别与处理，提升了金融机构参与供应链金融的积极性。因此，供应链金融平台有利于提升供应链的可视性，降低信息不对称，缓解金融机构面临的信贷风险。Song 等（2018）通过案例研究表明，与商业银行主导的供应链金融相比，供应链金融服务提供商能更好地减少融资交易的信息不对称。Bogucharskov 等（2018）讨论了区块链应用对保理和数字信用证的影响，发现区块链技术在融资过程中具有高度的功能性和安全性，提高了交易效率和供应链的透明度，降低了交易成本。Chen 等（2019）通过调查研究表明，基于银行电子商务平台的网络治理可以解决传统信贷中信息不对称、高监控成本和抵押品不足的问题，从而缓解农民的信贷配给。Lam 和 Zhan（2021）研究了 SCF 和 IT 能力如何影响供应链金融服务提供商的财务风险，研究结果强调，当金融服务提供商具有更高的 IT 能力时，风险将显著降低，因此鼓励金融服务提供商改进其 IT 基础设施。与此同时，平台还有利于提高供应链金融的运营效率，并提供多元的融资模式，增加了各方的收益（Gong 等，2022）。Omran 等（2017）基于反向保理和动态贴现这两项具体的供应链金融业务论述了区块链技术如何增强供应链金融的透明、自动化和信任水平，从而改善传统供应链金融工具的低效率问题。Tang 和 Zhuang（2021）通过构建一个多周期的两级供应链模型表明，BCT-SCF 平台可以帮助供应链实现生产和融资效率的优化，且随着平台使用费率的降低，参与者对平台的偏好会提高。Ioannou 和

Demirel（2022）通过总结现有文献认为，区块链技术通过改善供应链的低效率和提高不同方之间的可视性解决现有供应链金融面临的挑战，具有创新促进作用。Song 等（2021）通过使用大数据分析、神经网络和多元回归分析来解释金融服务提供商如何帮助中小企业通过数字平台获得融资。调查结果表明，大数据分析不仅在识别中小企业的质量和潜在违约风险方面具有识别效应，而且有效地帮助金融服务提供商为中小企业提供量身定制的融资方案。Gelsomino 等（2022）通过对供应链金融专家进行访谈，并应用 Gioia 方法对其进行了分析。结果表明，基于技术和关系的特定资产投资提高了供应链的透明度，而供应链透明度通过减少行为和环境的不确定性促使人们采用更复杂和更高价值的供应链金融解决方案。

相较于国外文献对平台供应链金融机理的研究，我国文献主要运用博弈论的方法研究了平台供应链金融相较于传统供应链金融的利益优势。史金召等（2015）采用委托代理理论和博弈论对银行与 B2B 平台的激励契约进行了研究，认为委托授信下银行获得的最优收益分配比例不超过联合授信下获得的最优收益分配比例，揭示了各大银行搭建自营 B2B 平台的内在原因。邓爱民和李云凤（2019）从区块链技术层面出发，对各节点在供应链智能保理业务中的自动执行条款进行了博弈分析。研究发现，各理性节点将选择遵循协议，确保协议能自动得到执行，从而提高了交易效率；与此同时，以效用最大化为目标求得的均衡解为银行放贷，且各方都不违约，促进了供应链金融业务的良性循环运作。李健等（2020）以中小企业仓单质押为研究对象，通过定量研究方法比较了区块链技术使用前后中小企业的贷款与生产决策和银行的质押率决策。结果表明，初始库存高、利润高的企业可以更大程度地受益于区块链技术的使用，使用区块链技术后银行的质押率上限将会提高。梁洪和张晓玫（2020）通过信号博弈模型研究了区块链技术对中小企业融资困境缓解的机制，此时金融市场上不存在传统融资模式下混同于低风险信息的混同均衡，同时银行通过差别化定价，使不同风险类型的中小企业均能获得资金支持。汤婷等（2021）研究了基于电商平台直销和分销模式下供应链定价策略和最优利率决策，认为当电商平台和银行贷款的利率在一定区间内变化时，制造商和电商平台在直销和分销模式下都能实现利润最大化。唐丹和庄新田（2021）从信息不对称的视角构建博弈模型，分析了传统应收账融资和应收账款平台融资的效益差异，认为随着信息分享水平的提高，供应链金融平台有利于提升整体供应链的效益。龚强等（2021）基于我国数字供应链金融的实践，运用博弈论分析了数字供应链金融与传统供应链金融的优劣。结果表明，区块链共识机制所揭示的企业相关信息质量取决于上链企业的数量和上链信息的质量，只有两者达到一定水平时，才能使银行能够有效控制风险。刘露等（2021）通过构建三级供应链博弈模型分析了区块链供应链金融模式相较于传统供应链金融模式在运营上的优势，认为区块供应链金融模式能创造更大价值，且实现多方的共赢。侯剑等（2022）研究了隐性股权对制造商选择不同融资模式的影响，认为银行利率是影响制造商选择不同融资模式的主要因素，隐性股权只有在制造商选择向电商平台融资时才会产生正向影响。

8.2.3　演化博弈在供应链金融中的运用

以上研究文献大多以传统经典博弈理论为基础，学者们利用经典博弈理论从企业利益最大化角度出发，分析和解释了供应链金融合作中的一些现象和问题。尽管完全理性假设能给经济分析带来很大便利，但它要求博弈参与者的每一次决策都必须是最优的，这往往导致了经济理论分析与现实情况的脱节。因此，要保证博弈理论的应用价值，必须突破经典博弈对完全理性的假设，考虑博弈主体有限理性的情况。

演化博弈克服了传统博弈的个体性和完全理性的假设，从群体行为特征动态变化和稳定性角度研究有限理性博弈规律，因此演化博弈理论逐渐被应用于多个研究领域。Yan 等（2021）通过将核心企业引入传统的应收账款融资模式，运用演化博弈模型分析了银行、中小企业和核心企业的策略选择。研究表明，在传统应收账款中引入核心企业能在一定程度上减少银行的贷款风险，促使中小企业获得融资，实现三方共赢。Liu 和 Xia（2017）通过建立网络 P2P 借贷双方的演化博弈模型，研究了影响 P2P 基金成功的影响因素。Yi 和 Yang（2017）利用演化博弈理论，研究了网络外部性市场中零售商营销目标的战略选择与制造商定价决策之间的关系。Assarzadegan 等（2020）考虑了一个由全国品牌制造商和零售商组成的供应链，运用进化博弈模型分析零售商在引入经济和自有品牌标签时的行为。Zhang 等（2020）构建了一个由托运人、人群物流平台和司机组成的演化博弈模型，研究人群物流参与者之间的互动机制。Liu 等（2021）运用演化博弈模型研究了物流平台与供应商之间的多阶段博弈，并分析了双方进行生态合作的具体路径。

李小莉和辛玉红（2017）根据演化博弈理论，构建了传统融资模式和供应链金融模式下中小企业的信贷演化博弈模型。结果表明，在传统模式下不存在稳定点，中小企业较难获得银行贷款；而在供应链金融模式下，系统的演化将收敛于银行贷款和企业履约的稳定状态。柴正猛和段黎黎（2018）运用演化博弈理论分析了仓单质押融资的监督包庇问题。结果表明，银行的监督成本、收益损失和物流企业的包庇成本、罚金是影响演化结果的关键因素。计春阳和冯鲍（2019）运用演化博弈理论对反向保理融资模式进行了分析，发现通过降低中小企业的融资成本和核心企业的担保成本，能够促使反向保理融资达到帕累托最优。孙睿等（2022）以应收账款保理业务为研究对象，通过构建中小企业和金融机构双方的演化博弈分析对比分析区块链技术引入前后演化稳定策略的变化。研究结果表明，区块链技术不仅降低了金融机构的放贷风险，也有助于解决中小企业的融资难题。王先甲等（2022）以应收账款融资为研究对象，通过构建金融机构、核心企业和中小微企业三方博弈主体的演化博弈动态模型，发现中小微企业得到的预期利益及违约成本会影响演化博弈的最优策略。

8.3　供应链金融与演化博弈理论基础

8.3.1　供应链金融的方式

供应链金融主要依托供应链上的真实贸易背景和核心企业的信用水平，以企业之间贸易产生的确定现金流为还款来源，统筹规划资金安排，提升整个供应链体系的竞争力和价值。具体来说，供应链金融依赖于供应链参与者的合作，有利于降低企业债务成本和运营成本，增加贷款可得性，并有助于降低现金流风险和供应链中断风险。在供应链金融实践中，根据采购订单、收发货、开具发票等事件的触发时间点，可以将供应链金融分为装运前融资、在途融资和装运后融资，在我国具体表现为预付款项融资、存货融资和应收账款融资。

（1）预付款融资

在产品销售量较好的情况下，库存周转速度较快，核心企业通常要求支付货款后再交货，因此资金大多集中于预付款阶段。当下游经销商在采购阶段出现资金缺口时，通过向银行缴纳保证金并提供相关业务的真实单据，从而获得银行的资金支持。预付款融资期涵盖了上游生产和运输的时间，通过预付款融资，有效缓解了下游经销商的流动资金压力。预付款融资可以分为先款后货和保兑仓两种模式。

（2）存货融资

当企业为避免因市场价格波动风险或其他因素导致库存量较大，或者在采购阶段得益于整体供应链条环节紧扣就可对存货进行控制，导致企业资金周转压力较大，企业利用存货作为融资抵押物来获得授信的融资模式。根据抵押物的种类划分，存货融资可以分为现货抵质押业务（静态、动态）和仓单质押授信业务（普通和标准）。

（3）应收账款融资

在供应商为核心企业提供商业信用，导致供应商销售回款放缓或大量应收账款难以收回的情况下，供应商资金出现阶段性资金缺口时，基于应收账款从银行获取资金支持以满足流动性资金需求。应收账款融资按照应收账款所有权是否转让可以分为应收账款质押和保理两种模式。

Gelsomino 等（2016）对供应链金融的各种定义及其具体解决方案进行了全面的文献综述，他们确定了金融导向和供应链导向两种观点的存在。金融导向的观点将供应链金融解释为金融机构提供的关于应收账款和应付账款的金融解决方案，从而帮助企业维持营运资本的正常流转，可以将其看作是金融机构基于供应链开展的新的信贷模式。供应链导向的观点认为，供应链金融是供应链上的企业和外部服务提供者一起对供应链上的金融资源进行优化，以提升供应链上所有参与者的价值，并最终提升整个供应链的竞争力。供应链导向的观点扩展了供应链金融涵盖的范围，是供应链管理内涵的发展和深化，更加注重供应链物流、信息流、商流和资金流的高效整合。目前，从业者主要是从金融导向的观点定义供应链金融，即买方驱动的应收账款解决方案。反向保理是目前最受欢迎的供应链金融解决方案，以至于供应链金融通常是反向保理的同义词（Grüter 和 Wuttke，2017）。

8.3.2 反向保理

我国大部分中小企业往往因成立时间短、运营不稳定、财务数据和内部控制不完善，且缺乏可抵押的资产，难以从金融市场上获得资金支持。反向保理是指在核心企业承诺付款的情况下，金融机构基于核心企业的信用评级给予供应商资金支持，以满足供应商营运资金的需要。与传统融资方式不同，反向保理的融资主体是供应商，但通常是由客户、供应商中的买方发起，并由金融机构提供资金支持。图 8-1 展示了反向保理业务流程。

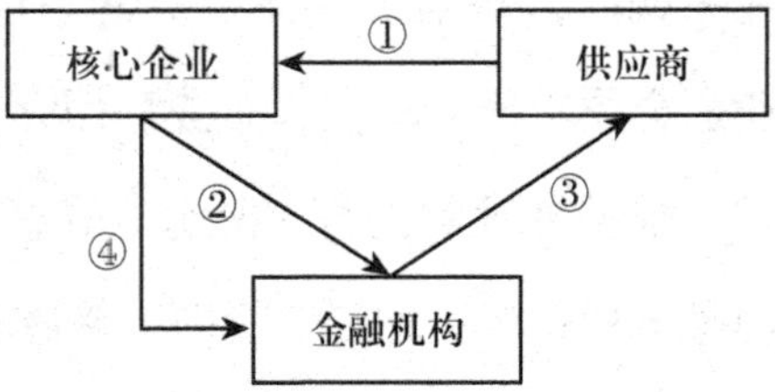

图 8-1　反向保理业务流程

8.3.3　平台供应链金融

（1）平台供应链金融的定义

随着人类进入互联网时代，大数据、人工智能、区块链等科技驱动的数字革命逐渐深入金融领域，而这些技术之间具有一定的互补性和融合性，为开发综合性的数字平台提供了强有力的技术支撑。供应链金融平台是建立数字信任的综合性供应链运营和金融信息数据获取、分析和应用体系，通过供应链金融平台将企业的业务和行为数字化，从而客观、真实、全面地反映供应链运营中的状况和各经营主体的信用水平。具体来说，供应链金融平台具有三个方面的技术特征：首先，以供应链金融平台产生的大数据为基础，依托大数据完成风险控制，风控效率将得到较大程度的提升，与此同时，还能充分利用大数据开拓新的业务，优化供应链营运资金管理（蔡恒进、郭震，2019）；其次，利用人工智能进行海量数据的智能分析，促使整个决策自动化和智能化，有利于降低操作风险和成本；最后，利用区块链技术将供应链上的商流、物流、信息流和资金流整个上链，实现“四流”合一，有利于供应链金融业务的可视化，同时利用智能合约技术提升交易的效率和可靠性。

因此，平台供应链金融是以供应链金融平台为核心，通过平台将企业业务和行为线上化和数字化，客观、真实、全面地反映供应链运营状况和各经营主体的资信能力，同时以线上化、自动化和智能化的方式为供应链企业提供资金服务，改变了传统对核心企业主体信用的依赖，转变为对数字信用的依赖，降低了信贷风险和交易成本，有助于对传统供应链金融业务障碍的解决。

（2）平台供应链金融的特征优势

在平台供应链金融模式下，核心企业通过供应链金融平台将业务线上化和数字化，有利于核心企业对供应链的整合，且形成较为丰富的数据资产；而金融机构可以依托平台共享数据搭建更好的风控管理体系，且通过平台共享创新金融服务。因此，相较于依赖核心企业主体信用线下确权合作的传统供应链金融，平台供应链金融通过提升平台运营效率和数据共享，具有以下三个方面的优势。

第一，提升业务运营效率，降低供应链金融的运行成本。

平台供应链金融通过将业务线上化和数字化，可以在平台上无缝地简化供应链金融中的整个文档工作流程，同时使用智能合约可以支持交易的自动化，大幅减少了人工成本；与此同时，利用供应链金融平台的在线操作系统，降低融资过程的复杂性，有助于提供快速、便捷的融资服务（白燕飞等，2020）。

第二，扩大业务服务范围，增加各参与主体的收益。

供应链金融平台极大地降低了供应链金融业务开展的交易成本，能够吸引供应链上更多的企业加入，尤其是处于供应链末端的中小企业；同时，核心企业通过供应链金融平台将应收账款电子化、标准化为供应链票据，并借助平台实现核心企业信用在多级供应商之间的拆分和流转，扩大了供应链金融的服务范围，从而增加各参与主体的收益（朱艳静、冯林，2021）。

第三，增强供应链可视性，提升风险管理能力。

首先，平台供应链金融利用区块链技术将供应链商流、物流、信息流和资金流数据整合上链，有利于金融机构利用这些客观、真实、全面地反映供应链运营状况和各主体信贷风险的大数据做出金融信贷决策，降低了供应链金融业务对核心企业确权的依赖，即对核心企业的完全依赖转变为对平台数据的信任（周雷等，2021；宋华等，2022）。其次，通过提升供应链的透明度，有助于缓解金融机构面临的信息不对称问题。对于贷前审核来说，金融机构可以利用平台产生的大量交易数据掌握供应链运营的真实状况，便于金融机构识别供应链的运营状况和潜在风险，降低自身面临的逆向选择风险；对于贷后管理来说，金融机构可以利用平台数据密切监督债务人的行为，防范债务人的机会主义行为，降低自身面临的道德风险。最后，平台供应链金融参与主体可以利用共享数据创新金融服务，优化供应链营运资金管理，增加各参与主体在平台中的收益。

（3）平台供应链金融模式分类

从上文的分析来看，影响平台供应链金融开展的最关键因素是平台数据共享展现的信息优势，而信息优势又影响到平台供应链金融业务实践的其他方面，特别是服务主体的演化上。平台供应链金融根据服务主体不同可以分为金融机构主导的平台供应链金融、核心企业主导的平台供应链金融和第三方平台主导的平台供应链金融。

第一，金融机构主导的平台供应链金融。

金融机构借助信息技术手段实现了供应链金融的平台化运行，同时借助其自身在金融市场上的资本体量、融资成本、风险管控等优势，能够为供应链提供多元化的金融服务。如平安银行供应链应收账款服务平台。

平安银行于 2019 年启动“星云物联计划”，通过探索科技赋能供应链金融支持实体经济发展。平安银行通过平台供应链金融侧重于解决以下三个问题。

首先，通过对接和采集更多维的数据，解决数据维度单一和数据质量问题；其次，通过多维度数据联合建模，构建基于数据的客户信用评价体系，解决中小企业融资难、融资贵的问题；最后，通过提高中小企业信息化和数字化水平，帮助中小企业更加了解企业运营状况，提升企业运营能力。

金融机构通过平台化运行在一定程度上提高了供应链金融业务的运营效率，但并未在实质上改变传统供应链金融业务的底层逻辑。由于不能获取供应链相关的交易信息，金融机构仍然依赖于核心企业的信用开展供应链金融业务，导致其无法为更广大的中小型企业提供服务。

第二，核心企业主导的平台供应链金融。

核心企业借助其在产业链中所处的优势地位，整体把控上下游的物流、商流、信息流等关键信息，并结合金融机构的资金优势开展供应链金融服务。如中企云链（北京）金融信息服务有限公司（以下简称中企云链）“云信”平台。

中企云链是由中国中车联合7家中央企业、4家金融机构和6家民营企业成立的一家混合所有制企业。中企云链通过整合核心企业、供应商和金融机构的资源，同时借助金融科技手段，形成了“金融科技＋供应链金融”的共享服务平台。中企云链的核心产品“云信”，是一种可拆分、流转和融资的标准化电子债权凭证，其实质是将企业间真实贸易的应收账款电子化和标准化，同时借助合作的金融机构提供融资服务，从而解决中小企业融资难的问题。

由于核心企业在产业链中居于优势地位，同时通过其长期经营积累的巨大的经济资源，对整个供应链的发展趋势和内部运营状况具有其他主体不能比拟的先天条件，具备信用、数据、风控等多方面的竞争优势。

第三，第三方平台主导的平台供应链金融。

第三方平台主要通过构建数字化平台及对外提供金融解决方案的方式赋能供应链金融的发展，如联易融科技。

联易融科技是国内领先的供应链金融科技解决方案提供商。联易融科技通过协助核心企业和金融机构的数字化转型实现供应链金融业务流程的线上化和自动化，同时借助平台功能为供应链提供融资解决方案，提升供应链金融业务的运营效率和中小企业融资的可得性。

第三方平台通过打破信息壁垒，提升了供应链的可视化水平，客观、真实、全面地反映供应链运营状况和各经营主体的资信能力，降低金融机构面临的信贷风险；同时第三方平台往往能从中小企业的实际融资需求设计更为合理和实用的融资解决方案，从而优化整个供应链运营资金管理。

宋华（2020）认为，由于不同服务主体运用供应链金融平台程度的差异，导致实践中形成了差别化的平台供应链金融模式，而这种差异化的驱动因素来源于两个方面：一是供应链金融平台赋能的广度差异，即平台供应链金融参与主体的供应链层级范围；二是供应链金融平台赋能的深度差异，即平台供应链金融提供服务的多样性程度。根据两种驱动因素不同的组合，形成了我国目前正在构建的四种供应链金融模式，如表 8-1 所示。

表 8-1　平台供应链金融模式分类

<table>
<tr><th rowspan="2"></th><th colspan="3">数字平台赋能的深度</th></tr>
<tr><th></th><th>多维</th><th>单一</th></tr>
<tr><td rowspan="2">数字平台赋能的广度</td><td>宽广</td><td>整合式数字供应链金融模式</td><td>流转式数字供应链金融模式</td></tr>
<tr><td>有限</td><td>融合式数字供应链金融模式</td><td>传统在线供应链金融模式</td></tr>
</table>

一是数字平台赋能的广度和深度都相对有限的传统在线供应链金融模式。供应链金融业务通过信息技术手段实现了线上化运行，提升了供应链金融运营的效率，降低了业务开展的成本，但未实质性地改变供应链金融的业务模式和底层逻辑，因此其产生的效果是有限的。

二是数字平台赋能的广度较高，而赋能维度相对单一的流转式数字供应链金融模式。这种模式往往依靠核心企业构建的供应链金融平台，通过将应收账款电子化、标准化为供应链票据，实现核心企业的信用在多级供应商之间进行拆分、流转，并通过票据贴现实现中小企业的融资。例如，TCL 简单汇的金单、欧冶金服的通宝和中企云链的云信都属于这种模式。

三是虽然数字平台赋能的广度不高，但是深度较强的融合式数字供应链金融模式。通过在局部供应链实现供应链金融平台的深度赋能，即多维度、多方面的数字化，从而能够全面把握局部供应链的交易状况、物流状况及资产状况，从而提升供应链金融的风险管控能力。

四是数字平台赋能广度和深度都较强的整合式数字供应链金融模式。这种模式对供应链金融的价值在于通过全面供应链金融平台的建立，充分利用供应链资源和金融资源，不仅有利于满足供应链的资金需求，也有利于金融机构拓展其服务，最大化发挥平台供应链金融的价值。

8.3.4 演化博弈理论

经典博弈理论要求博弈主体是完全理性的组织或个人，即始终以效用最大化或收益最大化为目的，分析判断能力和决策执行能力都接近于完美，不会出任何差错。但这往往导致经济理论与现实情况的脱节，难以解释经济社会现象。因此，尽管完全理性假设能给经济分析带来很大便利，但要保证博弈理论的应用价值，必须突破经典博弈理论对完全理性的假设，考虑博弈主体有限理性的情况。

演化博弈克服了传统博弈的个体性和完全理性的假设，从群体行为特征动态变化和稳定性角度研究有限理性博弈规律。在有限理性的假设下，博弈参与者不太可能甚至不可能在博弈中找到最优策略，而是通过不断地学习和试错来选择最优策略。因此，演化博弈分析主要是利用复制动态力学机制研究群体达到动态平衡的行为调整过程，其两大核心概念分别是演化稳定策略和复制动态。

演化稳定策略广泛应用在演化博弈理论中，它表示当种群中的绝大多数参与者都采取某一策略时，在自然选择的作用下不存在一个具有突变特征的策略能够影响到该种群的稳定性。其数学定义如下：

如果$\forall y \in A$，$y \neq x$，存在一个$\bar{\varepsilon}y \in (0, 1)$，使不等式

$$U[x, \varepsilon y+(1-\varepsilon)x] > U[y, \varepsilon y+(1-\varepsilon)x] \quad (8\text{-}1)$$

对于任意$\varepsilon \in (0, \bar{\varepsilon}y)$恒成立，则x即为ESS。其中A代表着策略集，y代表着突变策略；$\bar{\varepsilon}y$是一个常数，与y相关，代表着侵入界限；$\varepsilon y+(1-\varepsilon)x$为选择演化稳定策略的群体与选择突变策略的群体所组成的混合群体；$U[x, \varepsilon y+(1-\varepsilon)x]$是选择策略x的群体与选择策略y的群体相遇时对应的适应性函数。

复制动态是较常见的动态决策机制之一，博弈主体若选择某一种特定策略的适应度大于混合策略的平均适应度，则更倾向于选择这种策略。复制动态可以用以下微分方程表示：

$$\frac{1}{x_i}\frac{dx}{dt}=u(S_i,\ x)-u(x,\ x) \tag{8-2}$$

其中，S_i 表示种群中可供选择的纯策略；x_i 表示选择纯策略的个体在种群中的比例；$u(S_i,\ x)$ 表示选择纯策略的预期收益；$u(x,\ x)$ 表示种群的平均期望收益。

演化博弈理论作为一种新的分析方法，是对经典博弈理论的延伸与发展，由于其有限理性假设和动态演化的思想建立在更为现实的基础上，其对经济行为和社会现象的解释更为科学与合理，在近几十年来取得了迅速的发展，引起了学术界的广泛关注，极大地扩展了其应用范围。在未来的发展中，演化博弈理论将继续成为社会科学研究最前沿、最受欢迎的分析方法。

8.4　演化博弈模型构建与分析

8.4.1　研究问题描述及假设

中小企业由于各种原因，其往往面临融资难、融资贵的问题。反向保理作为中小企业应收账款融资的供应链金融解决方案之一，是指在下游核心企业承诺付款的情况下，金融机构基于核心企业的信用评级给予供应商资金支持，以满足中小企业营运资金的需要。因此，核心企业的确权行为和金融机构的资金支持尤为重要，即核心企业与金融机构的合作成为开展供应链金融业务的关键。

随着互联网、大数据、人工智能等信息技术的发展，以平台运营和数据共享为特征的平台供应链金融模式应运而生。相较于传统供应链金融依赖于核心企业线下确权合作，平台供应链金融通过线上平台数据合作，有利于提升供应链的运营效率和可视性，降低供应链金融业务开展的交易成本和信贷风险。然而，当供应链的数字化程度较低、平台供应链金融参与主体的数量较少时，不能有效地提升供应链金融的运营效率；同时，受到平台流程治理冲突的影响，平台主体之间的数据共享受到限制，影响了平台功能和价值的发挥。因此，核心企业与金融机构在参与传统供应链金融业务的基础上，如何在不同的平台合作场景下做出最优策略选择是值得研究的问题。

综上所述，核心企业与金融机构从不合作向传统供应链金融合作的转变是开展供应链金融业务的基础；与此同时，在双方都选择传统供应链金融合作的基础上，双方参与平台供应链金融合作的演化路径将影响供应链金融发展的模式。

为研究核心企业与金融机构的供应链金融合作，本书提出以下假设。

一是博弈参与主体。在以应收账款为对象开展供应链金融业务的过程中，供应链金融主体一般涉及中小企业、核心企业和金融机构三类主体。但是业务开展的关键在于核心企业提供信用担保和数据资产，金融机构提供资金支持，即核心企业与金融机构形成合作，而中小企业只能在双方合作的基础上选择是否进行融资。因此，本书的博弈主体为核心企业与金融机构。

二是参与主体的策略集。在开展传统供应链金融业务过程中，核心企业作为开展供应链金融业务的关键，可以选择参与供应链金融业务，为中小企业提供资金支持，也可以选择不参与供应链金融业务，其策略集为（合作，不合作）；金融机构的选择与核心企业类似，其策略集为（合作，不合作）。对于平台供应链金融业务来说，其是基于双方进行合作的基础上，是否进一步选择平台化合作，即核心企业可以选择平台供应链金融合作，也可以选择传统供应链金融合作，其策略集为（平台合作，传统合作）；金融机构的选择与核心企业类似，其策略集为（平台合作，传统合作）。

三是有限理性假设。双方的策略选择过程基于有限理性的假设同时进行，当前策略选择的适应性调整只根据上期的博弈结果进行。

四是双方策略占比假定。在传统供应链金融模式中，核心企业参与供应链金融合作的概率为 x，则核心企业不参与供应链金融合作的概率为 1−x；金融机构参与供应链金融合作的概率为 y，则金融机构不参与供应链金融合作的概率为 1–y。对于平台供应链金融模式来说，核心企业参与平台供应链金融合作的概率为 X，则核心企业参与传统供应链金融合作的概率为 1–X；金融机构参与平台供应链金融合作的概率为 Y，则金融机构参与传统供应链金融合作的概率为 1–Y。

五是传统供应链金融模式下成本收益的假设。假设应收账款的总额为 A_0，其平均到期时间为 T；市场的资金成本为 i_0，核心企业和供应商的资金成本分别为 i_1、i_2；当双方都不参与供应链金融合作时，供应链由于得不到资金支持而导致供应链中断风险，导致核心企业的预期损失为 f；供应商贷款违约的概率为 p，核心企业参与供应链金融合作下的贷款违约概率为 q_0；金融机构的线下服务成本为 C_0。当核心企业直接为其供应商提供资金服务时，会削弱核心企业的营运资本，增加了核心企业流动性风险损失的可能（Seifert 等，2013）。因此，核心企业单独为中小企业融资造成的流动性冲击损失为 L。当双方都参与供应链金融合作时，因开展供应链金融业务的信贷资金会挤占核心企业在金融机构的信贷额度，核心企业因此受到的损失为 R。

六是平台供应链金融模式下成本收益的假设。对于核心企业来说，当核心企业参与平台供应链金融模式时，供应链金融平台极大地降低了供应链金融业务开展的交易成本，能够吸引供应链上更多的企业加入，尤其是处于供应链末端的中小企业；同时核心企业通过供应链金融平台将应收账款电子化、标准化为供应链票据，并借助平台实现核心企业信用在多级供应商之间的拆分和流转，扩大了供应链金融的服务范围，从而使服务的应收账款总额有所增加，为 A_1；与此同时，核心企业加入供应链金融平台会进一步加强核心企业的地位，核心企业会要求对剩余的金融收益进行谈判，核心企业的分成比例为 λ，则金融机构的分成比例为 1–λ，但是此时金融机构的线下服务成本几乎为零；核心企业参与平台供应链金融的服务成本为 C_1。对于金融机构来说，当金融机构参与平台供应链金融模式时，金融机构的服务效率会有所提升，相较于传统线下的调查成本会有所下降，此时金融机构的服务成本为 C_2。当双方都参与平台供应链金融模式时，金融机构能利用平台数据提升风险管理能力，此时贷款的违约概率进一步降低，为 q_1；与此同时，平台供应链金融模式的价值发挥到最大，核心企业与金融机构可以利用供应链金融平台产生的数据创新金融服务，优化整个供应链的营运资金管理，提升供应链的竞争力，因此，核心企业与金融机构因共同参与平台供应链金融获取的平台收益分别为 S_1、S_2。

本章涉及的变量符号及名称如表 8–2 所示。

表 8–2　本章涉及的变量符号及名称

变量符号	变量名称
A_0	传统模式下的应收账款总额
A_1	核心企业参与平台模式下的应收账款总额
T	应收账款的到期时间
i_0	市场化基本利率
i_1	核心企业的资金成本
i_2	供应商的资金成本
f	供应链发生中断时核心企业的损失
p	供应商贷款的违约概率
q_0	核心企业参与传统合作的贷款违约概率
q_1	双方参与平台合作的贷款违约概率
L	核心企业单独参与传统合作的流动性冲击损失
R	核心企业在双方参与传统合作下的损失
C_0	传统模式下金融机构的服务成本
C_1	平台模式下核心企业的服务成本
C_2	平台模式下金融机构的服务成本
λ	核心企业在平台模式下对金融收益的分成比例
S_1	双方参与平台模式下核心企业的平台收益
S_2	双方参与平台模式下金融机构的平台收益

8.4.2　传统供应链金融合作演化博弈分析

（1）传统供应链金融合作博弈矩阵构建

根据上文的假设，可以得到传统供应链金融模式下核心企业与金融机构在不同策略组合下的博弈收益。

当核心企业与金融机构都选择“不合作”时，核心企业由于供应链不能得到资金支持产生中断风险，从而造成核心企业的损失，因此核心企业的预期收益为 $-f$，金融机构的预期收益为零。

当核心企业选择“不合作”，而金融机构选择“合作”时，核心企业可以避免因供应链中断而导致的损失，核心企业的预期收益为 0；金融机构通过提供贷款而获得的预期收益为 $(1-p)A_0T(1+i_2)-A_0T(1+i_0)-C_0$。

当核心企业选择“合作”，而金融机构选择“不合作”时，核心企业直接为其供应商提供资金支持，获取全部金融收益，且应收账款的债务人是核心企业，未有违约损失，但核心企业会因流动性的冲击而造成损失，该损失为 L。因此，核心企业的预期收益为 $A_0T(i_2-i_0)-L$；金融机构的预期收益为零。

当核心企业与金融机构都选择“合作”时，金融机构的信贷风险因核心企业的担保而降低，金融机构往往是基于核心企业的信用评级为供应商提供资金支持，核心企业与供应商之间的利率差一般由核心企业通过延长付款期限的方式获得，但核心企业因应收账款受到金融机构的监督和信贷额度被挤占而发生的损失为 R。因此，核心企业的预期收益为 $A_0T(1+i_2)-A_0T(1+i_1)-R$，金融机构的预期收益为 $(1-q_0)A_0T(1+i_1)-A_0T(1+i_0)-C_0$。

综上所述，在传统供应链金融模式下，核心企业与金融机构的演化博弈收益矩阵如表 8-3 所示。

表 8-3　核心企业与金融机构的演化博弈收益矩阵

		金融机构	
		合作（y）	不合作（1-y）
核心企业	合作（x）	$A_0T(i_2-i_1)-R$ $(1-q_0)A_0T(1+i_1)-A_0T(1+i_0)-C_0$	$A_0T(i_2-i_0)-L$ 0
	不合作（1-x）	0 $(1-p)A_0T(1+i_2)-A_0T(1+i_0)-C_0$	$-f$ 0

（2）传统供应链金融合作演化稳定策略分析

根据式（8-3）的博弈收益矩阵，可以构建核心企业和金融机构的复制动态方程。复制动态方程的一般形式为：

$$\frac{1}{x_i}\frac{dx}{dt}=u(S_i,\ x)-u(x,\ x) \tag{8-3}$$

其中，S_i 表示种群中可供选择的纯策略；x_i 表示选择纯策略的个体在种群中的比例；$u(S_i,\ x)$ 表示选择纯策略的预期收益；$u(x,\ x)$ 表示种群的平均期望收益。

用 E_x 表示核心企业采取“平台合作”策略的期望收益；E_{1-x} 表示核心企业采取“平台不合作”策略的期望收益；$\overline{E_x}$ 表示核心企业的平均期望收益。因此，对于核心企业而言：

$$E_x=y[A_0T(i_2-i_1)-R]+(1-y)[A_0T(i_2-i_0)-L]$$
$$=A_0T(i_2-i_0)-L+y[L-A_0T(i_1-i_0)-R]$$
$$E_{1-x}=-f(1-y)e=-f+yf$$
$$\overline{E_x}=xE_x+(1-x)E_{1-x}$$

则核心企业的复制动态方程为：

$$F(x)=\frac{dx}{dt}=x(E_x-\overline{E_x})=x(1-x)(E_x-E_{1-x})$$
$$=x(1-x)\{A_0T(i_2-i_1)-L+f+y[L-A_0T(i_1-i_0)-R-f]\} \tag{8-4}$$

其中，E_y 表示金融机构采取“平台合作”策略的期望收益；E_{1-y} 表示金融机构采取“平台不合作”策略的期望收益；$\overline{E_y}$ 表示金融机构的平均期望收益。因此，对于金融机构而言：

$$E_y = x[A_0T(i_1 - i_0) - q_0A_0T(1+i_1) - C_0] + (1-x)[A_0T(i_2-i_1) - pA_0T(1+i_1) - C_0]$$

$$= A_0T(i_2 - i_0) - pA_0T(1+i_2) - C_0 + x[pA_0T(1+i_2) - q_0A_0T(1+i_1) - A_0T(i_2 - i_1)]$$

$$E_{1-y} = 0$$

$$\overline{E_y} = yE_y + (1-y)E_{1-y}$$

则金融机构的复制动态方程为：

$$F(y) = \frac{dy}{dt} = y(E_y - \overline{E_y}) = y(1-y)(E_y - E_{1-y})$$

$$= y(1-y)\{A_0T(i_2 - i_0) - pA_0T(1+i_2) - C_0 + x[pA_0T(1+i_2) - qA_0T(1+i_1) - A_0T(i_2 - i_1)\} \quad (8-5)$$

根据式（8–4）和式（8–5），令 F（x）=0，F（y）=0，则可以得到五个平衡点 E_1（0，0）、E_2（0，1）、E_3（1，0）、E_4（1，1）和 E_5（x_1，y_1），其中

$$x_1 = -\frac{A_0T(i_2 - i_0) - pA_0T(1+i_2) - C_0}{pA_0T(1+i_2) - qA_0T(1+i_1) - A_0T(i_2 - i_1)}$$

$$y_1 = -\frac{A_0T(i_2 - i_0) + f - L}{L - A_0T(i_1 - i_0) - R - f}$$

根据 Friedman（1991）给出的方法，对于由微分方程系统所描述的群体动态来说，博弈系统平衡点的稳定性可由该群体动力系统雅可比矩阵的局部稳定分析得到，即判断对应局部均衡点的雅可比矩阵行列式（det J）和迹（tr J）的符号。当 det J >0，且 tr J<0 时，其局部均衡点是演化稳定策略（ESS）。

对 F（x）和 F（y）分别求关于 x 与 y 的偏导数，得雅可比矩阵为：

$$J=\begin{bmatrix}\frac{\partial F(x)}{\partial x} & \frac{\partial F(x)}{\partial y}\\ \frac{\partial F(y)}{\partial x} & \frac{\partial F(y)}{\partial y}\end{bmatrix}=\begin{bmatrix}a_{11} & a_{12}\\ a_{21} & a_{22}\end{bmatrix} \tag{8-6}$$

$a_{11}=(1-2x)\{A_0T(i_2-i_0)-L+f+y[L-A_0T(i_1-i_0)-R-f]\}$

$a_{12}=(1-x)[L-A_0T(i_1-i_0)-R-f]$

$a_{21}=y(1-y)[pA_0T(1+i_2)-q_0A_0(1+i_1)-A_0T(i_2-i_1)]$

$a_{22}=(1-2y)\{A_0T(i_2-i_0)-pA_0T(1+i_2)-C_0+x[pA_0T(1+i_2)-q_0A_0T(1+i_1)-A_0T(i_2-i_1)]\}$

其中：

$$\det J=\frac{\partial F(x)}{\partial x}\frac{\partial F(y)}{\partial y}-\frac{\partial F(x)}{\partial y}\frac{\partial F(y)}{\partial x}$$

$$\mathrm{tr}\ J=\frac{\partial F(x)}{\partial x}+\frac{\partial F(y)}{\partial y}$$

将四个均衡点 $E_1(0,\ 0)$、$E_2(0,\ 1)$、$E_3(1,\ 0)$、$E_4(1,\ 1)$ 分别代入雅可比矩阵，可求得相对应的 det J 和 tr J，其结果如表 8-4 所示。

表 8-4　局部均衡点对应的雅可比矩阵行列式和迹

均衡点	det J	tr J
$E_1(0,\ 0)$	$[A_0T(i_2-i_0)-L+f][A_0T(i_2-i_0)-pA_0T(1+i_2)-C_0]$	$2A_0T(i_2-i_0)+f-L-pA_0T(1+i_2)-C_0$
$E_2(0,\ 1)$	$-[A_0T(i_2-i_1)-R][A_0T(i_2-i_0)-pA_0T(1+i_2)-C_0]$	$pA_0T(1+i_2)+C_0-R-A_0T(i_1-i_0)$
$E_3(1,\ 0)$	$-[A_0T(i_2-i_0)-L+f][A_0T(i_1-i_0)-C_0-q_0A_0T(1+i_1)]$	$L-f-C_0-q_0A_0T(1+i_1)-A_0T(i_2-i_1)$
$E_4(1,\ 1)$	$[A_0T(i_2-i_1)-R][A_0T(i_1-i_0)-C_0-q_0A_0T(1+i_1)]$	$C_0+q_0A_0T(1+i_1)+R-A_0T(i_2-i_0)$

本书考虑中小企业与核心企业的信用差较大，即 $p>q_0+\frac{(1-q_0)(i_2-i_1)}{1+i_2}$。

当 $A_0T(i_2-i_1)-R<0$ 时，即核心企业参与合作的损失大于其收益时，$E_4(1,\ 1)$ 对应的 det J 和 tr J 同符号，双方不可能选择（合作，合作）的

策略。

当 $A_0T(i_2-i_1)-R>0$ 时，即核心企业参与合作的损失小于其收益时，令 $m=A_0T(i_2-i_1)-pA_0(1+i_2)$、$n=A_0T(i_1-i_1)-q_0A_0(1+i_1)$ 和 $h=A_0T(i_2-i_0)+f$，则可能的情形如表 8–5 所示。

表 8–5　可能的情形

情形	条件	补充条件
1	$C_0>n$；$L>h$	
2	$C_0>n$；$L<h$	
3	$m<C_0<n$；$L<h$	
4	$m<C_0<n$；$L>h$	
5	$C_0<m$	条件 1　$L<h$
		条件 2　$L>h$

对每种情况下均衡点的行列式（det J）和迹（tr J）的符号进行分析判断，结果如表 8–6 所示。

表 8–6　不同情形下均衡点的稳定性分析

均衡点	情形 1			情形 2			情形 3		
	det J	tr J	局部稳定性	det J	tr J	局部稳定性	det J	tr J	局部稳定性
(0, 0)	+	–	ESS	–	/	鞍点	–	/	鞍点
(0, 1)	+	+	不稳定点	+	+	不稳定点	+	+	不稳定点
(1, 0)	–	/	鞍点	+	–	ESS	–	/	鞍点
(1, 1)	–	/	鞍点	–	/	鞍点	+	–	ESS

均衡点	情形 4			情形 5　$L<h$			情形 5　$L>h$		
	det J	tr J	局部稳定性	det J	tr J	局部稳定性	det J	tr J	局部稳定性
(0, 0)	+	–	ESS	+	+	不稳定点	–	/	鞍点
(0, 1)	+	+	不稳定点	–	/	鞍点	–	/	鞍点
(1, 0)	+	+	不稳定点	–	/	鞍点	+	+	不稳定点
(1, 1)	+	–	ESS	+	–	ESS	+	–	ESS

根据表 8–6 对博弈均衡点的稳定性分析，可以得出以下结论。

情形 1：当 $C_0>n$，$L>h$ 时，其系统的演化稳定策略为 $E_1(0, 0)$，即金融机构的服务成本始终大于其收益，且当核心企业服务受到的流动性冲击损失大于其收益时，双方的演化稳定策略为（不合作，不合作）。

当金融机构的服务成本大于其能获得最大的收益时，金融机构不会选择合作。与此同时，当核心企业的流动性损失大于其金融收益与供应链中断损失时，核心企业也不会选择合作。该命题揭示了大部分中小企业不能获得资金的原因。一方面，中小企业由于运营不稳定、财务制度不健全、缺乏可抵押资产等原因违约风险较大，难以获得金融机构的资金支持；与此同时，核心企业的流动性在经济衰退或者受突发性事件冲击的情况下，自身的营运资本较弱，遭遇流动性冲击时损失较大，不能为供应商提供流动性的替代，甚至可能进一步通过延长期限加重供应商的资金紧张。

情形 2：当 $C_0>n$，$L<h$ 时，其系统的演化稳定策略为 $E_3(1, 0)$，即金融机构的服务成本大于其收益，但核心企业受到的流动性冲击损失小于其收益时，双方的演化稳定策略为（合作，不合作）。

当金融机构的服务成本大于其能获得的最大收益时，金融机构不会选择合作。当核心企业的流动性损失小于其金融收益和面临供应链中断损失时，核心企业将会选择合作。该命题揭示了一些资金实力强大、流动性充足的核心企业在金融机构不服务供应商的情况下，供应商通过提前付款得到现金折扣的方式获得核心企业的资金支持。

情形 3：当 $m<C_0<n$，$L<h$ 时，其系统的演化稳定策略为 $E_4(1, 1)$，即金融机构的服务成本处于某个区间，且核心企业服务受到的流动性冲击损失小于其收益时，双方的演化稳定策略为（合作，合作）。

当核心企业选择合作的收益大于成本时，核心企业将会选择合作。如果核心企业选择合作，且金融机构选择合作的收益大于其不合作的收益时，金融机构将会有动力选择合作。这种情况出现在传统模式下金融机构不能为中小企业提供贷款服务，但金融机构通过与核心企业合作，降低了信贷风险，从而为中小企业提供资金支持。

情形 4：当 $m<C_0<n$，$L>h$ 时，其系统的演化稳定策略为 E_1（0，0）和 E_4（1，1）。即金融机构的服务成本处于某个区间，且核心企业服务受到的流动性冲击损失大于其收益时，双方选择合作初始概率的不同组合最终可以演化为两个稳定结果（不合作，不合作）和（合作，合作）。

如果双方一开始选择合作的意愿较低，经过多轮博弈后将不再合作。但如果双方一开始都想合作，经过多轮博弈，他们将达到合作的稳定状态。因此，双方合作的初始概率将会影响最终的演化结果。

情形 5：当 $C_0<m$ 时，无论 $L<h$，还是 $L>h$，其系统的演化稳定策略为 E_4（1，1）。即金融机构的服务成本小于其收益时，双方的演化稳定策略为（合作，合作）。

当金融机构选择合作的服务成本小于其收益时，无论核心企业流动性冲击损失如何，双方的最优选择都将是合作。由于中小企业与核心企业的信用差较大，金融机构选择合作的收益大于不合作的收益，所以金融机构始终会选择合作。由于合作策略始终是金融机构的最佳选择，若核心企业选择不合作，那么核心企业不会获得平台收益，合作对于核心企业来说会更好，因此核心企业将选择合作。这种情况出现在供应商的信用较好，但利用核心企业与中小企业的信用利差优势能使金融机构和核心企业获得更多的收益。

（3）传统供应链金融合作演化博弈分析小结

对于传统供应链金融模式而言，本节分析了核心企业在双方都参与合作模式下，其收益大于损失的情形，得出了以下结论。

首先，从表 8-5 中可以看到，演化策略 E_2（0，1）不存在稳定路径，即在传统供应链金融模式下，金融机构不会单独为中小企业提供贷款服务。

其次，当中小企业的风险比较大，且双方都参与合作的情况下不能确保金融机构获得正的收益时，金融机构的最优选择策略是不合作；当金融机构选择不合作时，若核心企业受到流动性冲击的损失较大，此时核心企业的最优选择策略为不合作，演化稳定策略为 E_1（0，0），中小企业将不会得到资金支持；否则，演化稳定策略为 E_2（1，0），即中小企业通过提前付款得到现金折扣获得核心企业的资金支持。当中小企业的风险较低，金融机构选择合作的收益大于其成本时，无论核心企业受到流动性冲击的损失如何，演化稳定策略为 E_4（1，1），即在供应链金融模式下，通过利用核心企业与中小企业的信用利差优势能使金融机构和核心企业获得更多的收益。

最后，当金融机构选择合作的成本处于某一区间时，若核心企业受到流动性冲击的损失较小，演化稳定策略为 E_4（1，1），双方都将会选择合作；反之，演化稳定策略为 E_1（0，0）和 E_4（1，1），双方都选择合作或不合作取决于双方的初始合作意愿。

8.4.3 平台供应链金融合作演化博弈分析

（1）平台供应链金融合作博弈矩阵构建

根据 8.4.1 部分的假设，可以得到平台供应链金融模式下核心企业与金融机构在不同策略组合下的博弈收益。

当核心企业与金融机构都选择“传统合作”时，根据 8.4.2 部分可知，核心企业的收益为 $A_0T(i_2-i_1)-R$，且 $A_0T(i_2-i_1)-R>0$；金融机构的预期收益为 $(1-q_0)A_0T(1+i_1)-A_0T(1+i_0)-C_0$，且 $(1-q_0)A_0T(1+i_1)-A_0T(1+i_0)-C_0>0$。

当核心企业选择“传统合作”，而金融机构选择“平台合作”时，传统的供应链金融业务通过平台线上化，提高了业务运营的效率，降低了人工服务成本，但并未实质性地改变传统供应链金融业务的运营模式。因此，核心企业可以获得延长付款期限的收益为 $A_0T(1+i_2)-A_0T$

$(1+i_1)-R$；而金融机构因为平台的构建提升了服务效率，金融机构的预期收益为 $(1-q_0)A_0T(1+i_1)-A_0T(1+i_0)-C_2$。

当核心企业选择“平台合作”，而金融机构选择“传统合作”时，供应链金融平台极大地降低了供应链金融业务开展的交易成本，能够吸引供应链上更多的企业加入，尤其是处于供应链末端的中小企业。同时，核心企业通过供应链金融平台将应收账款电子化、标准化为供应链票据，并借助平台实现核心企业信用在多级供应商之间的拆分和流转，扩大了供应链金融的服务范围。供应链金融平台会进一步加强核心企业的地位，核心企业会要求对剩余的金融收益进行谈判，以补偿平台的服务成本，因此核心企业的预期收益为 $A_1T(i_2-i_1)+\lambda[(1-q_0)A_1T(1+i_1)-A_1T(1+i_0)]-C_1$。对于金融机构来说，由核心企业主导的平台供应链金融模式改变了金融机构参与供应链金融的方式，金融机构由传统的信贷者转变为供应链票据的投资者，开展供应链金融业务的成本几乎为零，其预期收益为 $(1-\lambda)[(1-q_0)A_1T(1+i_1)-A_1T(1+i_0)]$。

当核心企业和金融机构都选择“平台合作”时，该模式将业务数字化，并通过供应链金融平台对数据进行共享，不仅有利于扩大供应链金融的服务范围，提升交易效率；也有利于金融机构依据客观、真实、全面的数据做出信贷决策和风险管理，有效防范金融借贷的风险。与此同时，平台供应链金融模式的价值发挥到最大，核心企业与金融机构可以利用供应链金融平台产生的数据创新金融服务，优化整个供应链的营运资金管理，提升双方在平台供应链金融模式中的收益。因此，核心企业的预期收益为 $A_1T(i_2-i_1)+\lambda[(1-q_1)A_1T(1+i_1)-A_1T(1+i_0)]+S_1-C_1$；金融机构的预期收益为 $(1-\lambda)[(1-q_1)A_1T(1+i_1)-A_1T(1+i_0)]+S_2-C_2$。

综上所述，$D_0=A_1T(i_1-i_0)-q_0A_1T(1+i_1)$；$D_1=A_1T(i_1-i_0)-q_1A_1T(1+i_1)$，则平台供应链金融模式下核心企业与金融机构双方的演化博弈收益矩阵如表 8-7 所示。

表 8-7 平台供应链金融演化博弈收益矩阵

		金融机构	
		平台合作 Y	传统合作（1-Y）
核心企业	平台合作 X	$A_1T(i_2-i_1)+\lambda D_1+S_1-C_1$ $(1-\lambda)D_1+S_2-C_2$	$A_1T(i_2-i_1)+\lambda D_0-C_1$ $(1-\lambda)D_0$
	传统合作（1-X）	$A_0T(i_2-i_1)-R$ $A_0T(i_1-i_0)-q_0A_0T(1+i_1)-C_2$	$A_0T(i_2-i_1)-R$ $A_0T(i_1-i_0)-q_0A_0T(1+i_1)-C_0$

（2）平台供应链金融合作演化稳定策略分析

用 E_X 表示核心企业采取"平台合作"策略的期望收益；E_{1-X} 表示核心企业采取"平台不合作"策略的期望收益；$\overline{E_X}$ 表示核心企业的平均期望收益。因此，对于核心企业而言：

$$E_X=Y[A_1T(i_2-i_1)+\lambda D_1+S_1-C_1]+(1-Y)[A_1T(i_2-i_1)+\lambda D_0-C_1]$$
$$=A_1T(i_2-i_1)+\lambda D_0-C_1+Y[\lambda(D_1-D_0)+S_1]$$
$$E_{1-X}=Y[A_0T(i_2-i_1)-R]+[1-Y][A_0T(i_2-i_1)-R]=A_0T(i_2-i_1)-R$$
$$\overline{E_X}=XE_X+(1-X)E_{1-X}$$

则核心企业的复制动态方程为：

$$F(X)=\frac{dX}{dt}=X(E_X-\overline{E_X})=X(1-X)(E_X-E_{1-X})$$
$$=X(1-X)\{(A_1-A_0)T(i_2-i_1)-R+\lambda D_0-C_1+Y[\lambda(D_1-D_0)+S_1]\} \tag{8-7}$$

用 E_Y 表示金融机构采取"平台合作"策略的期望收益；E_{1-Y} 表示金融机构采取"平台不合作"策略的期望收益；$\overline{E_Y}$ 表示金融机构的平均期望收益。因此，对于金融机构而言：

$$E_Y=X[(1-\lambda)D_1+S_2-C_2]+(1-X)[A_0T(i_1-i_0)-q_0A_0T(1+i_1)-C_2]$$
$$=A_0T(i_1-i_0)-q_0A_0T(1+i_1)-C_2+X[(1-\lambda)D_1+S_2-A_0T(i_1-i_0)+q_0A_0T(1+i_1)]$$
$$E_{1-Y}=X(1-\lambda)D_0+(1-X)[A_0T(i_1-i_0)-q_0A_0T(1+i_1)-C_0]$$
$$=A_0T(i_1-i_0)-q_CA_0T(1+i_1)-C_0+X[(1-\lambda)D_0+C_0-A_0T(i_1-i_0)+q_0A_0T(1+i_1)]$$

$$\overline{E_Y}=YE_Y+(1-Y)E_{1-Y}$$

则金融机构的复制动态方程为：

$$\begin{aligned}F(Y)=\frac{dY}{dt}&=Y(E_Y-\overline{E}_Y)=Y(1-Y)(E_Y-E_{1-Y})\\&=Y(1-Y)\{C_0-C_2+X[(1-\lambda)(D_1-D_0)+S_2-C_0]\}\end{aligned}\tag{8-8}$$

根据式（8-7）和式（8-8），令 F（X）=0，F（Y）=0，则可以得到五个平衡点，即 $E_1(0,\ 0)$、$E_2(0,\ 1)$、$E_3(1,\ 0)$、$E_4(1,\ 1)$ 和 $E_5(X_1,\ Y_1)$，其中：

$$X_1=-\frac{A_0T(i_2-i_0)-pA_0T(1+i_2)-C_0}{pA_0T(1+i_2)-q_0A_0T(1+i_1)-A_0T(i_2-i_1)}$$

$$Y_1=-\frac{A_0T(i_2-i_0)+f-L}{L-A_0T(i_1-i_0)-R-f}$$

对 F（X）和 F（Y）分别求关于 X 与 Y 的偏导数，可得雅可比矩阵为：

$$J=\begin{bmatrix}\frac{\partial F(X)}{\partial X}&\frac{\partial F(X)}{\partial Y}\\\frac{\partial F(Y)}{\partial X}&\frac{\partial F(Y)}{\partial Y}\end{bmatrix}=\begin{bmatrix}a_{11}&a_{12}\\a_{21}&a_{22}\end{bmatrix}\tag{8-9}$$

$$a_{11}=(1-2X)\{(A_1-A_0)T(i_2-i_1)-R+\lambda D_0-C_1+Y[\lambda(D_1-D_0)+S_1]\}$$
$$a_{12}=X(1-X)[\lambda(D_1-D_0)+S_1]$$
$$a_{21}=Y(1-Y)[(1-\lambda)(D_1-D_0)+S_2-C_0]$$
$$a_{22}=(1-2Y)\{C_0-C_2+X[(1-\lambda)(D_1-D_0)+S_2-C_0]\}$$

其中：

$$\det J=\frac{\partial F(X)}{\partial X}\frac{\partial F(Y)}{\partial Y}-\frac{\partial F(X)}{\partial Y}\frac{\partial F(Y)}{\partial X}$$

$$\mathrm{tr}\ J=\frac{\partial F(X)}{\partial X}+\frac{\partial F(Y)}{\partial Y}$$

将四个均衡点 $E_1(0,\ 0)$、$E_2(0,\ 1)$、$E_3(1,\ 0)$、$E_4(1,\ 1)$ 分别代入雅可比矩阵，可求得相对应的 det J 和 tr J，如表 8-8 所示。

表 8-8 局部均衡点对应的雅克比矩阵行列式和迹

均衡点	det J	tr J
$E_1(0, 0)$	$(C_0-C_2)[(A_1-A_0)T(i_2-i_1)-R+\lambda D_0-C_1]$	$C_0-C_2+(A_1-A_0)T(i_2-i_1)-R+\lambda D_0-C_1$
$E_2(0, 1)$	$-(C_0-C_2)[(A_1-A_0)T(i_2-i_1)-R+\lambda D_1-C_1+S_1]$	$C_2-C_0+(A_1-A_0)T(i_2-i_1)-R+\lambda D_1-C_1+S_1$
$E_3(1, 0)$	$-[(1-\lambda)(D_1-D_0)+S_2-C_2]\times[(A_1-A_0)T(i_2-i_1)-R+\lambda D_0-C_1]$	$(1-\lambda)(D_1-D_0)+S_2-C_2-(A_1-A_0)T(i_2-i_1)+R-\lambda D_0+C_1$
$E_4(1, 1)$	$[(1-\lambda)(D_1-D_0)+S_2-C_2]\times[(A_1-A_0)T(i_2-i_1)-R+\lambda D_1-C_1+S_1]$	$(\lambda-1)(D_1-D_0)-S_2+C_2-(A_1-A_0)T(i_2-i_1)+R-\lambda D_1+C_1-S_1$

令 $M=(A_1-A_0)T(i_2-i_1)-R+\lambda D_0$、$N=(A_1-A_0)T(i_2-i_1)-R+\lambda D_1+S_1$ 和 $H=(1-\lambda)(D_1-D_0)+S_2$，则可能的情况如表 8-9 所示。

表 8-9 可能的情形

情形	条件	补充条件
1	$C_1>N$	条件 1：$C_2<H$
		条件 2：$C_2>H$
2	$C_1<M$；$C_2>H$	
3	$C_1<M$；$C_2<H$	
4	$M<C_1<N$；$C_2<H$	
5	$M<C_1<N$；$C_2>H$	

对每种情形下均衡点的行列式（det J）和迹（tr J）的符号进行分析判断，结果如表 8-10 所示。

表 8-10 不同情形下均衡点的稳定性分析

均衡点	情形 1 $C_2<H$			情形 1 $C_2>H$			情形 2		
	det J	tr J	局部稳定性	det J	tr J	局部稳定性	det J	tr J	局部稳定性
(0, 0)	-	/	鞍点	-	/	鞍点	+	+	不稳定点
(0, 1)	+	-	ESS	+	-	ESS	-	/	鞍点
(1, 0)	+	+	不稳定点	-	/	鞍点	+	-	ESS
(1, 1)	-	/	鞍点	+	+	不稳定点	-	/	鞍点

续表

均衡点	情形 3			情形 4			情形 5		
	det J	tr J	局部稳定性	det J	tr J	局部稳定性	det J	tr J	局部稳定性
(0, 0)	+	+	不稳定点	−	/	鞍点	−	/	鞍点
(0, 1)	−	/	鞍点	−	/	鞍点	−	/	鞍点
(1, 0)	−	/	鞍点	+	+	不稳定点	−	/	鞍点
(1, 1)	+	−	ESS	+	−	ESS	−	/	鞍点

根据表 8-10 对博弈均衡点的稳定性分析，为了进一步通过演化路径仿真图展现不同情形下核心企业和金融机构的策略选择，本节运用 Matlab 2021a 软件对其进行仿真模拟。现对博弈支付矩阵中的各个参数的初始值做出如下假设：$A_0=1000$；$A_1=1100$；$T=0.5$；$i_0=0.04$；$i_1=0.06$；$i_2=0.10$；$f=5$；$p=0.05$；$q_0=0.01$；$q_1=0.008$；$L=40$；$R=2$；$\lambda=0.5$；$C_0=2$；$C_1=5$；$C_2=1$；$S_1=1$；$S_2=1$。其中，$M=2.585$；$N=4.168$；$H=1.585$。

情形 1：当 $C_1>N$ 时，无论是 $C_2<H$，还是 $C_2>H$，其系统的演化稳定策略为 E_2（0，1），即核心企业参与平台的服务成本大于其收益时，无论金融机构选择平台合作的成本收益如何，双方的演化稳定策略为（传统合作，平台合作），演化路径分别如图 8-2 和图 8-3 所示。

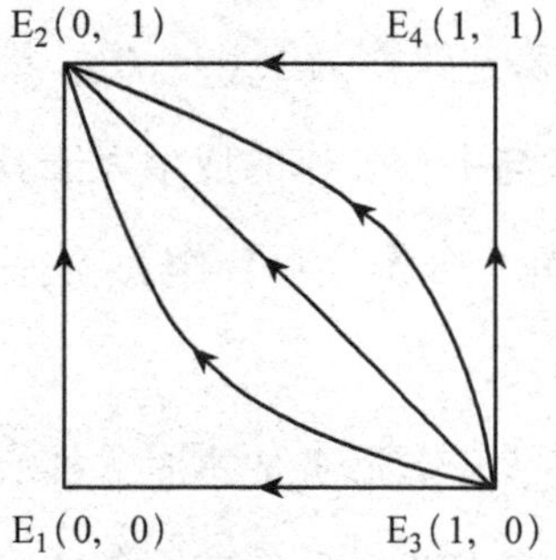

（a）动态演化相位图

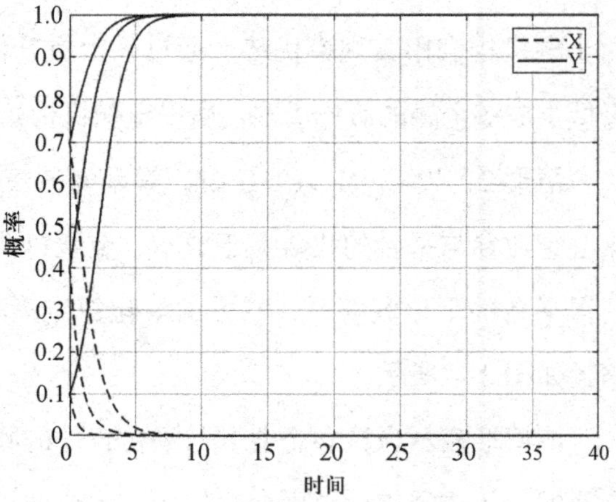

（b）动态演化过程

图 8-2　情形 1：$C_2<H$ 演化路径（$C_1=5$；$C_2=1$）

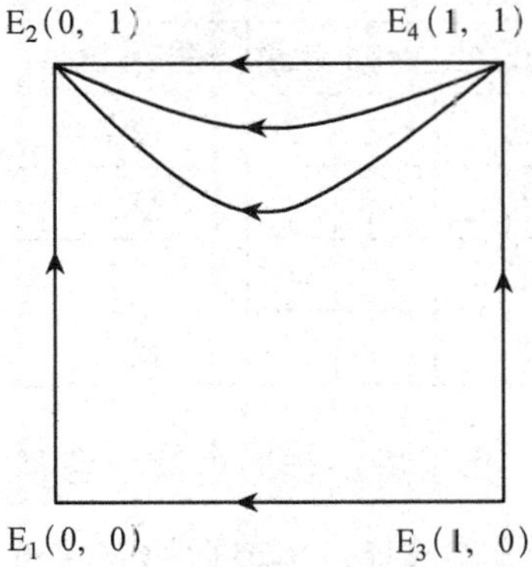

（a）动态演化相位图

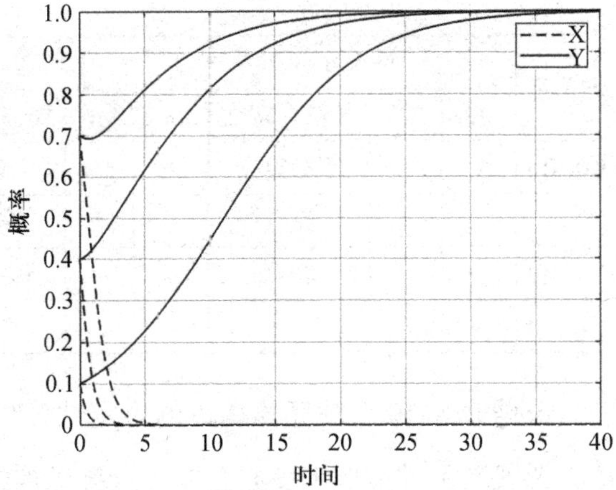

（b）动态演化过程

图 8-3 情形 1：C_2>H 演化路径（C_1=5；C_2=1.8）

该情形表示当核心企业参与平台合作的服务成本大于其收益时，核心企业的最优选择是传统合作。而当核心企业选择传统合作时，无论金融机构选择平台合作的收益如何，金融机构因选择平台合作能够提高供应链金融的服务效率，所以金融机构始终会选择平台合作。这种情况一般发生在供应链的数字化程度低，只有少量的企业完成数字化转型时，导致平台供应链金融参与主体的数量较少，不能有效提升供应链金融的运营效率，参与平台合作的收益小于其服务成本，所以核心企业不愿意参与平台合作；而金融机构利用其规模优势，通过平台提升供应链金融业务的运营效率，降低供应链金融的服务成本，所以金融机构始终会选择平台合作。

情形 2：当 C_1<M，C_2>H 时，其系统的演化稳定策略为 E_3(1, 0)，即核心企业参与平台的收益大于成本，金融机构参与平台合作的成本大于其获得平台的平台收益时，双方的演化稳定策略为（合作，不合作），演化路径如图 8-4 所示。

该情形表示当核心企业参与平台合作的收益大于其服务成本时，核心企业的最优选择将会是平台合作。因为金融机构参与平台合作的服务成本大于其获得的收益，所以当核心企业始终选择平台合作时，金融机构的最

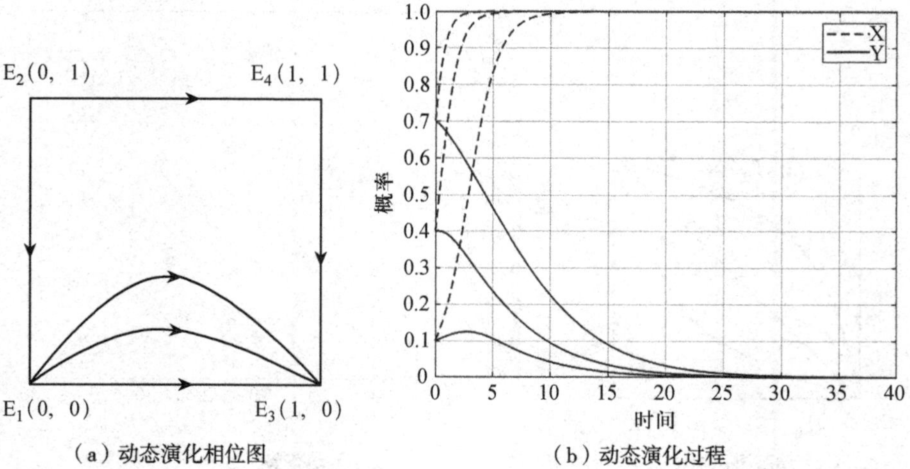

图 8-4　情形 2：演化路径（C_1=2；C_2=1.8）

优选择是传统合作。这种情况一般发生在供应链的数字化程度较高、大部分企业已完成数字化转型时，平台供应链金融参与主体的数量较多，有效提升了供应链金融的运营效率，参与平台合作的收益大于其服务成本，所以核心企业会选择平台合作。但是由于金融机构利用数据获得的收益有限，或者因核心企业担心数据隐私问题，数据资产被核心企业严格限制，金融机构难以通过充分利用数据发挥平台价值，所以金融机构选择传统合作。这种模式在现实中体现为核心企业通过供应链金融平台发行标准化票据，而金融机构通过金融市场买卖标准化票据为中小企业提供资金支持，即表 8-1 中的流转式数字供应链金融模式。

情形 3：当 C_1<M，C_2<H 时，其系统的演化稳定策略为 E_4(1，1)，即核心企业参与平台的服务成本小于其收益，金融机构参与平台合作的服务成本也小于其收益时，双方的演化稳定策略为（合作，合作），演化路径如图 8-5 所示。

该情形表示当核心企业参与平台合作的平台服务成本小于其收益时，核心企业的最优选择将是平台合作。与此同时，金融机构选择平台合作的平台服务成本小于其收益时，金融机构也会选择平台合作。这种情况一般

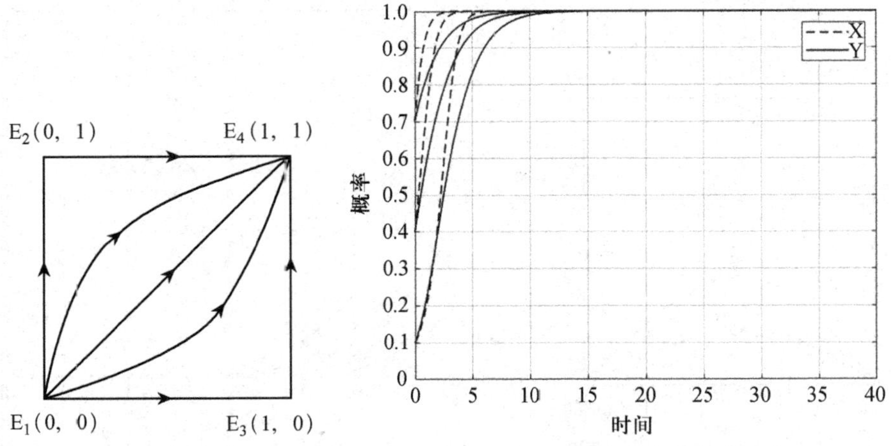

（a）动态演化相位图　（b）动态演化过程

图 8-5　情形 3：演化路径（C_1=2；C_2=1）

发生在供应链数字化程度较高、大部分企业已完成数字化转型时，平台供应链金融参与主体能形成有效规模，平台数据较为丰富和完善，有利于通过平台扩大服务对象和数据共享获取更多的平台收益。因此，核心企业和金融机构都有较强的动力选择平台合作。

情形 4：当 $M<C_1<N$，$C_2<H$ 时，其系统的演化稳定策略为（1，1），即当核心企业参与平台合作的服务成本处于某个区间，且金融机构参与平台合作的服务成本小于其收益时，双方的演化稳定策略为（合作，合作），演化路径如图 8-6 所示。

当金融机构选择平台合作的服务成本小于其收益时，金融机构始终会选择平台合作。当金融机构选择平台合作，且核心企业选择平台合作的收益大于其传统合作的收益时，核心企业也将有动力选择平台合作。

情形 5：当 $M<C_1<N$，$C_2>H$ 时，不存在系统的演化稳定策略。即当核心企业参与平台合作的服务成本处于某个区间，且金融机构参与平台的服务成本大于其收益时，双方在平台化博弈的过程中彼此的行为会呈现出周而复始的变换，演化路径如图 8-7 所示。

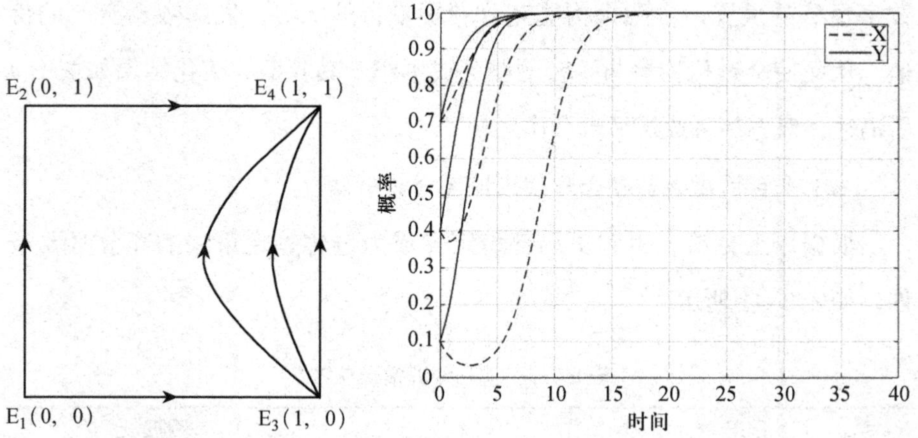

（a）动态演化相位图　　（b）动态演化过程

图 8-6　情形 4：演化路径（C_1=3.5；C_2=1）

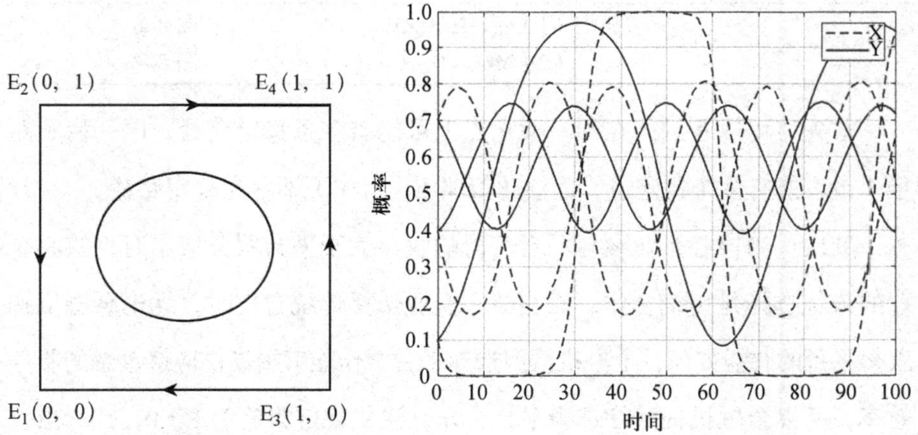

（a）动态演化相位图　　（b）动态演化过程

图 8-7　情形 5：演化路径（C_1=3.5；C_2=1.8）

供应链金融平台发展之初，金融机构利用其规模优势，通过平台能提升其服务效率，金融机构会选择平台合作。考虑到金融机构选择平台合作时，核心企业由于选择平台合作能获得较多的收益，所以核心企业也会选择平台合作。此时金融机构会因核心企业选择平台合作降低了预期收益，所以金融机构会选择传统合作。核心企业也会因金融机构选择传统合作继而选择传统合作。如此往复，两博弈主体之间没有演化稳定策略。但随着数字经济的发展，金融机构能充分利用平台的优势，发挥数据资产的价值，从而使金融机构参与平台的服务成本小于其收益，演化结果如情形 4 所描述，双方都将选择平台合作。

（3）平台供应链金融合作演化博弈分析小结

根据以上分析，得到了局部稳定点成为进化稳定策略的充分必要条件，如表 8-11 所示。

表 8-11 演化博弈情形总结

ESS	条件	图形
$E_2(0,1)$	（1）$C_1>N$；$C_2<H$ （2）$C_1>N$；$C_2>H$	图 8-1 图 8-2
$E_3(1,0)$	（1）$C_1<M$；$C_2>H$	图 8-5
$E_4(1,1)$	（1）$C_1<M$；$C_2<H$ （2）$M<C_1<N$；$C_2<H$	图 8-6 图 8-7

首先，可以看到，在同一稳定点上可能有多条稳定路径，同一稳定路径上也可能有多个稳定点，而演化策略 $E_3(1,0)$ 不存在稳定路径。

其次，当核心企业参与平台获得的收益大于平台服务成本时，核心企业的最优选择是传统合作；而当核心企业选择传统合作时，无论金融机构获得平台的收益如何，金融机构因选择平台合作能够提高供应链金融的服务效率，所以金融机构始终选择平台合作，演化稳定策略为 $E_2(0,1)$。当核心企业参与平台合作的服务成本大于其收益时，核心企业的最优选择是平台合作；当核心企业选择平台合作时，金融机构是否选择平台合作取决于参与平台成本与收益的比较，若金融机构参与平台合作的服务成本大于其收益，金融机构将选择传统合作，演化稳定策略为 $E_3(1,0)$；否则，演化稳定策略为 $E_4(1,1)$。

最后，当核心企业参与平台的服务成本处于某一区间时，若金融机构参与平台合作的服务成本小于其收益，演化稳定策略为 $E_4(1,1)$；否则，不存在演化稳定策略，双方在平台化博弈的过程中彼此的行为会呈现出周而复始的变化。

8.5　敏感性分析

8.5.1　参数假设

本章运用 Matlab 2021a 软件建立了核心企业与金融机构参与传统供应链金融合作博弈模型，对双方策略的动态演化过程在不同初始状态下进行了敏感性分析，并通过设置不同参数比较分析了无风险利率、金融机构线下服务成本和核心企业流动性冲击损失对双方合作行为的影响。本章还运用 Matlab 2021a 软件对核心企业与金融机构参与平台供应链金融合作博弈进行建模，探讨了一些参数对从其他稳定状态向双方都选择平台合作稳定状态的转换。现对博弈支付矩阵中的各个参数的初始值做出以下假设：$A_0=1000$；$A_1=1100$；$T=0.5$；$i_0=0.04$；$i_1=0.06$；$i_2=0.10$；$f=5$；$p=0.05$；$q_0=0.01$；$q_1=0.008$；$f=5$；$L=40$；$R=2$；$\lambda=0.5$；$C_0=2$；$C_1=5$；$C_2=1$；$S_1=1$；$S_2=1$。本章假设核心企业与金融机构参与传统供应链金融合作的初始意愿为：$x=y=0.3$；在参与传统供应链金融合作的基础上，核心企业与金融机构参与平台供应链金融合作的初始意愿为：$X=Y=0.6$。

8.5.2　传统供应链金融敏感性分析

当金融机构的服务成本 $m<C_0<n$，且核心企业服务受到的流动性冲击 $L>h$ 时，双方都选择合作或不合作取决于双方选择合作的初始概率，演化路径如图 8-8 所示。

如图 8-8（a）所示，点 $E_5(x_1, y_1)$ 是判断动态复制曲线向点位 $E_1(0, 0)$ 和 $E_4(1, 1)$ 收敛的关键点，且当 $S_{E_2E_5E_3E_4}$ 越大时，博弈双方更倾向于选择平台合作策略。$S_{E_2E_5E_3E_4}$ 的表达式如下：

$$
\begin{aligned}
S_{E_2E_5E_3E_4} &= 1-\frac{1}{2}(x_1+y_1)\\
&= 1+\frac{1}{2}\left[\frac{A_0T(i_2-i_0)-pA_0T(1+i_2)-C_0}{pA_0T(1+i_2)-q_0A_0T(1+i_1)-A_0T(i_2-i_1)}+\frac{A_0T(i_2-i_0)+f-L}{L-A_0T(i_1-i_0)-R-f}\right]
\end{aligned}
$$

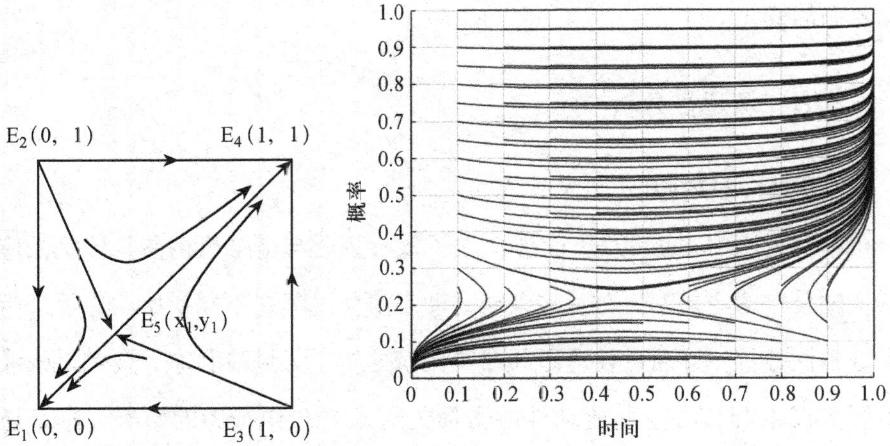

（a）动态演化相位图　　（b）动态演化过程

图 8-8　传统模式下情形 4 演化路径（C_0=3.5；L=40）

从图 8-8（b）中可以看出，金融机构选择合作的初始概率对演化结果的影响更大；随着 y 的提高，即随着金融机构选择合作的初始概率的提高，演化结果更趋向于双方都选择合作。研究变量 i_0、C_0 和 L 对 $S_{E_2E_5E_3E_4}$ 的影响，并进一步分析 i_0、C_0 和 L 对双方行为策略演化过程的影响。

（1）i_0 对 $S_{E_2E_5E_3E_4}$ 的影响

在保证其他参数不变的情况下，求 $S_{E_2E_5E_3E_4}$ 关于无风险利率 i_0 的偏导，得到以下等式：

$$\begin{aligned}\frac{\partial S_{E_2E_5E_3E_4}}{\partial i_0}&=\frac{1}{2}\left\{\frac{-A_0T}{pA_0T(1+i_2)-q_0A_0T(1+i_1)-A_0T(i_2-i_1)}+\right.\\&\left.\frac{-A_0T[A_0T(i_2-i_1)+R]}{(L-A_0T(i_1-i_0)-R-f)^2}\right\}\\&=-\frac{1}{2}\left\{\frac{1}{p(1+i_2)-q_0(1+i_1)-i_2+i_1}+\frac{A_0{}^2T^2(i_2-i_0)}{[L-A_0T(i_1-i_0)-f]^2}\right\}\end{aligned} \tag{8-10}$$

其中，$\frac{\partial S_{E_1E_2E_3E_4}}{\partial i_0}<0$ 恒成立。即随着无风险利率的增加，$S_{E_1E_2E_3E_4}$ 将会递减，核心企业与金融机构都选择“合作”的可能性降低。对双方行为策略演化过程的影响如图 8-9 所示。

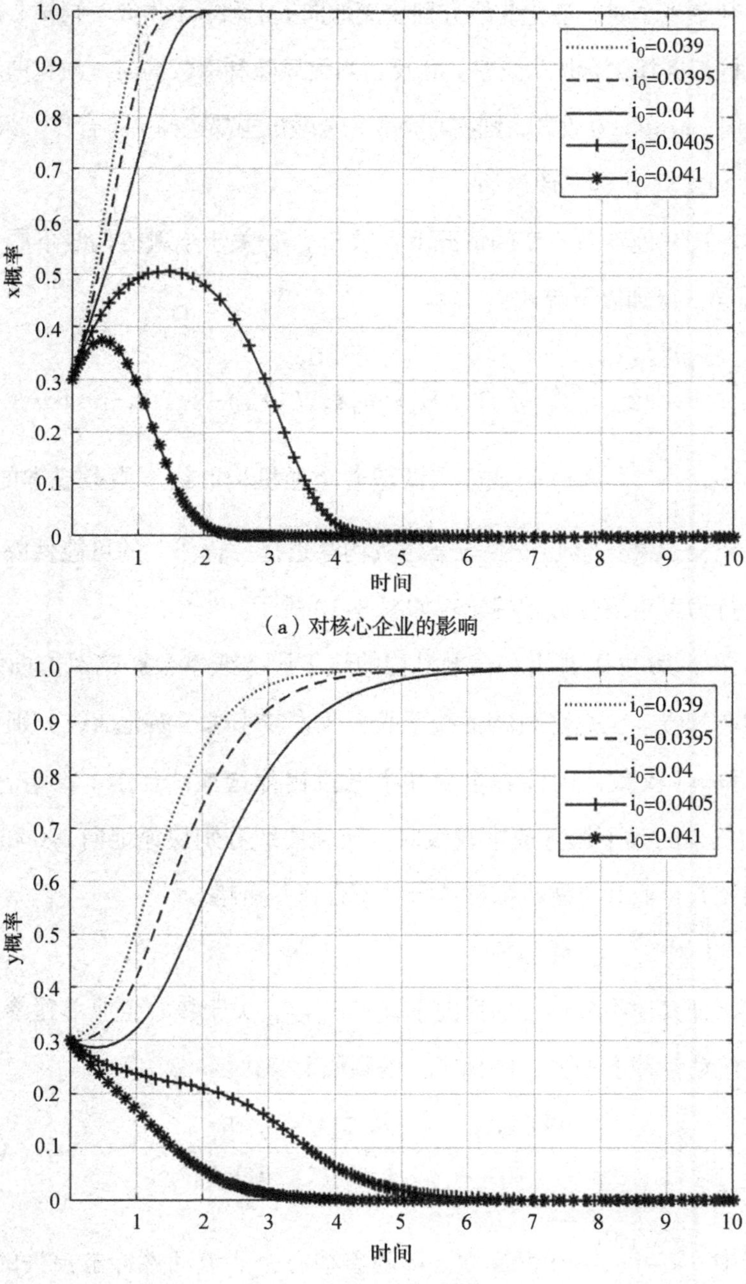

（a）对核心企业的影响

（b）对金融机构的影响

图 8-9　i_0 对 $S_{E_2E_5E_3E_4}$ 影响的演化路径

从图 8–9 可以看出，无风险利率会影响双方曲线的收敛方向和快慢。当无风险利率越小时，演化曲线分别快速地向 x=1 和 y=1 收敛，则核心企业和金融机构都选择“合作”策略。相反，当无风险利率较高时，演化曲线分别快速地向 x=0 和 y=0 收敛，则核心企业和金融机构都选择“不合作”策略。

（2）C_0 对 $S_{E_1E_2E_3E_4}$ 的影响

在保证其他参数不变的情况下，求 $S_{E_1E_2E_3E_4}$ 关于金融机构线下服务成本 C_0 的偏导，得到以下等式：

$$\frac{\partial S_{E_2E_5E_3E_4}}{\partial C_0}=\frac{C_0}{2[pA_0T(1+i_2)-q_0A_0T(1+i_1)-A_0T(i_2-i_1)]} \quad (8\text{–}11)$$

其中，$\frac{\partial S_{E_1E_2E_3E_4}}{\partial C_0}<0$ 恒成立。即随着金融机构的线下服务成本的增加，$S_{E_2E_5E_3E_4}$ 将会递减，核心企业与金融机构都选择“合作”的可能性降低。C_0 对双方行为策略演化过程的影响如图 8–10 所示。

从图 8–10 可以看出，金融机构的线下服务成本会影响双方曲线收敛的方向和快慢。当金融机构的线下服务成本较小时，演化曲线分别快速地向 x=1 和 y=1 收敛，则核心企业和金融机构都选择“合作”策略。相反，当金融机构的线下服务成本较大时，演化曲线分别快速地向 x=0 和 y=0 收敛，则核心企业和金融机构都选择“不合作”策略。

（3）L 对 $S_{E_1E_2E_3E_4}$ 的影响

在保证其他参数不变的情况下，求 $S_{E_1E_2E_3E_4}$ 关于核心企业单独参与传统合作的流动性冲击损失 L 的偏导，得到如下等式：

$$\frac{\partial S_{E_2E_5E_3E_4}}{\partial L}=-\frac{A_0T(i_2-i_1)-R}{2[L-A_0T(i_1-i_0)-f]^2} \quad (8\text{–}12)$$

其中，$\frac{\partial S_{E_1E_2E_3E_4}}{\partial L}<0$ 恒成立。即随着核心企业流动性冲击损失的增加，$S_{E_2E_5E_3E_4}$ 将会逐渐递减，核心企业与金融机构都选择“平台合作”的可能性降低。L 对双方行为策略演化过程的影响如图 8–11 所示。

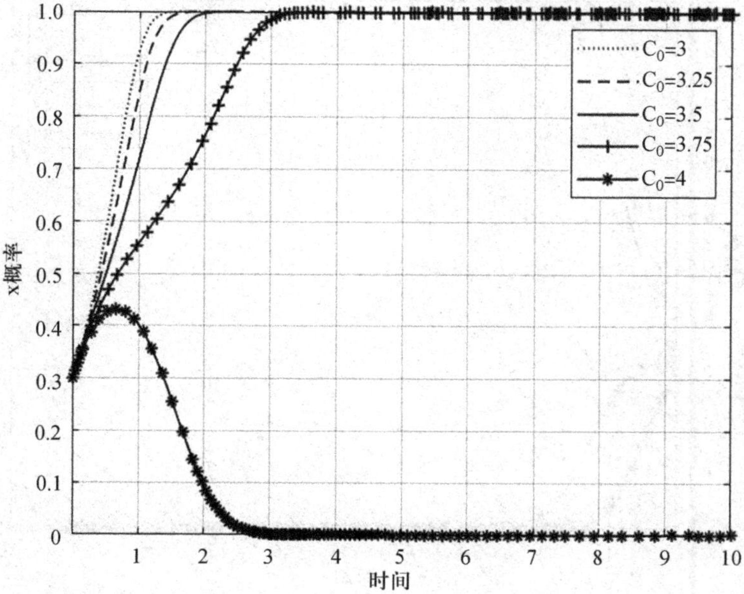

（a）对核心企业的影响

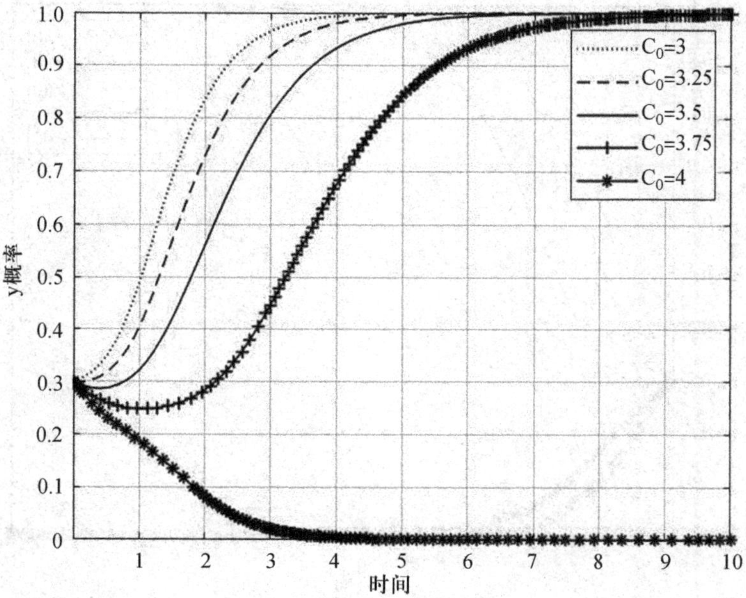

（b）对金融机构的影响

图 8-10　C_0 对 $S_{E_1E_2E_3E_4}$ 影响的演化路径

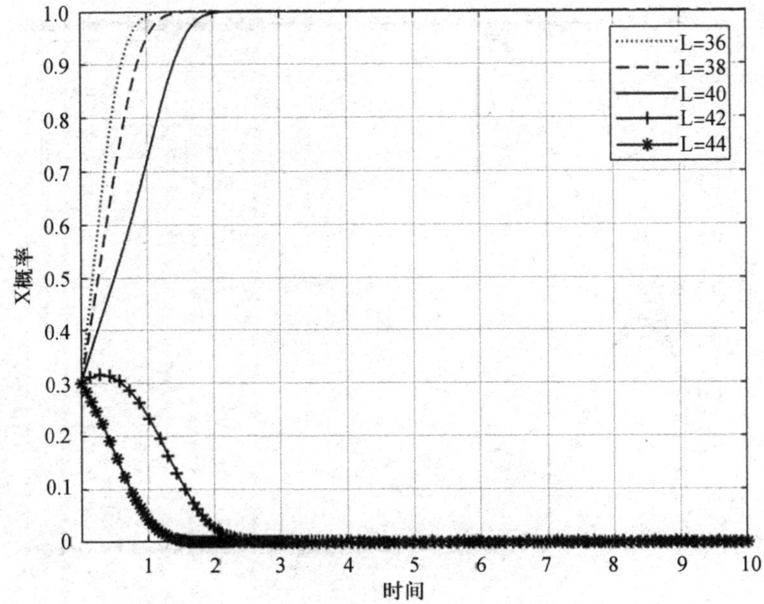

（a）对核心企业的影响

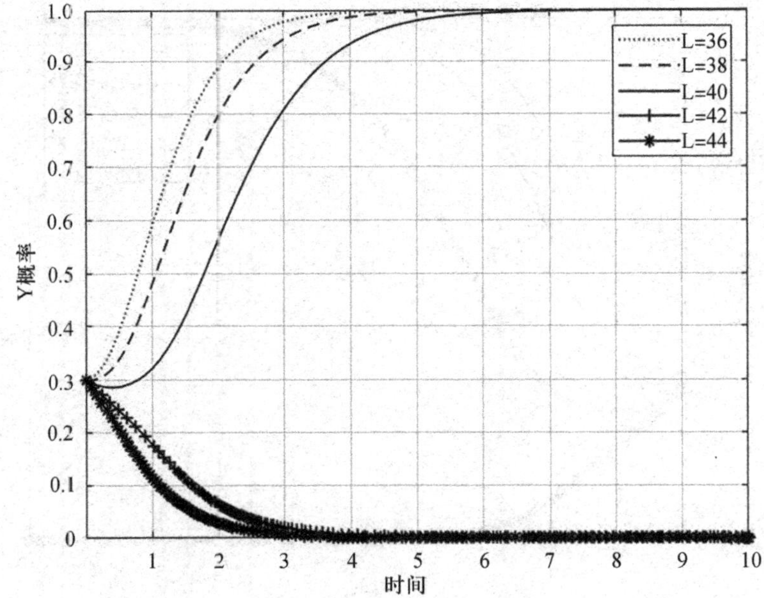

（b）对金融机构的影响

图 8-11　L 对 $S_{E_1E_2E_3E_4}$ 影响的演化路径

8.5.3 参数改变对平台供应链金融合作演化稳定策略的影响

（1）从稳定状态 E_2（0，1）向稳定状态 E_4（1，1）的转换

当金融机构参与平台合作获得的额外收益大于其成本时，不能达到双方都选择平台合作的稳定状态；因此，本书只考虑金融机构参与平台合作获得的额外收益大于其成本。如表 8-10 所示，随着 N 的增加，即随着 A_1 或 q_1、S_1 的增加，核心企业的稳定状态由 X=0 变为 X=1，且金融机构参与平台合作获得的额外收益大于其成本始终满足，可以从稳定状态 E_2（0，1）转换到稳定状态 E_4（1，1）。

第一，平台模式下应收账款总额对核心企业合作行为演化的影响。

图 8-12 是在其他参数不变的情况下，平台模式下应收账款总额对核心企业选择平台合作影响的仿真。从图 8-12 可以看出，A_1=1136.40 是从稳定状态 E_2（0，1）转换为稳定状态 E_4（1，1）时的临界条件，且当 A_1=1136.40 时，尽管选择平台合作 X 的概率会稳定下来，但不会是 0 或 1。当 A_1 小于临界值时，核心企业选择平台合作的概率迅速收敛到 X=0，稳

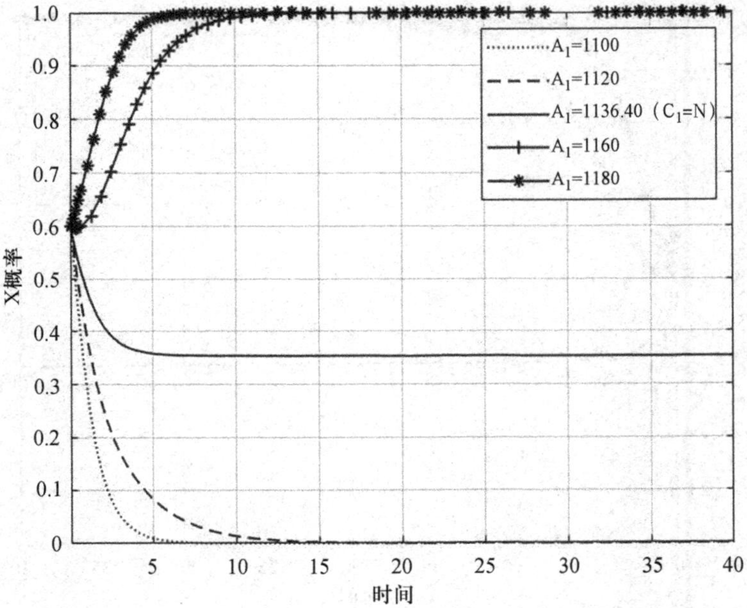

图 8-12　A_1 对核心企业合作行为演化影响的演化路径

定点最终会向 E_2(0，1)收敛；当 A_1 大于临界值时，随着 A_1 的增加，核心企业选择平台合作的概率迅速收敛到 X=1，稳定点最终会向 E_4(1，1)收敛。仿真结果表明，随着平台供应链金融不断地扩大服务范围，增加服务的应收账款的总额，可以使核心企业参与平台的收益大于其平台服务成本，有利于核心企业从传统合作到平台合作的转换，促进双方都选择平台合作。

第二，平台模式下贷款违约概率对核心企业合作行为演化的影响。

图 8-13 是在其他参数不变的情况下，平台模式下贷款违约概率对核心企业选择平台合作影响的仿真。从图 8-13 可以看出，q_1=0.00515 是从稳定状态 E_2(0，1)转换为稳定状态 E_4(1，1)时的临界条件，且当 q_1=0.00515 时，尽管选择平台合作 X 的概率也会稳定下来，但不会是 0 或 1。当 q_1 大于临界值时，核心企业选择平台合作的概率迅速收敛到 X=0，稳定点最终会向 E_2(0，1)收敛；当 q_1 小于临界值时，随着 q_1 的降低，核心企业选择平台合作的概率迅速收敛到 X=1，稳定点最终会向 E_4(1，1)收敛。仿真

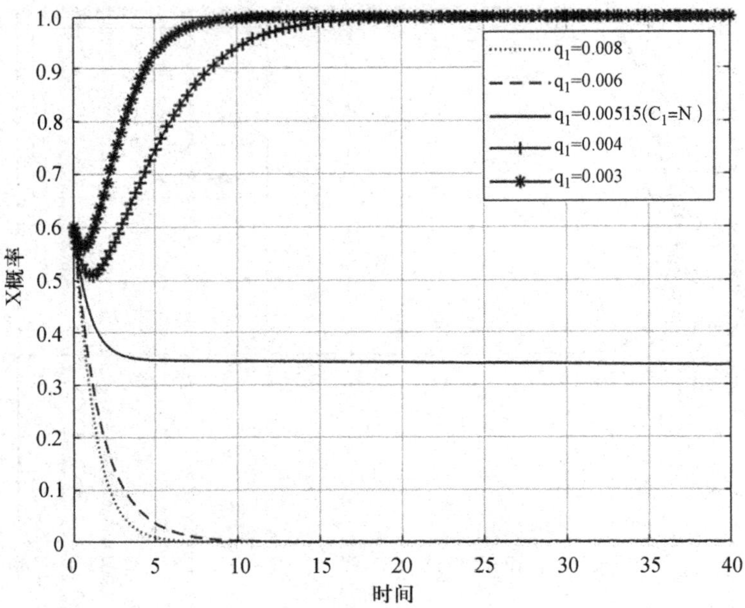

图 8-13　q_1 对核心企业合作行为演化影响的演化路径

结果表明，随着平台模式下贷款违约概率不断地降低，平台供应链金融的金融预期收益增加，可以使核心企业参与平台的收益大于其平台服务成本，有利于核心企业从传统合作到平台合作的转换，促进双方都选择平台合作。

第三，平台模式下核心企业平台收益对核心企业合作行为演化的影响。

图 8-14 是在其他参数不变的情况下，平台模式下核心企业平台收益对核心企业选择平台合作影响的仿真。从 8-14 可以看出，S_1=1.832 是从稳定状态 E_2(0，1) 转换为稳定状态 E_4(1，1) 时的临界条件，且当 S_1=1.832 时，尽管选择平台合作 X 的概率会稳定下来，但不会是 0 或 1。当 S_1 小于临界值时，核心企业选择平台合作的概率迅速收敛到 X=0，稳定点最终会向 E_2(0，1) 收敛；当 S_1 大于临界值时，随着 S_1 的增加，核心企业选择平台合作的概率迅速收敛到 X=1，稳定点最终会向 E_4(1，1) 收敛。仿真结果表明，随着核心企业平台收益的增加，可以使参与平台核心企业的收益大于其平台服务成本，有利于核心企业从传统合作到平台合作的转换，促进双方都选择平台合作。

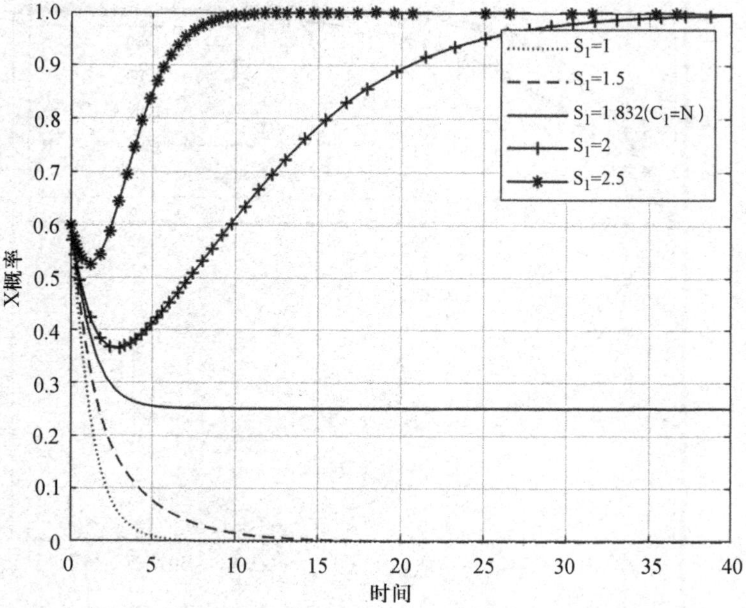

图 8-14　S_1 对核心企业合作行为演化影响的演化路径

（2）从稳定状态 E_3（1，0）向稳定状态 E_4（1，1）的转换

如表 8-10 所示，随着 H 的增加，即随着 A_1 或 q_1、S_1 的增加，金融机构的稳定状态由 Y=0 变为 Y=1，且核心企业参与平台合作获得的收益始终大于其服务成本，可以从稳定状态 E_3（1，0）转换到稳定状态 E_4（1，1）。

第一，平台模式下应收账款总额对金融机构合作行为演化的影响。

图 8-15 是在其他参数不变的情况下，平台模式下应收账款总额对金融机构选择平台合作影响的仿真。从图 8-15 可以看出，A_1=1509.43 是从稳定状态 E_3（1，0）转换为稳定状态 E_4（1，1）时的临界条件，且当 A_1=1509.43 时，尽管选择平台合作 Y 的概率会稳定下来，但不会是 0 或 1。当 A_1 小于临界值时，核心企业选择平台合作的概率迅速收敛到 Y=0，稳定点最终会向 E_3（1，0）收敛；当 A_1 大于临界值时，随着 A_1 的增加，核心企业选择平台合作的概率迅速收敛到 Y=1，稳定点最终会向 E_4（1，1）收敛。仿真结果表明，随着平台供应链金融不断地扩大服务范围，增加服务的应收账款的总额，可以使金融机构参与平台的收益大于其平台服务成

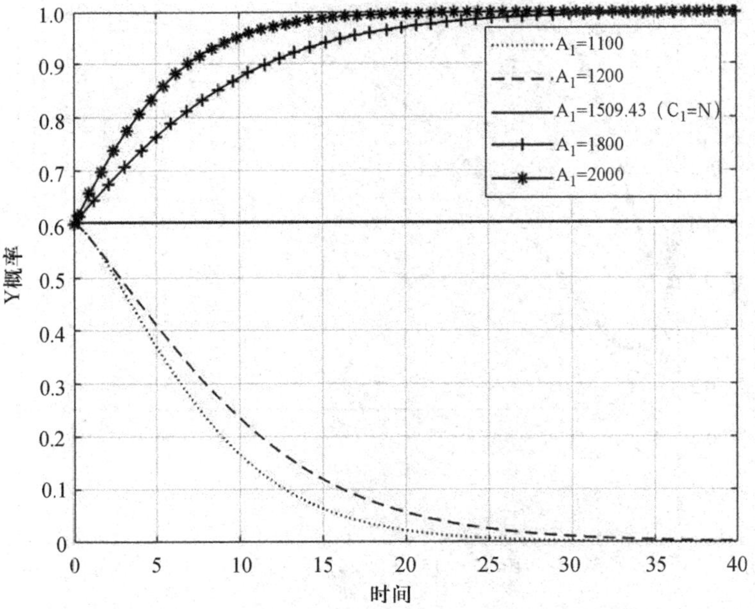

图 8-15 A_1 对金融机构合作行为演化影响的演化路径

本，有利于金融机构从传统合作到平台合作的转换，促进双方都选择平台合作。

第二，平台模式下贷款违约概率对金融机构合作行为演化的影响。

图 8-16 是在其他参数不变的情况下，平台模式下贷款违约概率对金融机构选择平台合作影响的仿真。从图 8-16 可以看出，q_1=0.00726 是从稳定状态 E_3（1，0）转换为稳定状态 E_4（1，1）时的临界条件，且当 q_1=0.00726 时，尽管选择平台合作 Y 的概率会稳定下来，但不会是 0 或 1。当 q_1 大于临界值时，核心企业选择平台合作的概率迅速收敛到 Y=0，稳定点最终会向 E_3（1，0）收敛；当 q_1 小于临界值时，随着 q_1 的降低，核心企业选择平台合作的概率迅速收敛到 Y=1，稳定点最终会向 E_4（1，1）收敛。仿真结果表明，随着平台模式下贷款违约概率不断地降低，平台供应链金融的金融预期收益增加，可以使金融机构参与平台的收益大于其平台服务成本，有利于金融机构从传统合作到平台合作的转换，促进双方都选择平台合作。

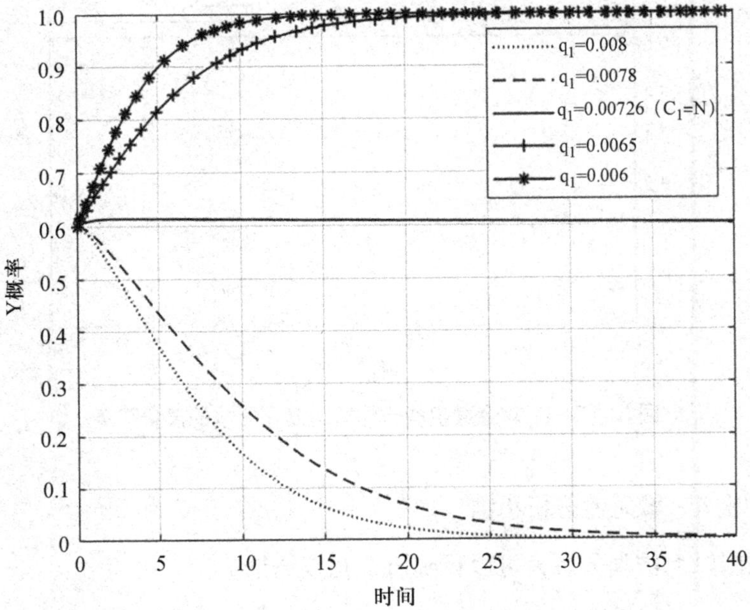

图 8-16　q_1 对金融机构合作行为演化影响的演化路径

第三，平台模式下金融机构平台收益对金融机构合作行为演化的影响。

图 8-17 是在其他参数不变的情况下，平台模式下金融机构平台收益对金融机构选择平台合作影响的仿真。从图 8-17 可以看出，S_2=1.217 是从稳定状态 E_3（1，0）转换为稳定状态 E_4（1，1）时的临界条件，且当 S_2=1.217 时，尽管选择平台合作 Y 的概率会稳定下来，但不会是 0 或 1。当 S_2 小于临界值时，核心企业选择平台合作的概率迅速收敛到 Y=0，稳定点最终会向 E_3（1，0）收敛；当 S_2 大于临界值时，随着 S_2 的增加，核心企业选择平台合作的概率迅速收敛到 Y=1，稳定点最终会向 E_4（1，1）收敛。仿真结果表明，金融机构平台收益的增加，可以使金融机构参与平台的收益大于其平台服务成本，有利于金融机构从传统合作到平台合作的转换，促进双方都选择平台合作。

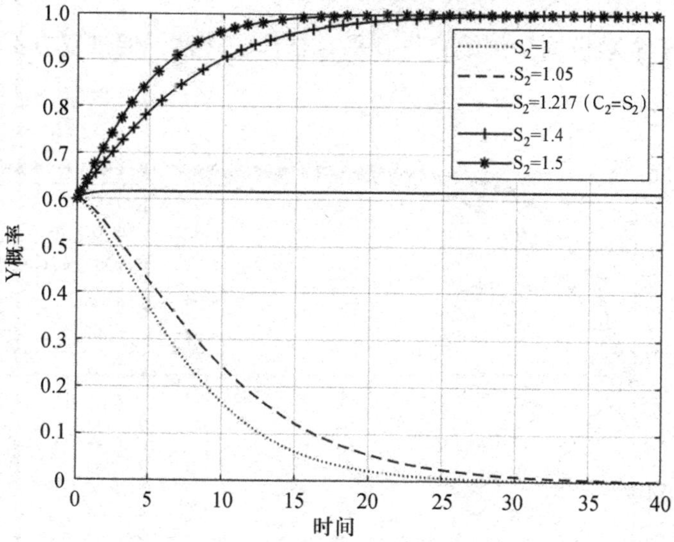

图 8-17　S_2 对金融机构合作行为演化影响的演化路径

8.5.4　敏感性分析小结

根据以上仿真分析，可以得到以下几点结论。

结论 1：在传统供应链金融模式下，随着无风险利率、金融机构的线下服务成本和核心企业流动性冲击损失的下降，核心企业与金融机构更倾向于选择合作策略，有利于中小企业获得供应链金融的资金支持。

结论 2：在平台供应链金融模式下，随着供应链金融平台不断扩大服务范围，增加服务的应收账款总额，可以使核心企业与金融机构参与平台供应链金融的收益大于其平台服务成本，有利于双方从传统合作到平台合作的转换，促使双方都选择理想的平台供应链金融合作。

结论 3：在平台供应链金融模式下，供应链金融平台获取、分析和处理数据能力的提高，有利于提升金融机构的风险管控能力，降低预期损失，使核心企业与金融机构参与平台供应链金融的收益大于其平台服务成本，有利于双方从传统合作到平台合作的转换，促使双方都选择理想的平台供应链金融合作。

结论 4：在平台供应链金融模式下，随着双方合作的深入，核心企业与金融机构可以利用供应链金融平台产生的数据创新金融服务，优化整个供应链的营运资金管理，增加双方在平台供应链金融模式中的收益，可以使核心企业与金融机构参与平台供应链金融的收益大于其平台服务成本，有利于双方从传统合作到平台合作的转换，促使双方都选择理想的平台供应链金融合作。

8.6　总结与展望

8.6.1　研究结论

随着互联网、大数据、人工智能等信息技术的发展，以平台运营和数据共享为特征的平台供应链金融模式应运而生。为研究核心企业和金融机构参与平台供应链金融合作策略选择的互动机制，本章以应收账款为研究对象，构建了一个由核心企业和金融机构组成的演化博弈模型，研究了双方参与平台供应链金融合作的演化机制，并通过数值仿真方法验证了稳定性分析结论。分析结果表明，双方是否选择“平台合作”策略主要取决于平台服务成本与平台通过提升运营效率与数据共享带来收益的比较，平台供应链金融服务范围的扩大、贷款违约概率的降低或平台共享数据收益的增加，可以使核心企业与金融机构参与平台供应链金融的收益大于其平台服务成本，相较于选择“传统合作”，双方更倾向于选择“平台合作”。与此同时，本书通过演化博弈模型研究了传统供应链金融模式中影响双方选择合作的因素。分析结果表明，双方是否选择“合作”策略主要取决于金融机构线下服务成本的大小和核心企业营运资本的强弱，随着金融机构线下服务成本的下降和核心企业营运资本的增加，相较于选择“不合作”，双方更倾向于选择“合作”。结合演化博弈分析和仿真结果，本书为核心企业与金融机构参与平台供应链金融合作提供了参考和依据。

对于核心企业来说，应积极帮助中小企业完成数字化转型，吸引供应链上更多的中小企业参与平台供应链金融，以便扩大平台供应链金融的服务范围；同时应建立有效的数据治理机制，提升供应链可视性，促进双方选择平台供应链金融合作的稳定状态。

对于金融机构来说，金融机构应积极参与平台供应链金融合作，通过平台将业务线上化和数字化，提升供应链金融的服务效率，促进双方从不合作到传统供应链金融合作，再到平台供应链金融合作的转变。金融机构应充分利用共享数据提升风险管控能力，同时创新金融产品，最大化发挥数据资产价值，最终促使双方选择平台供应链金融合作。

8.6.2 未来展望

本书根据现实研究背景和文献综述确定研究主题，提出了核心企业与金融机构参与平台供应链金融合作的研究框架，基于演化博弈理论分析了平台供应链金融合作的演进过程、形成机制及合作稳定性的问题，并运用仿真模拟对理论研究结果进行验证，为促进我国平台供应链金融的实践提供了一定的理论指导。由于研究水平和时间有限，存在以下不足之处。

首先，核心企业与金融机构是否参与平台供应链金融的影响因素有很多，本书只是以应收账款为研究对象从传统供应链金融合作角度选取部分因素，未考虑所有可能影响企业实际决策的因素，导致研究结论存在一定的局限性；其次，本书只选取了平台供应链金融中核心企业与金融机构作为博弈主体，但在现实中，可能存在第三方平台服务提供商参与博弈过程，形成更加复杂的博弈系统；最后，本书对模型进行敏感性分析的数据较为主观，未能找到有效的数据进行验证。

针对以上不足，在未来的研究中可从其他角度考虑实际博弈主体决策情况，合理增减刻画博弈主体行为及博弈过程的研究参数，以增加模型对实际情况的解释力。

参考文献

[1] 白燕飞，翟冬雪，吴德林，等．基于区块链的供应链金融平台优化策略研究[J]．金融经济学研究，2020，35（4）：119-132.

[2] 蔡恒进，郭震．供应链金融服务新型框架探讨：区块链 + 大数据[J]．理论探讨，2019(2)：94-101.

[3] 柴正猛，段黎黎．基于仓单质押融资的物流企业与银行的演化博弈分析[J]．运筹与管理，2018，27（5）：31-39.

[4] 陈东彦，田春英，陈兆波．考虑应收账款质量的供应链无追索权保理融资模型[J]．管理工程学报，2020，34（4）：101-108.

[5] 陈中洁，于辉．资金约束背景下反向保理的供应链合作[J]．中国管理科学，2018，26（12）：113-123.

[6] 邓爱民，李云凤．基于区块链的供应链“智能保理”业务模式及博弈分析[J]．管理评论，2019，31（9）：231-240.

[7] 龚强，班铭媛，张一林．区块链、企业数字化与供应链金融创新[J]．管理世界，2021，37（2）：22-34.

[8] 郭菊娥，陈辰．区块链技术驱动供应链金融发展创新研究[J]．西安交通

大学学报（社会科学版），2020，40（3）：46–54.
[9] 侯剑，白雪斌，华连连．考虑隐性股权的电商供应链融资模式研究[J]．运筹与管理，2022，31（2）：178–183.
[10] 胡跃飞，黄少卿．供应链金融：背景、创新与概念界定[J]．金融研究，2009(8)：194–206.
[11] 计春阳，冯鲍．基于供应链金融的中小企业反向保理融资演化博弈分析[J]．海南金融，2019(12)：70–76.
[12] 李健，朱士超，李永武．基于综合集成方法论的区块链驱动下供应链金融决策研究[J]．管理评论，2020，32（7）：302–314.
[13] 李小莉，辛玉红．基于供应链金融的中小企业信贷市场演化分析[J]．运筹与管理，2017，26（10）：101–105.
[14] 梁洪，张晓玫．区块链与银行的融合能否破解中小企业融资困境[J]．当代经济管理，2020，42（5）：91–97.
[15] 刘露，李勇建，姜涛．基于区块链信用传递功能的供应链融资策略[J]．系统工程理论与实践，2021，41（5）：1179–1196.
[16] 鲁其辉，曾利飞，周伟华．供应链应收账款融资的决策分析与价值研究[J]．管理科学学报，2012，15（5）：10–18.
[17] 史金召，郭菊娥，晏文隽．在线供应链金融中银行与B2B平台的激励契约研究[J]．管理科学，2015，28（5）：79–92.
[18] 宋华．数字平台赋能的供应链金融模式创新[J]．中国流通经济，2020，34（7）：17–24.
[19] 宋华，杨雨东，陶铮．区块链在企业融资中的应用：文献综述与知识框架[J]．南开管理评论，2022，25（2）：34–48.
[20] 孙睿，何大义，苏汇淋．基于演化博弈的区块链技术在供应链金融中的应用研究[J]．中国管理科学，2022（3）：1–18.
[21] 汤婷，徐海燕，张智超．不同融资模式下线上双渠道供应链运营策略

[J].中国管理科学，2021（10）：1–11.

[22] 唐丹，庄新田．非对称信息下应收款链价值研究[J]．工业工程与管理，2021，26（6）：66–74.

[23] 王丛，张在旭，孙燕芳．供应链金融利益主体的多阶段博弈研究[J]．财经理论与实践，2018，39（4）：32–37.

[24] 王先甲，顾翠伶，何奇龙，等．供应链金融信贷市场三方演化博弈动态[J]．运筹与管理，2022，31（1）：30–37.

[25] 王宗润，田续燃，陈晓红．考虑隐性股权的应收账款融资模式下供应链金融博弈分析[J]．中国管理科学，2015，23（9）：1–8.

[26] 辛玉红，李小莉．应收账款融资模式下供应链金融的成本优化分析[J]．工业工程与管理，2014，19（1）：79–84.

[27] 郑昱，张凯夕．供应链金融风险管理研究——基于中小企业融资视角[J]．金融发展研究，2020(10)：45–51.

[28] 周雷，邓雨，张语嫣．区块链赋能下供应链金融服务小微企业融资博弈分析[J]．金融理论与实践，2021(9)：21–31.

[29] 朱艳静，冯林．平台化供应链金融：动力因素、运行机理与发展建议[J]．海南金融，2021(12)：42–48.

[30] Assarzadegan P, Hejazi S R, Raissi G A. An Evolutionary Game Theoretic Model for Analyzing Retailers' Behavior when Introducing Economy and Premium Private Labels [J]. Journal of Retailing and Consumer Services, 2020, 57 (4): 263–273.

[31] Bogucharskov A V, Pokamestov I E, Adamova K R. Adoption of Blockchain Technology in Trade Finance Process [J]. Journal of Reviews on Global Economics, 2018 (7): 510–515.

[32] Caniato F, Gelsomino L M, Perego A, et al. Does Finance Solve the Supply Chain Financing Problem [J]. Supply Chain Management: An International

Journal, 2016, 21 (5): 534–549.

[33] Chen Z X, Chen J, Zhang Z G, et al. Does Network Governance Based on Banks' E–Commerce Platform Facilitate Supply Chain Financing [J]. China Agricultural Economic Review, 2019, 11 (4): 688–703.

[34] Friedman D. Evolutionary Games in Economics [J]. Econometrica, 1991, 59 (3): 637–666.

[35] Gelsomino L M, Mangiaracina R, Perego A, et al. Supply Chain Finance: A Literature Review [J]. International Journal of Physical Distribution & Logs Management, 2016, 46 (4): 348–366.

[36] Gelsomino L M, Sardesai S, Pirttilä M, et al. Addressing the Relation Hetween Transparency and Supply Chain Finance Schemes [J]. International Journal of Production Research, 2022 (7): 1–16.

[37] Gong Y, Zhang T Y, Dong P W, et al. Innovation Adoption of Blockchain Technology in Supply Chain Finance [J]. Production Planning & Control, 2022 (11): 23–30.

[38] Grüter R, Wuttke D A. Option Matters: Valuing Reverse Factoring [J]. International Journal of Production Research, 2017, 55 (22): 6608–6623.

[39] Hofmann E, Zumsteg S. Win–Win and No–Win Situations in Supply Chain Finance: The Case of Accounts Receivable Programs [J]. Supply Chain Forum, 2015, 16 (3): 30–50.

[40] Ioannou I, Demirel G. Blockchain and Supply Chain Finance: A Critical Literature Review at the Intersection of Operations, Finance and Law [J]. Journal of Banking and Financial Technology, 2022, 6 (1): 83–107.

[41] Kouvelis P, Xu F S. A Supply Chain Theory of Factoring and Reverse Factoring [J]. Management Science, 2021, 67 (10): 6071–6088.

[42] Lam H K S, Zhan Y. The Impacts of Supply Chain Finance Initiatives on Firm

Risk: Evidence from Service Providers Listed in the US [J] . International Journal of Operations & Production Management, 2021, 41 (4): 383–409.

[43] Lekkakos S D, Serrano A, Ellinger A. Supply Chain Finance for Small and Medium Sized Enterprises: The Case of Reverse Factoring [J] . International Journal of Physical Distribution & Logistics Management, 2016, 46 (4): 367–392.

[44] Liebl J, Hartmann E, Feisel E. Reverse Factoring in the Supply Chain: Objectives, Antecedents and Implementation Barriers [J] . International Journal of Physical Distribution & Logistics Management, 2016, 46 (4): 393–413.

[45] Liu W, Long S, Wei S, et al. Smart Logistics Ecological Cooperation with Data Sharing and Platform Empowerment: An Examination with Evolutionary Game Model [J] . International Journal of Production Research, 2021, 60 (13): 4295–4315.

[46] Liu W, Xia L Q. An Evolutionary Behavior Forecasting Model for Online Lenders and Borrowers in Peer–to–Peer Lending [J] . Asia–Pacific Journal of Operational Research, 2017, 34 (1): 488–500.

[47] Marak Z, Pillai D. Factors, Outcome, and the Solutions of Supply Chain Finance: Review and the Future Directions [J] . Journal of Risk and Financial Management, 2018, 12 (1) .

[48] Osmani M, El–Haddadeh R, Hindi N, et al. Blockchain for Next Generation Services in Banking and Finance: Cost, Benefit, Risk and Opportunity Analysis [J] . Journal of Enterprise Information Management, 2020, 34 (3): 884–899.

[49] Pfohl H C, Gomm M. Supply Chain Finance: Optimizing Financial Flows in Supply Chains [J] . Logistics Research, 2009 (1): 149–161.

[50] Seifert D, Seifert R W, Protopappa-Sieke M. A Review of Trade Credit Literature: Opportunities for Research in Operations [J]. European Journal of Operational Research, 2013, 231 (2): 245-256.

[51] Song H, Li M Y, Yu K K. Big Data Analytics in Digital Platforms: How do Financial Service Providers Customise Supply Chain Finance [J]. International Journal of Operations & Production Management, 2021, 41 (4): 410-435.

[52] Song H, Yu K K, Lu Q. Financial Service Providers and Banks' Role in Helping SMEs to Access Finance [J]. International Journal of Physical Distribution & Logistics Management, 2018, 48 (1): 69-92.

[53] Tang D, Zhuang X T. Financing a Capital-Constrained Supply Chain: Factoring Accounts Receivable vs. a BCT-SCF Receivable Chain [J]. Kybernetes, 2021, 50 (8): 2209-2231.

[54] Tunca T I, Zhu W M. Buyer Intermediation in Supplier Finance [J]. Management Science, 2018, 64 (12): 5631-5650.

[55] Van der Vliet K, Reindorp M J, Fransoo J C. The Price of Reverse Factoring: Financing Rates vs. Payment Delays [J]. European Journal of Operational Research, 2015, 242 (3): 842-853.

[56] Wuttke D A, Blome C, Henke M. Focusing the Financial Flow of Supply Chains: An Empirical Investigation of financial Supply Chain Management [J]. International Journal of Production Economics, 2013, 145 (2): 773-789.

[57] Yan B, Chen Z, Yan C, et al. Evolutionary Multiplayer Game Analysis of Accounts Receivable Financing Based on Supply Chain Financing [J]. International Journal of Production Research, 2021 (18): 1-19.

[58] Yeoh P. Regulatory Issues in Blockchain Technology [J]. Journal of Financial Regulation and Compliance, 2017, 25 (2): 196-208.

[59] Yi Y, Yang H. Wholesale Pricing and Evolutionary Stable Strategies of Retailers under Network Externality [J]. European Journal of Operational Research, 2017, 259 (1): 37–47.

[60] Zhang Y, Xiang C, Li L, et al. Evolutionary Game Analysis and Simulation with System Dynamics for Behavioral Strategies of Participants in Crowd Logistics [J]. Transportation Letters, 2020, 13 (7): 540–554.